Bilingual VISUAL dictionary

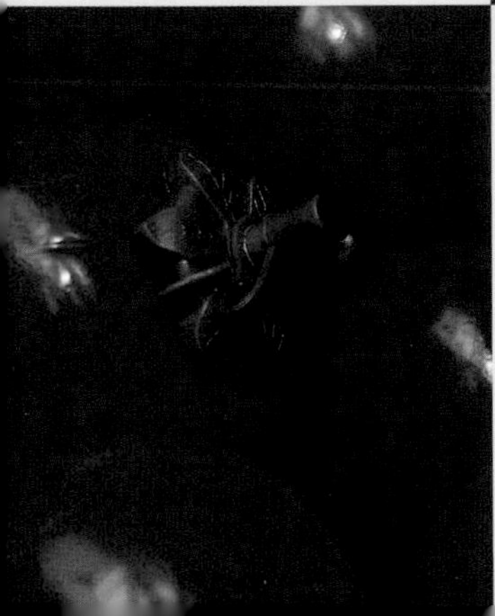

3
TOP-FLITE
XL
Titleist

Bilingual VISUAL dictionary

Previously published as part of
5-Language Visual Dictionary

DK

DK LONDON
Senior Editors Angeles Gavira, Christine Stroyan, Angela Wilkes
Senior Art Editor Ina Stradins
Jacket Editor Claire Gell
Jacket Design Development Manager Sophia MTT
Preproduction Producer Andy Hilliard
Producer Jude Crozier
Picture Researcher Anna Grapes
Managing Editor Dan Mills
Managing Art Editors Anna Hall, Phil Ormerod
Art Director Karen Self
Associate Publisher Liz Wheeler
Publishing Director Jonathan Metcalf

DK INDIA
Editors Arpita Dasgupta, Shreya Sengupta, Arani Sinha
Assistant Editors Sugandha Agarwal, Priyanjali Narain
DTP Designers Harish Aggarwal, Ashwani Tyagi, Anita Yadav
Jacket Designer Juhi Sheth
Managing Jacket Editor Saloni Singh
Preproduction Manager Balwant Singh
Production Manager Pankaj Sharma

Designed for DK by WaltonCreative.com
Art Editor Colin Walton, assisted by Tracy Musson
Designers Peter Radcliffe, Earl Neish, Ann Cannings
Picture Research Marissa Keating

Language content for DK by g-and-w PUBLISHING
Managed by Jane Wightwick, assisted by Ana Bremón
Translation and editing by Christine Arthur
Additional input by Dr. Arturo Pretel, Martin Prill, Frédéric Monteil, Meinrad Prill, Mari Bremón, Oscar Bremón, Anunchi Bremón, Leila Gaafar

This American Edition, 2019
First American Edition, 2009
Published in the United States by DK Publishing
1745 Broadway, 20th Floor, New York, NY 10019

23 24 25 26 11 10 9 8 7
019–306407–Apr/2017

Published in Great Britain by Dorling Kindersley Limited

A catalog record for this book is available from the Library of Congress.
ISBN 978-1-4654-5929-9

Printed and bound in China

Inhalt
contents

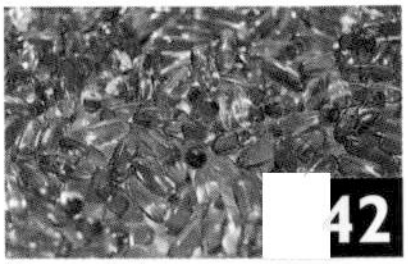

42
die Gesundheit
health

146
auswärts essen
eating out

252
die Freizeit
leisure

9
über das Wörterbuch
about the dictionary

9
die Benutzung des Buchs
how to use this book

10
die Menschen
people

28
die äußere Erscheinung
appearance

56
das Haus
home

92
die Dienstleistungen
services

102
der Einkauf
shopping

116
die Nahrungsmittel
food

160
das Lernen
study

170
die Arbeit
work

192
der Verkehr
transportation

218
der Sport
sports

278
die Umwelt
environment

302
die Information
reference

324
Register
indexes

360
Dank
acknowledgments

die Menschen • people

der Körper | body 12
das Gesicht | face 14
die Hand | hand 15
der Fuß | foot 15
die Muskeln | muscles 16
das Skelett | skeleton 17
die inneren Organe internal organs 18
die Fortpflanzungsorgane reproductive organs 20
die Familie | family 22
die Beziehungen | relationships 24
die Gefühle | emotions 25
die Ereignisse des Lebens life events 25

die äußere Erscheinung • appearance

die Kinderkleidung children's clothing 30
die Herrenkleidung men's clothing 32
die Damenkleidung women's clothing 34
die Accessoires | accessories 36
das Haar | hair 38
die Schönheit | beauty 40

die Gesundheit • health

die Krankheit | illness 44
der Arzt | doctor 45
die Verletzung | injury 46
die erste Hilfe | first aid 47
das Krankenhaus | hospital 48
der Zahnarzt | dentist 50
der Augenoptiker | optometrist 51
die Schwangerschaft pregnancy 52
die Geburt | childbirth 53
die Alternativtherapien alternative therapy 54

das Haus • home

das Haus | house 58
die Hausanschlüsse internal systems 60
das Wohnzimmer | living room 62
das Esszimmer | dining room 64
die Küche | kitchen 66
die Küchengeräte kitchenware 68
das Schlafzimmer | bedroom 70
das Badezimmer bathroom 72
das Kinderzimmer nursery 74
der Allzweckraum | utility room 76
die Heimwerkstatt | workshop 78
der Werkzeugkasten toolbox 80
das Tapezieren | decorating 82
der Garten | garden 84
die Gartenpflanzen garden plants 86
die Gartengeräte | garden tools 88
die Gartenarbeit | gardening 90

die Dienstleistungen • services

die Notdienste emergency services 94
die Bank | bank 96
die Kommunikation communications 98
das Hotel | hotel 100

der Einkauf • shopping

das Einkaufszentrum shopping center 104
das Kaufhaus department store 105
der Supermarkt supermarket 106
die Apotheke | drugstore 108
das Blumengeschäft | florist 110
der Zeitungshändler newsstand 112
der Süßwarenhändler candy store 113
andere Geschäfte other stores 114

die Nahrungsmittel • food

das Fleisch | meat 118
der Fisch | fish 120
das Gemüse | vegetables 122
das Obst | fruit 126
die Getreidearten und die Hülsenfrüchte | grains and legumes 130
die Kräuter und Gewürze herbs and spices 132
die Nahrungsmittel in Flaschen | bottled foods 134
die Milchprodukte dairy products 136
das Brot und das Mehl breads and flours 138
Kuchen und Nachspeisen cakes and desserts 140
die Feinkost | delicatessen 142
die Getränke | drinks 144

auswärts essen • eating out

das Café | café 148
die Bar | bar 150
das Restaurant | restaurant 152
der Schnellimbiss fast food 154
das Frühstück | breakfast 156
die Hauptmahlzeit dinner 158

das Lernen • study

die Schule | school 162
die Mathematik | math 164
die Wissenschaft | science 166
die Hochschule | college 168

die Arbeit • work

das Büro | office 172
der Computer | computer 176
die Medien | media 178
das Recht | law 180
der Bauernhof | farm 182
der Bau | construction 186
die Berufe | professions 188

der Verkehr • transportation

die Straßen | roads 194
der Bus | bus 196
das Auto | car 198
das Motorrad | motorcycle 204
das Fahrrad | bicycle 206
der Zug | train 208
das Flugzeug | aircraft 210
der Flughafen | airport 212
das Schiff | ship 214
der Hafen | port 216

der Sport • sports

der Football | football 220
das Rugby | rugby 221
der Fußball | soccer 222
das Hockey | hockey 224
das Kricket | cricket 225
der Basketball | basketball 226
der Baseball | baseball 228
das Tennis | tennis 230
das Golf | golf 232
die Leichtathletik track and field 234
der Kampfsport combat sports 236
der Schwimmsport | swimming 238
der Segelsport | sailing 240
der Reitsport horseback riding 242
der Angelsport | fishing 244
der Skisport | skiing 246
die anderen Sportarten other sports 248
die Fitness | fitness 250

die Freizeit • leisure

das Theater | theater 254
das Orchester | orchestra 256
das Konzert | concert 258
die Besichtigungstour 260 sightseeing
die Aktivitäten im Freien outdoor activities 262
der Strand | beach 264
das Camping | camping 266
die Privatunterhaltung home entertainment 268
die Fotografie | photography 270
die Spiele | games 272
das Kunsthandwerk arts and crafts 274

die Umwelt • environment

der Weltraum | space 280
die Erde | Earth 282
die Landschaft | landscape 284
das Wetter | weather 286
das Gestein | rocks 288
die Mineralien | minerals 289
die Tiere | animals 290
die Pflanzen | plants 296
die Innenstadt | city 298
die Architektur architecture 300

die Information • reference

die Uhrzeit | time 304
der Kalender | calendar 306
die Zahlen | numbers 308
die Maße und Gewichte weights and measures 310
die Weltkarte world map 312
Partikeln und Antonyme particles and antonyms 320
praktische Redewendungen useful phrases 322

über das Wörterbuch

Bilder helfen erwiesenermaßen, Informationen zu verstehen und zu behalten. Dieses zweisprachige Wörterbuch enthält eine Fülle von Illustrationen und präsentiert gleichzeitig ein umfangreiches aktuelles Vokabular in zwei europäischen Sprachen.

Das Wörterbuch ist thematisch gegliedert und behandelt eingehend die meisten Bereiche des heutigen Alltags, vom Restaurant und Fitnesscenter, Heim und Arbeitsplatz bis zum Tierreich und Weltraum. Es enthält außerdem Wörter und Redewendungen, die für die Unterhaltung nützlich sind und das Vokabular erweitern.

Dies ist ein wichtiges Nachschlagewerk für jeden, der sich für Sprachen interessiert – es ist praktisch, anregend und leicht zu benutzen.

Einige Anmerkungen

Die zwei Sprachen werden immer in der gleichen Reihenfolge aufgeführt – Deutsch und Englisch.

Substantive werden mit den bestimmten Artikeln, die das Geschlecht (Maskulinum, Femininum oder Neutrum) und den Numerus (Singular oder Plural) ausdrücken, angegeben, zum Beispiel:

der Samen	**die Mandeln**
seed	almonds

Die Verben sind durch ein (v) nach dem englischen Wort gekennzeichnet:

ernten • harvest (v)

Am Ende des Buchs befinden sich Register für jede Sprache. Sie können dort ein Wort in einer der zwei Sprachen und die jeweilige Seitenzahl nachsehen. Die Geschlechtsangabe erfolgt mit folgenden Abkürzungen:

m = Maskulinum
f = Femininum
n = Neutrum

die Benutzung des Buchs

Ganz gleich, ob Sie eine Sprache aus Geschäftsgründen, zum Vergnügen oder als Vorbereitung für einen Auslandsurlaub lernen, oder Ihr Vokabular in einer Ihnen bereits vertrauten Sprache erweitern möchten, dieses Wörterbuch ist ein wertvolles Lernmittel, das Sie auf vielfältige Art und Weise benutzen können.

Wenn Sie eine neue Sprache lernen, achten Sie auf Wörter, die in verschiedenen Sprachen ähnlich sind sowie auf falsche Freunde (Wörter, die ähnlich aussehen aber wesentlich andere Bedeutungen haben). Sie können ebenfalls feststellen, wie die Sprachen einander beeinflusst haben. Englisch hat zum Beispiel viele Ausdrücke für Nahrungsmittel aus anderen europäischen Sprachen übernommen und andererseits viele Begriffe aus der Technik und Popkultur ausgeführt.

Praktische Übungen

- Versuchen Sie sich zu Hause, am Arbeits- oder Studienplatz den Inhalt der Seiten einzuprägen, die Ihre Umgebung behandeln. Schließen Sie dann das Buch und prüfen Sie, wie viele Gegenstände Sie in den anderen Sprachen sagen können.
- Schreiben Sie eine Geschichte, einen Brief oder Dialog und benutzen Sie dabei möglichst viele Ausdrücke von einer bestimmten Seite des Wörterbuchs. Dies ist eine gute Methode, sich das Vokabular und die Schreibweise einzuprägen. Sie können mit kurzen Sätzen von zwei bis drei Worten anfangen und dann nach und nach längere Texte schreiben.
- Wenn Sie ein visuelles Gedächtnis haben, können Sie Gegenstände aus dem Buch abzeichnen oder abpausen. Schließen Sie dann das Buch und schreiben Sie die passenden Wörter unter die Bilder.
- Wenn Sie mehr Sicherheit haben, können Sie Wörter aus einem der Fremdsprachenregister aussuchen und deren Bedeutung aufschreiben, bevor Sie auf der entsprechenden Seite nachsehen.

Kostenlose Audio-App

Die Audio-App enthält alle Begriffe und Redewendungen aus dem Buch, gesprochen von deutschen und englischen Muttersprachlern. Das Anhören der Wörter erleichtert das Lernen von wichtigen Vokabeln und das Verbessern Ihrer eigenen Aussprache.

So funktioniert die Audio-App

- Laden Sie sich die kostenlose App auf Ihr Smartphone oder Tablet vom App-Store Ihres Betriebssystems, indem Sie nach „DK Visual Dictionary“ suchen.
- Öffnen Sie die App und scannen Sie den Barcode oder geben Sie die ISBN ein (siehe Rückseite Ihres Buchs), um Ihr Visuelles Wörterbuch in der Bibliothek freizuschalten.
- Laden Sie sich die Audio-Daten für Ihr Buch herunter.
- Geben Sie eine Seitenzahl ein, scrollen Sie anschließend in der Wörterliste nach oben oder unten, um einen Begriff oder eine Redewendung zu finden.
- Tippen Sie auf ein Wort, um es sich anzuhören.
- Wischen Sie nach links oder rechts, um sich die vorige oder nächste Seite anzusehen.
- Tippen Sie auf den Stern, um Wörter zu Ihren Favoriten hinzuzufügen.

about the dictionary

The use of pictures is proven to aid understanding and the retention of information. Working on this principle, this highly illustrated bilingual dictionary presents a large range of useful current vocabulary in two European languages.

The dictionary is divided thematically and covers most aspects of the everyday world in detail, from the restaurant to the gym, the home to the workplace, outer space to the animal kingdom. You will also find additional words and phrases for conversational use and for extending your vocabulary.

This is an essential reference tool for anyone interested in languages—practical, stimulating, and easy to use.

A few things to note

The two languages are always presented in the same order—German and English.

In German, nouns are given with their definite articles reflecting the gender (masculine, feminine or neuter) and number (singular or plural), for example:

der Samen
seed

die Mandeln
almonds

Verbs are indicated by a (v) after the English, for example:

ernten • harvest (v)

Each language also has its own index at the back of the book. Here you can look up a word in either of the two languages and be referred to the page number(s) where it appears. The gender is shown using the following abbreviations:

m = masculine
f = feminine
n = neuter

how to use this book

Whether you are learning a new language for business, pleasure, or in preparation for an overseas vacation, or are hoping to extend your vocabulary in an already familiar language, this dictionary is a valuable learning tool that you can use in a number of different ways.

When learning a new language, look for cognates (words that are alike in different languages) and "false friends" (words that look alike but carry significantly different meanings). You can also see where the languages have influenced each other. For example, English has imported many terms for food from other European languages but, in turn, exported terms used in technology and popular culture.

Practical learning activities

- As you move around your home, workplace, or school, try looking at the pages which cover that setting. You could then close the book, look around you, and see how many of the objects and features you can name.
- Challenge yourself to write a story, letter, or dialogue using as many of the terms on a particular page as possible. This will help you retain the vocabulary and remember the spelling. If you want to build up to writing a longer text, start with sentences incorporating 2–3 words.
- If you have a very visual memory, try drawing or tracing items from the book onto a piece of paper, then closing the book and filling in the words below the picture.
- Once you are more confident, pick out words in a foreign-language index and see if you know what they mean before turning to the relevant page to check if you were right.

free audio app

The audio app contains all the words and phrases in the book, spoken by native speakers in both German and English, making it easier to learn important vocabulary and improve your pronunciation.

how to use the audio app

- Search for "DK Visual Dictionary" in your chosen app store and download the free app on your smartphone or tablet.
- Open the app and scan the barcode (or enter the ISBN) on the back of your book to unlock your Visual Dictionary in the Library.
- Download the audio files for your book.
- Enter a page number, then scroll up and down through the list to find a word or phrase.
- Tap a word to hear it.
- Swipe left or right to view the previous or next page.
- Tap the star icon to add words to your Favorites.

die Menschen
people

der Körper • body

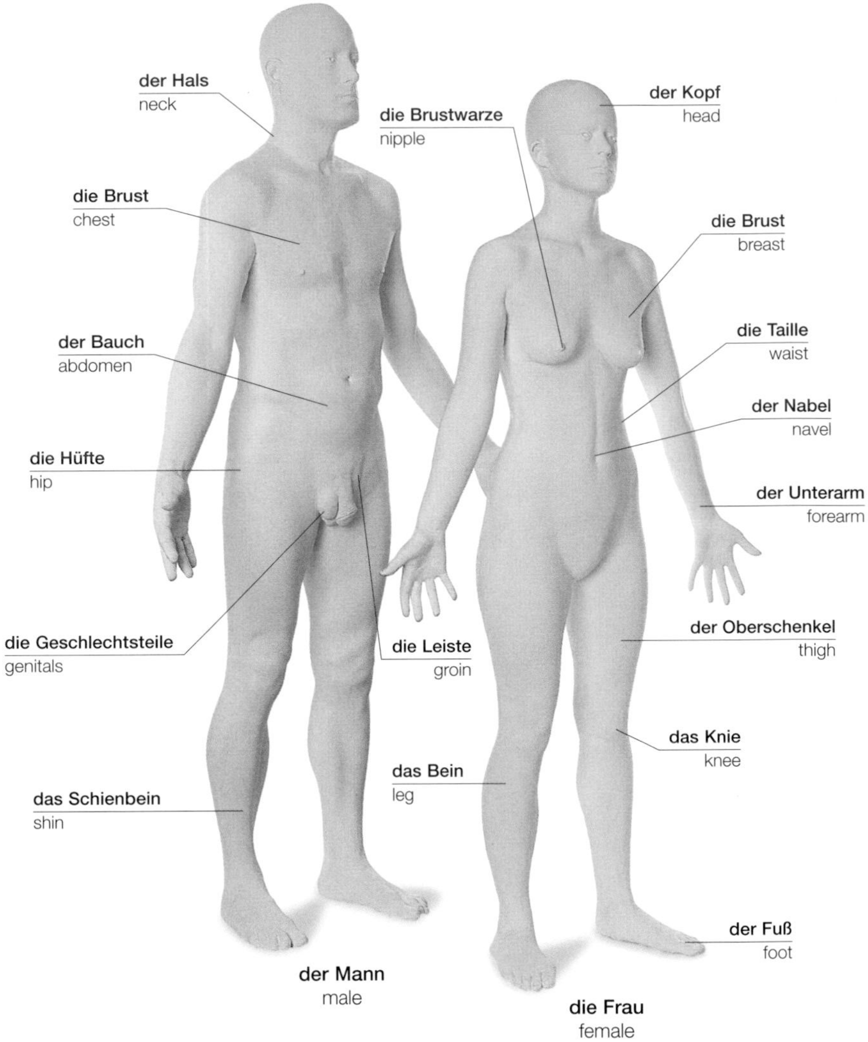

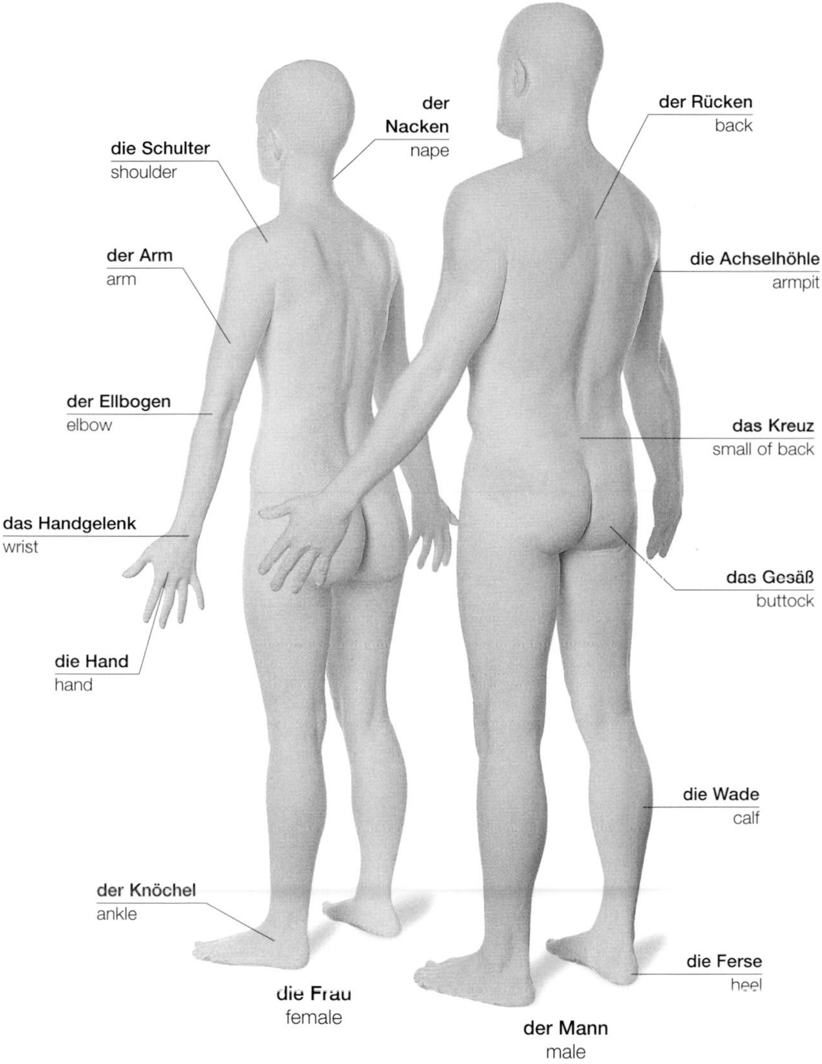
die Schulter
shoulder
der Nacken
nape
der Rücken
back
der Arm
arm
die Achselhöhle
armpit
der Ellbogen
elbow
das Kreuz
small of back
das Handgelenk
wrist
das Gesäß
buttock
die Hand
hand
die Wade
calf
der Knöchel
ankle
die Ferse
heel
die Frau
female
der Mann
male

das Gesicht • face

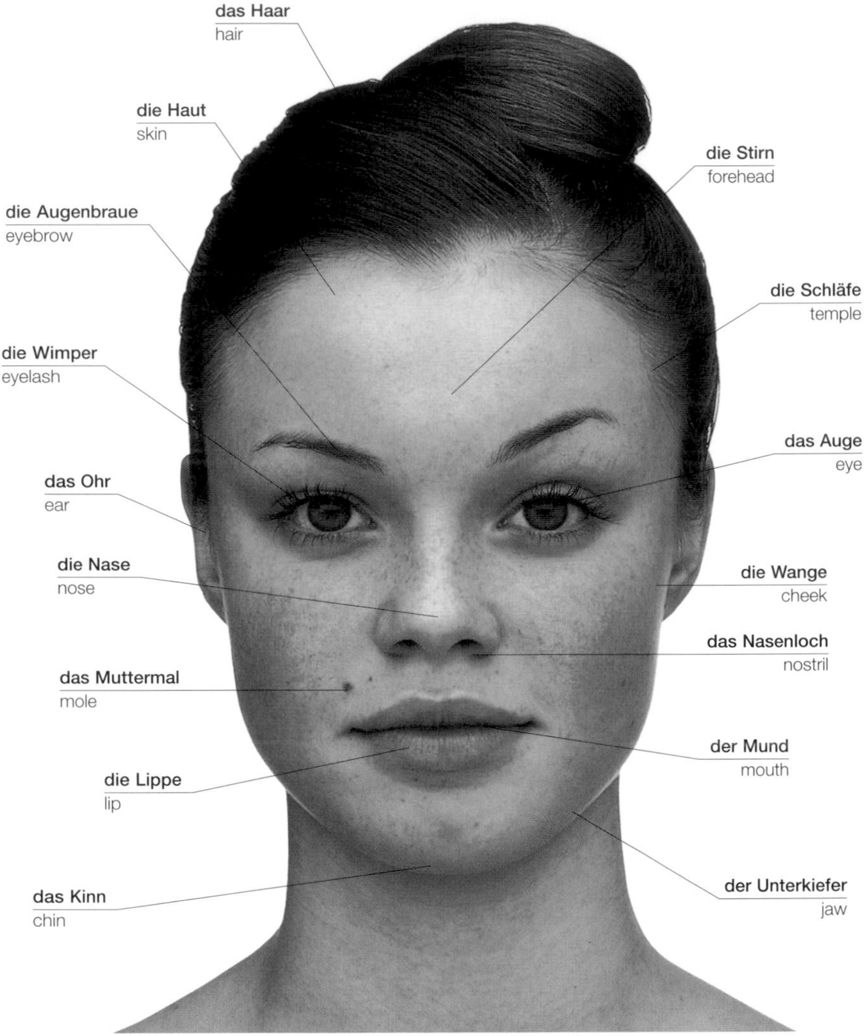

die Falte
wrinkle

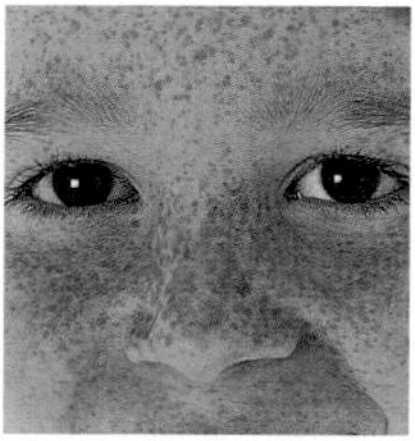

die Sommersprosse
freckle

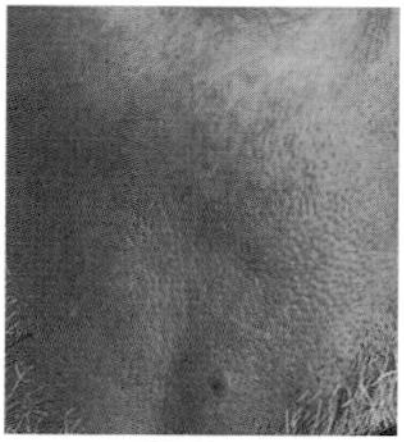

die Pore
pore

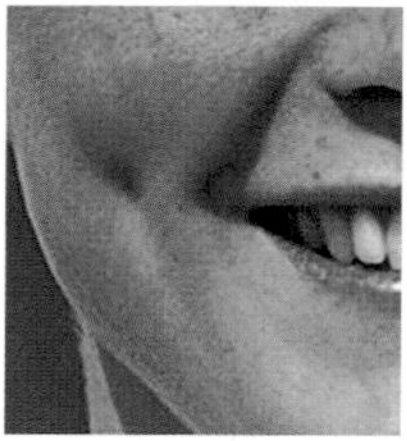

das Grübchen
dimple

die Hand • hand

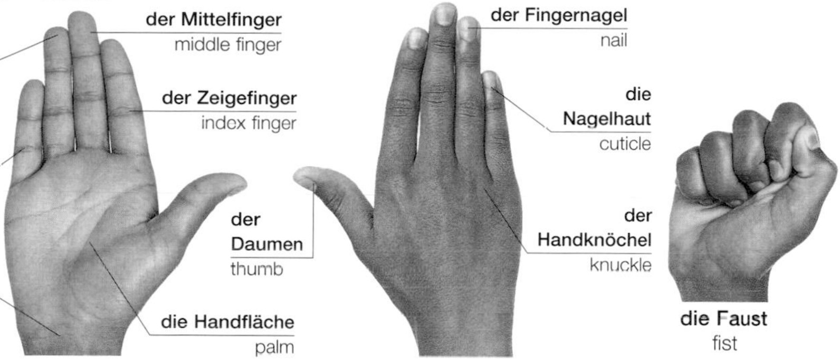

der Fuß • foot

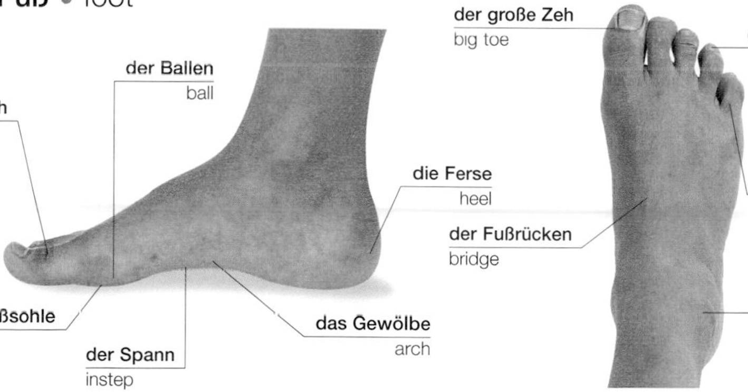

die Muskeln • muscles

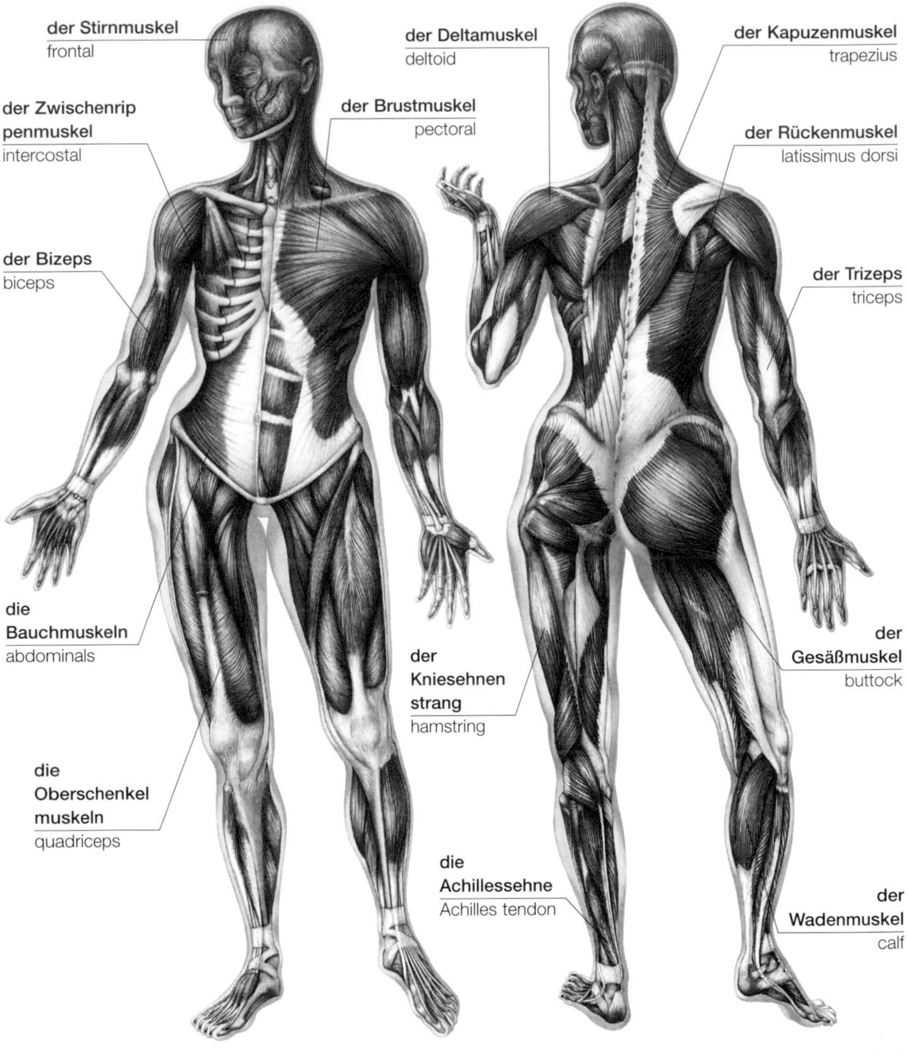

das Skelett • skeleton

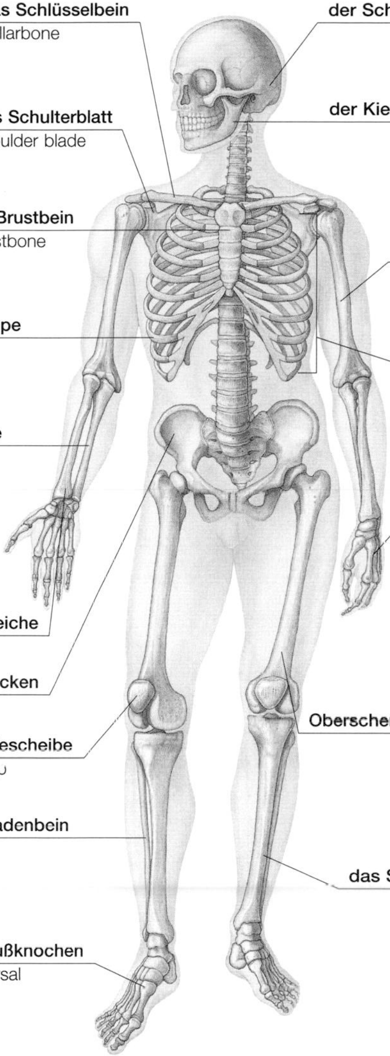

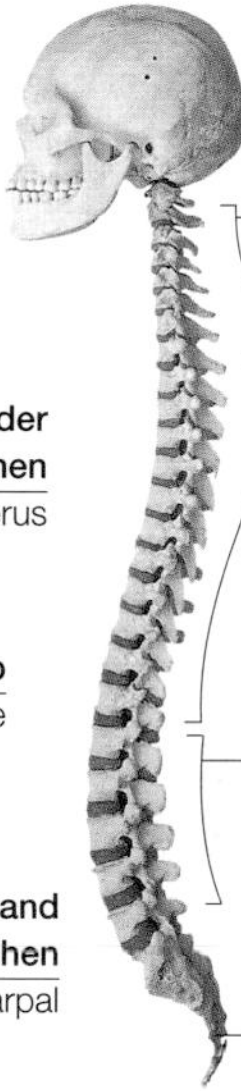

die Wirbelsäule
spine

das Gelenk • joint

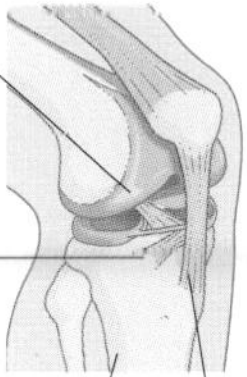

die inneren Organe • internal organs

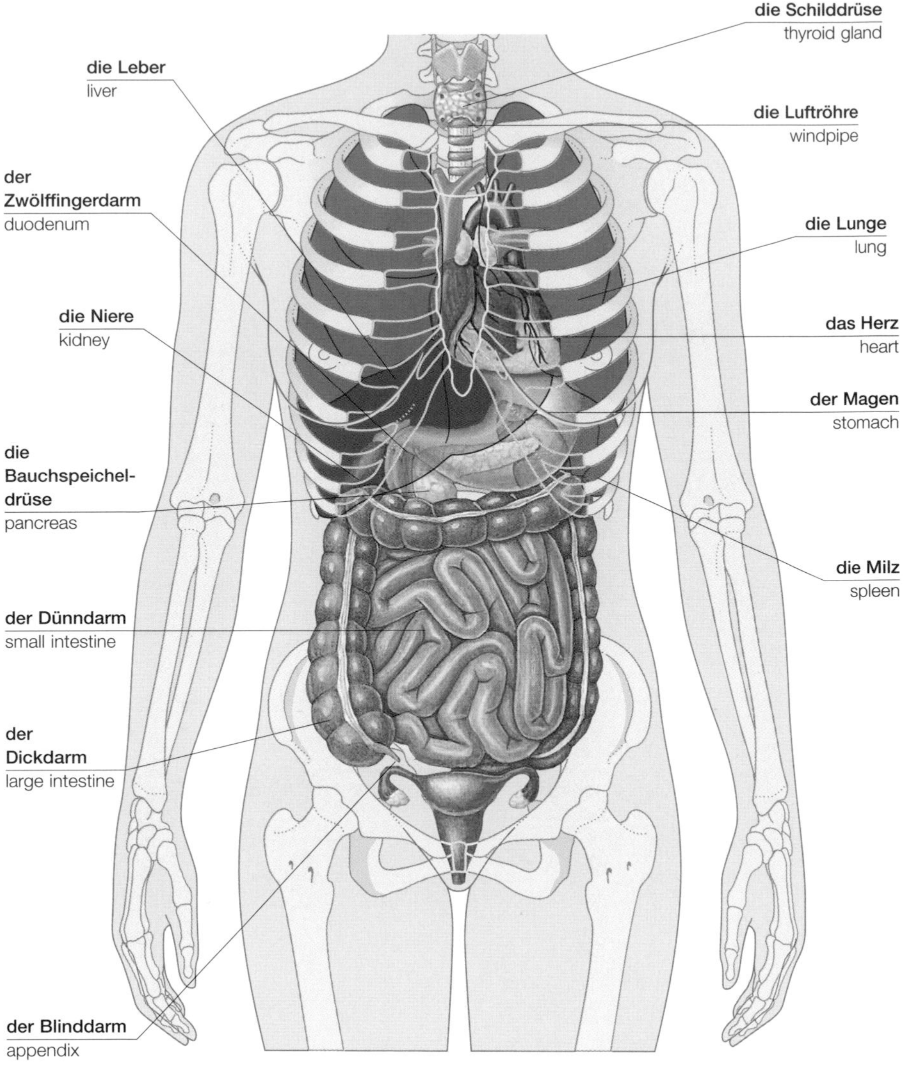

der Kopf • head

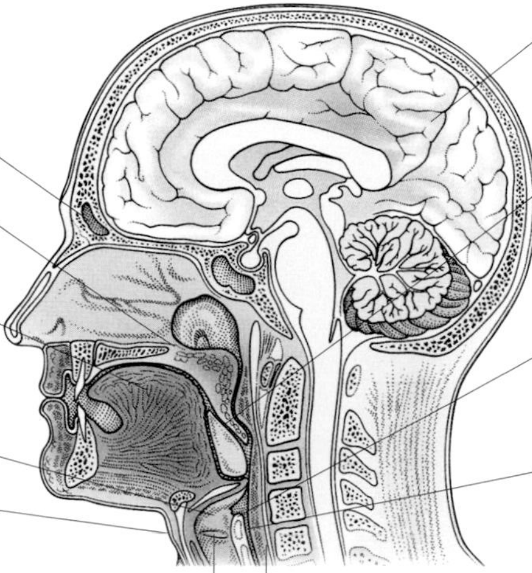

die Organsysteme • body systems

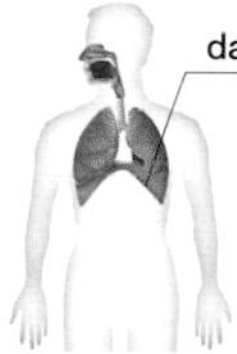

das Atmungssystem
respiratory

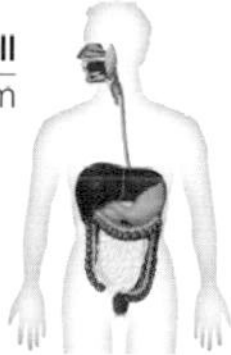

das Verdauungssystem
digestive

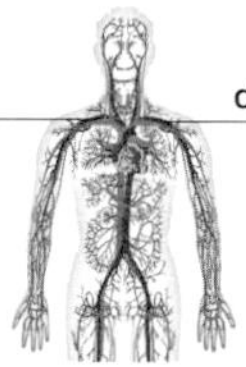

das Herz- und Gefäßsystem
cardiovascular

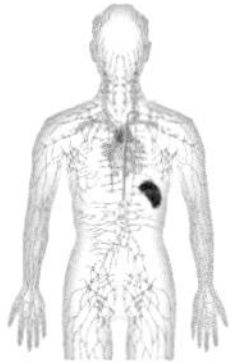

das lymphatische System
lymphatic

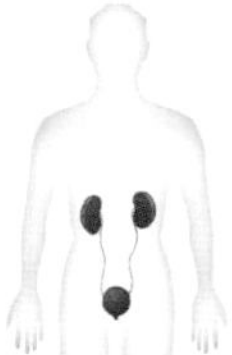

das Harnsystem
urinary

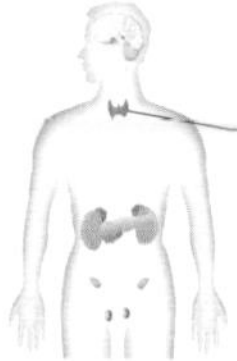

das endokrine System
endocrine

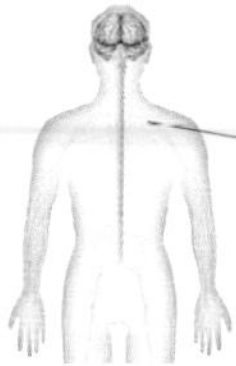

das Nervensystem
nervous

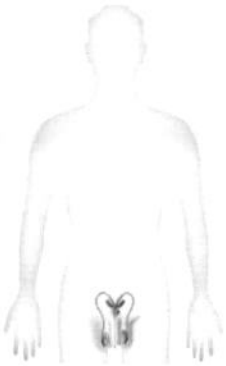

das Fortpflanzungssystem
reproductive

die Fortpflanzungsorgane • reproductive organs

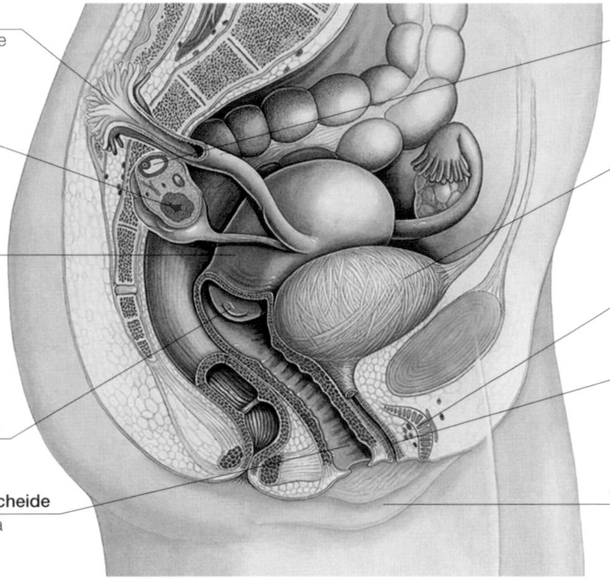

weiblich | female

die Fortpflanzung • reproduction

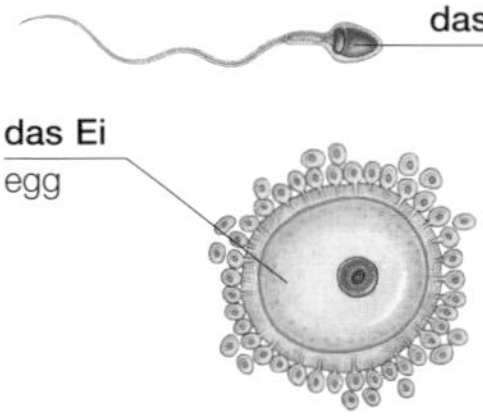

die Befruchtung | fertilization

Vokabular • vocabulary

steril infertile	**impotent** impotent	**die Menstruation** menstruation
fruchtbar fertile	**empfangen** conceive	**der Geschlechtsverkehr** intercourse
das Hormon hormone	**der Eisprung** ovulation	**die Geschlechtskrankheit** sexually transmitted disease

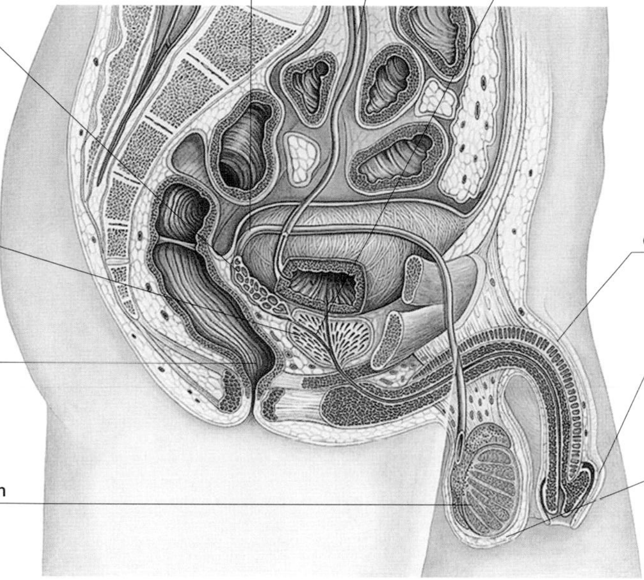

männlich | male

die Empfängnisverhütung • contraception

das Pessar
cervical cap

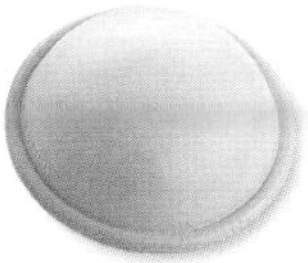

das Diaphragma
diaphragm

das Kondom
condom

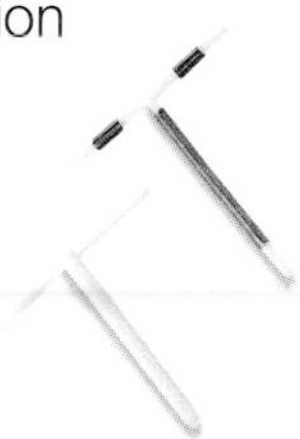

die Spirale
IUD

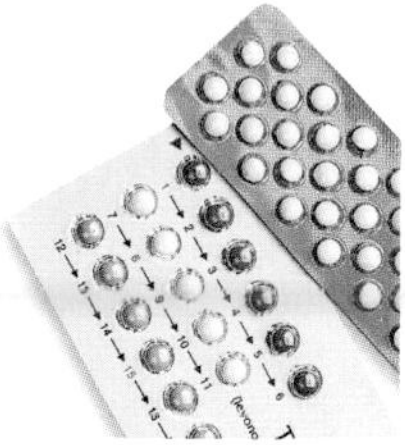

die Pille
pill

die Familie • family

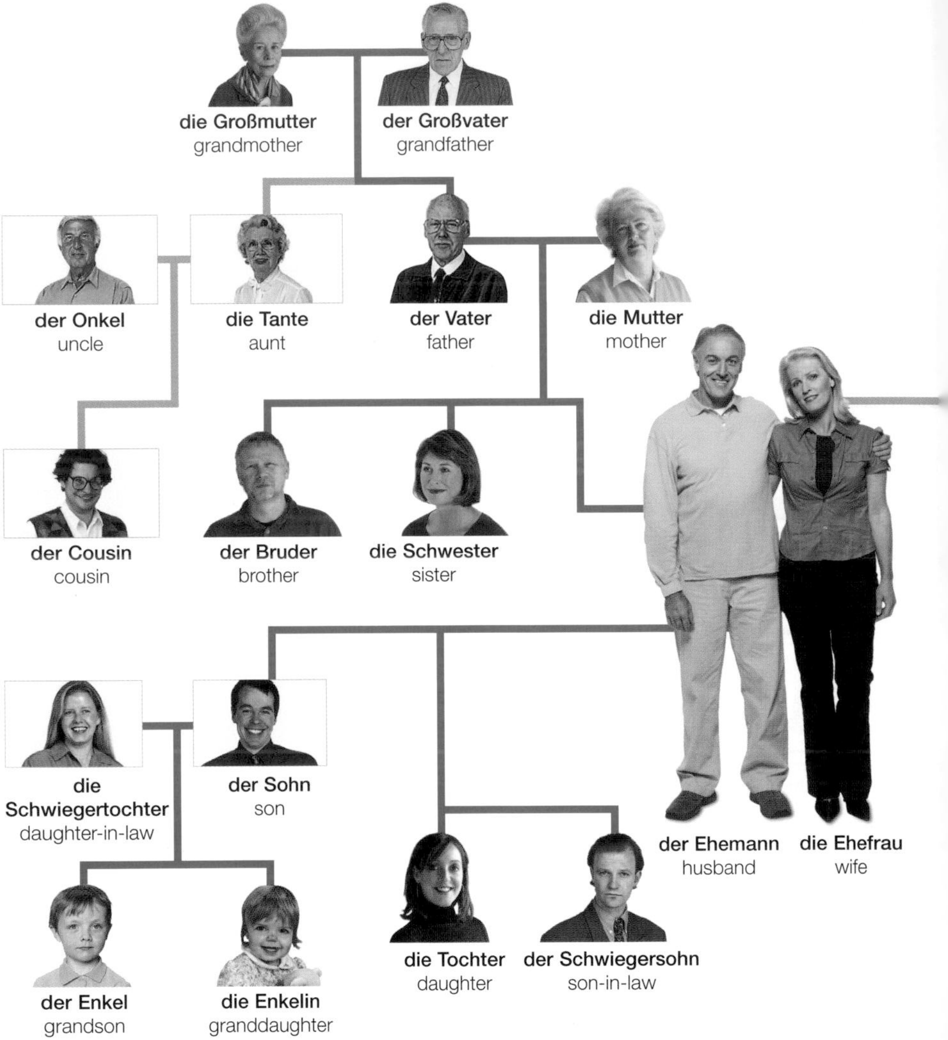

Vokabular • vocabulary

die Großeltern grandparents	**die Verwandten** relatives	**die Enkelkinder** grandchildren	**die Stiefmutter** stepmother	**die Stieftochter** stepdaughter	**die Generation** generation
die Eltern parents	**die Kinder** children	**der Stiefvater** stepfather	**der Stiefsohn** stepson	**der Partner/die Partnerin** partner	**die Zwillinge** twins

die Schwiegermutter
mother-in-law

der Schwiegervater
father-in-law

der Schwager
brother-in-law

die Schwägerin
sister-in-law

die Nichte
niece

der Neffe
nephew

die Anreden • titles

Herr
Mr.

Fräulein
Miss/Ms.

Frau
Mrs.

die Stadien • stages

das Baby
baby

das Kind
child

der Junge
boy

das Mädchen
girl

die Jugendliche
teenager

der Erwachsene
adult

der Mann
man

die Frau
woman

die Beziehungen • relationships

das Büro | office

die Nachbarin
neighbor

der Freund
friend

der Bekannte
acquaintance

der Brieffreund
pen pal

das Paar | couple

die Verlobten | engaged couple

die Gefühle • emotions

glücklich
happy

traurig
sad

begeistert
excited

gelangweilt
bored

überrascht
surprised

erschrocken
scared

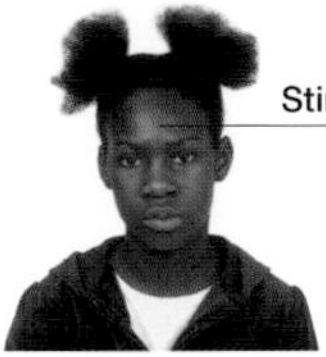

verärgert
angry

verwirrt
confused

besorgt
worried

nervös
nervous

stolz
proud

selbstsicher
confident

verlegen
embarrassed

schüchtern
shy

Vokabular • vocabulary

aufgebracht upset	**schreien** shout (v)	**lachen** laugh (v)	**seufzen** sigh (v)
schockiert shocked	**gähnen** yawn (v)	**weinen** cry (v)	**in Ohnmacht fallen** faint (v)

die Ereignisse des Lebens • life events

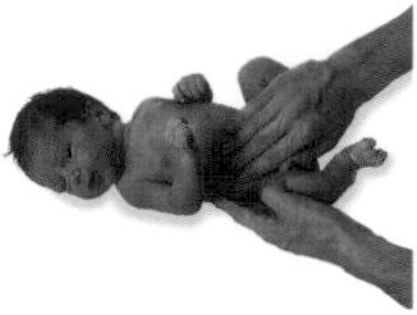

geboren werden
be born (v)

zur Schule kommen
start school (v)

sich anfreunden
make friends (v)

graduieren
graduate (v)

eine Stelle bekommen
get a job (v)

sich verlieben
fall in love (v)

heiraten
get married (v)

ein Baby bekommen
have a baby (v)

die Hochzeit | wedding

die Scheidung
divorce

das Begräbnis
funeral

vokabular • vocabulary

die Taufe
christening

die Bar-Mizwa
bar mitzvah

der Hochzeitstag
anniversary

in den Ruhestand treten
retire (v)

sein Testament machen
make a will (v)

emigrieren
emigrate (v)

sterben
die (v)

die Hochzeitsfeier
wedding reception

die Hochzeitsreise
honeymoon

die Geburtsurkunde
birth certificate

die Feiern • celebrations

die Geburtstagsfeier
birthday party

die Karte
card

der Geburtstag
birthday

das Geschenk
present

das Weihnachten
Christmas

das Neujahr
New Year

der Karneval
carnival

der Umzug
procession

das Band
ribbon

das Erntedankfest
Thanksgiving

das Ostern
Easter

das Halloween
Halloween

die Feste • festivals

das Passah
Passover

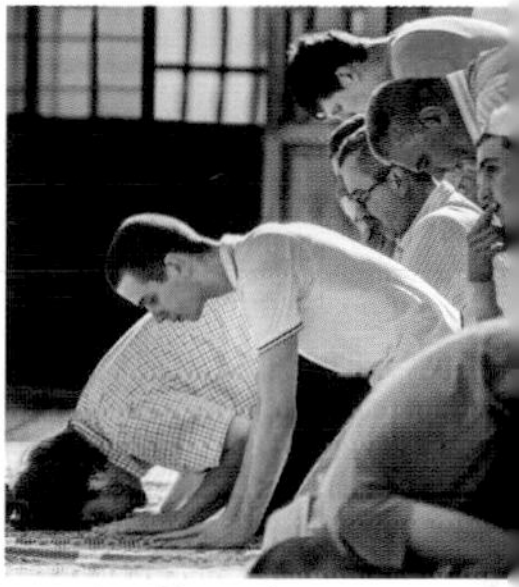

der Ramadan
Ramadan

das Diwali
Diwali

die äußere Erscheinung
appearance

die Kinderkleidung • children's clothing

das Baby • baby

der Schneeanzug
snowsuit

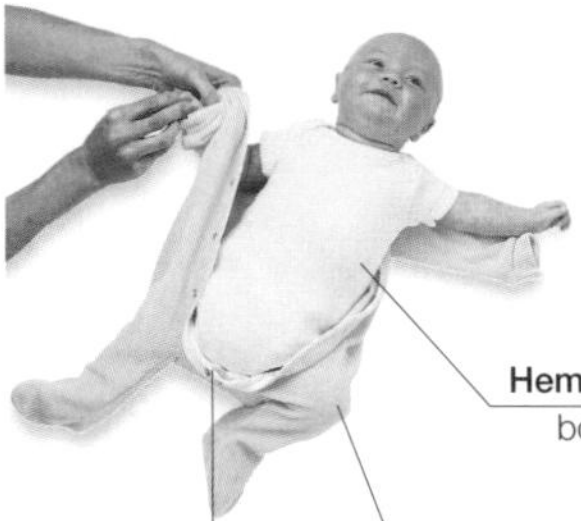

das Hemdchen
bodysuit

der Druckknopf
snap

der Strampelanzug
onesie

der Schlafanzug
sleeper

der Spielanzug
romper

das Lätzchen
bib

die Babyhandschuhe
mittens

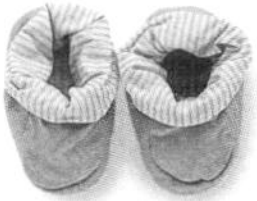

die Babyschuhe
booties

die Stoffwindel
cloth diaper

die Wegwerfwindel
disposable diaper

das Gummihöschen
plastic pants

das Kleinkind • toddler

der Sonnenhut
sun hat

die Schürze
apron

die Shorts
shorts

die Latzhose
overalls

das T-Shirt
T-shirt

der Rock
skirt

das Kind • child

Vokabular • vocabulary

die Naturfaser natural fiber	**Ist es waschmaschinenfest?** Is it machine washable?
synthetisch synthetic	**Passt das einem Zweijährigen?** Will this fit a two-year-old?

die Herrenkleidung • men's clothing

der Anzug
business suit

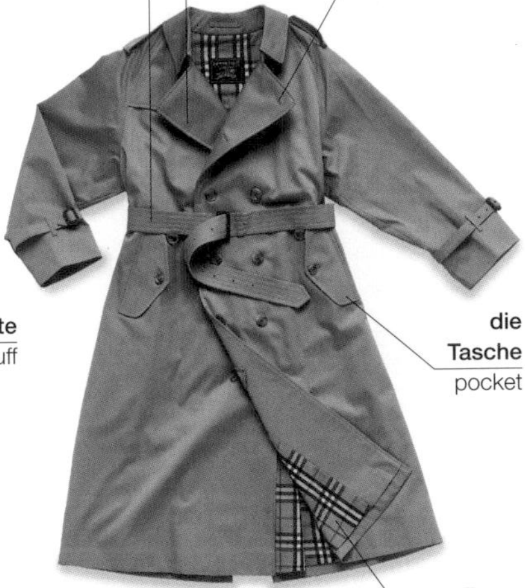

der Regenmantel
raincoat

Vokabular • vocabulary

die Strickjacke cardigan	**die Unterwäsche** underwear	**der Trainingsanzug** tracksuit	
der Bademantel dressing gown	**der Mantel** coat	**lang** long	**kurz** short

Haben Sie das eine Nummer größer/kleiner?
Do you have this in a larger/smaller size?

Kann ich das anprobieren?
May I try this on?

der Blazer
blazer

das Sportjackett
sport coat

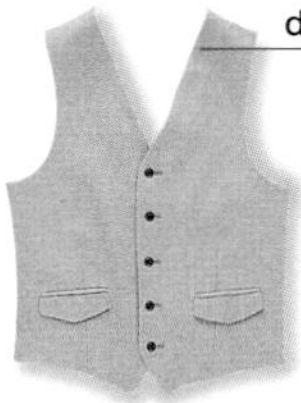

die Weste
vest

der V-Ausschnitt
V-neck

der runde Ausschnitt
crew neck

das T-Shirt
T-shirt

die Jeans
jeans

die Freizeitkleidung
casual wear

der Anorak
parka

das Sweatshirt
sweatshirt

das Hemd
shirt

der Pullover
sweater

der Schlafanzug
pajamas

das Unterhemd
undershirt

die Shorts
shorts

der Slip
briefs

die Boxershorts
boxer shorts

die Socken
socks

die Damenkleidung • women's clothing

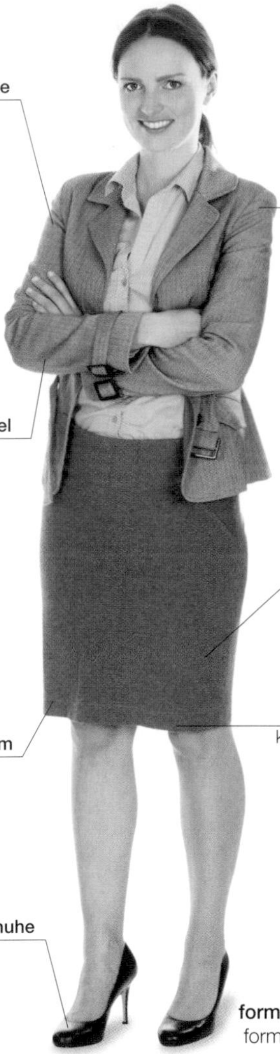

formell
formal

das Abendkleid
evening dress

das Kleid
dress

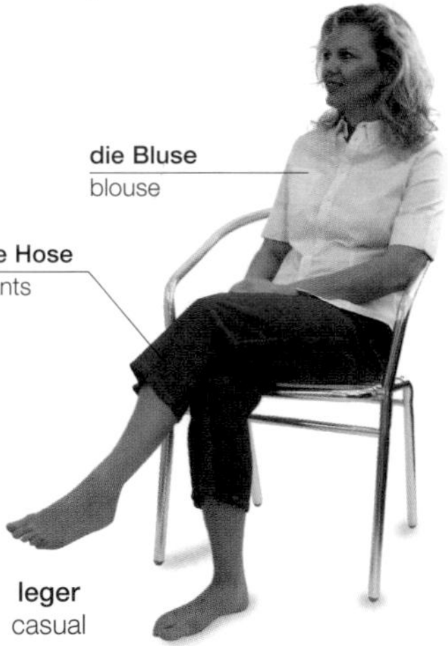

leger
casual

die Unterwäsche • lingerie

der Morgenmantel
robe

der Unterrock
slip

das Mieder
camisole

das Bustier
bustier

der Strumpf
stocking

die Strumpfhose
panty hose

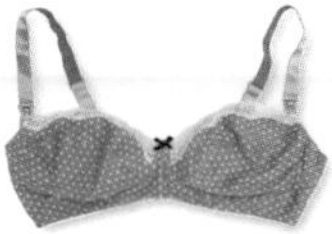

der Büstenhalter
bra

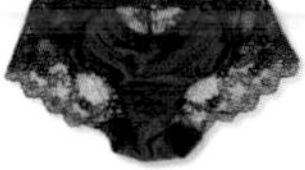

der Slip
panties

das Nachthemd
nightgown

die Hochzeit • wedding

das Hochzeitskleid
wedding dress

Vokabular • vocabulary

das Korsett corset	**gut geschnitten** tailored
rückenfrei halter neck	**das Strumpfband** garter
der Rockbund waistband	**der Sport-BH** sports bra
das Schulter polster shoulder pad	**mit Formbügeln** underwire

die Accessoires • accessories

die Mütze
cap

der Hut
hat

der Schal
scarf

der Gürtel
belt

das Taschentuch
handkerchief

die Fliege
bow tie

die Krawattennadel
tiepin

die Handschuhe
gloves

der Regenschirm
umbrella

der Schmuck • jewelry

der Anhänger
pendant

die Brosche
brooch

der Manschettenknopf
cuff links

das Armband
bracelet

die Kette
chain

der Schmuckkasten | jewelry box

die Taschen • bags

die Brieftasche
wallet

das Portemonnaie
change purse

der Verschluss
clasp

die Umhängetasche
shoulder bag

der Schulterriemen
shoulder strap

die Griffe
handles

die Reisetasche
duffel bag

die Aktentasche
briefcase

die Handtasche
handbag

der Rucksack
backpack

die Schuhe • shoes

der Schnürsenkel
lace

die Zunge
tongue

die Öse
eyelet

die Sohle
sole

der Schnürschuh
lace-up

der Absatz
heel

der Stiefel
boot

der Wanderschuh
hiking boot

der Sportschuh
sneaker

die Strandsandale
flip-flop

der Lederschuh
dress shoe

der Schuh mit hohem Absatz
high-heeled shoe

der Keilschuh
wedge

die Sandale
sandal

der Slipper
slip-on

der Ballerina
pump

das Haar • hair

der Kamm
comb

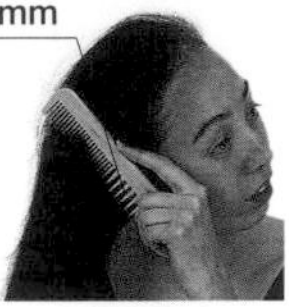

kämmen
comb (v)

die Haarbürste
brush

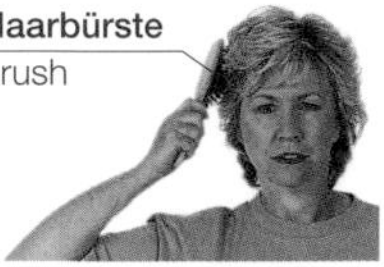

bürsten | brush (v)

die Friseurin
hairdresser

das Waschbecken
sink

die Kundin
client

waschen | wash (v)

ausspülen
rinse (v)

der Frisierumhang
robe

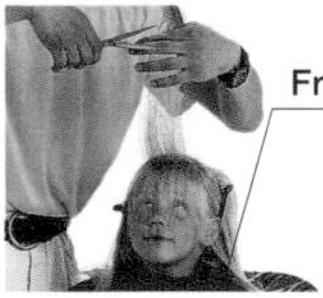

schneiden
cut (v)

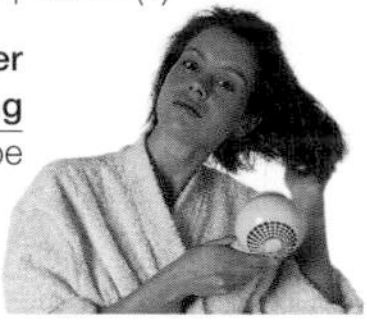

föhnen
blow-dry (v)

legen
set (v)

die Frisierartikel • accessories

der Föhn
blow-dryer

das Shampoo
shampoo

die Haarspülung
conditioner

das Haargel
gel

das Haarspray
hairspray

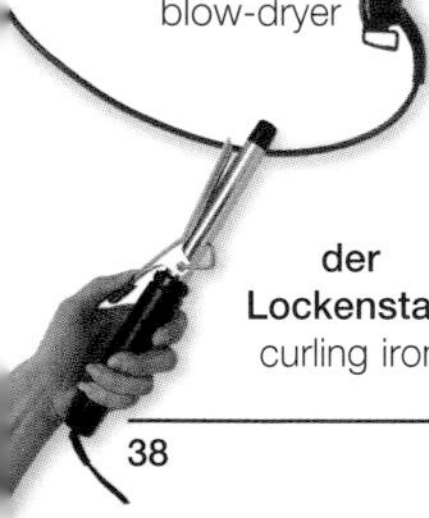

der Lockenstab
curling iron

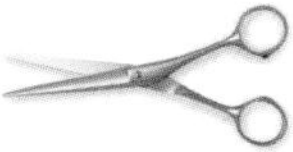

die Schere
scissors

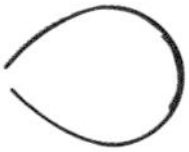

der Haarreif
headband

der Haarglätter
hair straightener

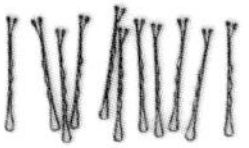

die Haarklammer
bobby pins

die Frisuren • styles

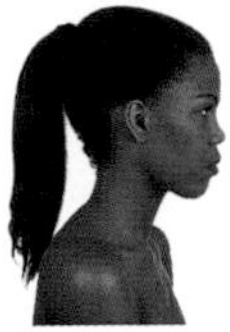

der Pferdeschwanz
ponytail

der Zopf
plait

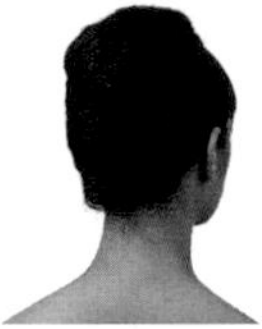

die Hochfrisur
French pleat

der Haarknoten
bun

die Schwänzchen
pigtails

der Bubikopf
bob

der Kurzhaarschnitt
crop

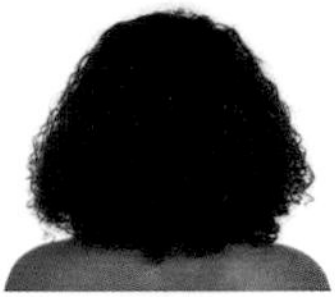

lockig
curly

die Dauerwelle
perm

glatt
straight

die Strähnen
highlights

kahl
bald

die Perücke
wig

Vokabular • vocabulary

das Haarband
hairtie

nachschneiden
trim (v)

der Herrenfriseur
barber

die Schuppen
dandruff

der Haarspliss
split ends

fettig
greasy

trocken
dry

normal
normal

die Kopfhaut
scalp

glätten
straighten (v)

der Bart
beard

der Schnurrbart
mustache

die Haarfarben • colours

blond
blonde

brünett
brunette

rotbraun
auburn

rot
ginger

schwarz
black

grau
grey

weiß
white

gefärbt
dyed

die Schönheit • beauty

das Make-up • makeup

der Augenbrauenstift
eyebrow pencil

das Brauenbürstchen
eyebrow brush

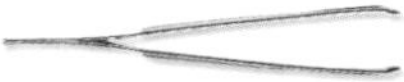
die Pinzette
tweezers

das Lipgloss
lip gloss

der Lippenpinsel
lip brush

der Lippenkonturenstift
lip liner

der Puderpinsel
brush

der Korrekturstift
concealer

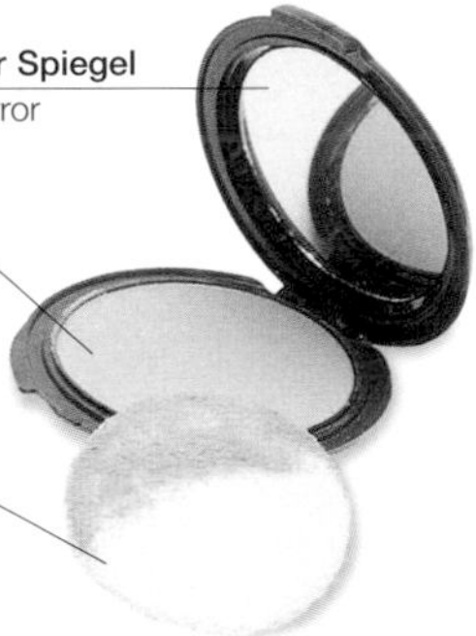

die Puderdose | compact

die Schönheitsbehandlungen • beauty treatments

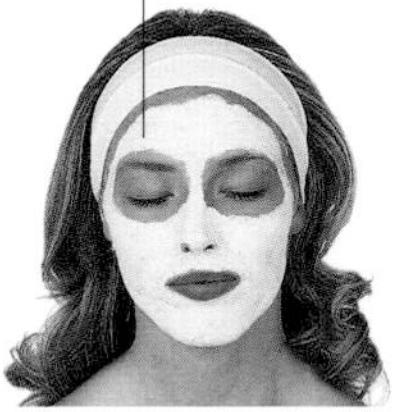

die Gesichtsmaske
face mask

die Gesichtsbehandlung
facial

die Sonnenbank
sunbed

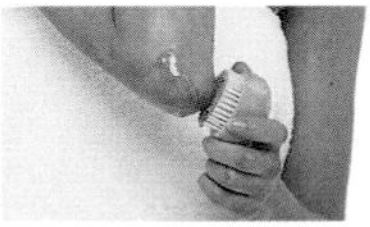

Peeling machen
exfoliate (v)

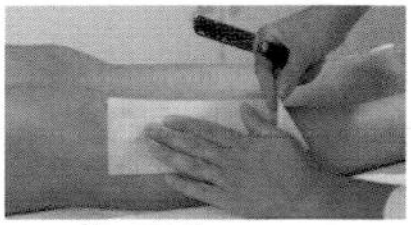

die Enthaarung
wax

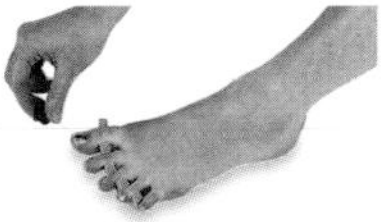

die Pediküre
pedicure

die Maniküre • manicure

die Nagelfeile
nail file

der Nagellackentferner
nail polish remover

der Nagellack
nail polish

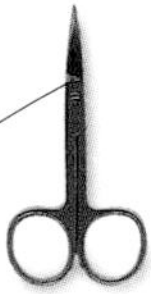

die Nagelschere
nail scissors

der Nagelknipser
nail clippers

die Toilettenartikel • toiletries

der Reiniger
cleanser

das Gesichtswasser
toner

die Feuchtigkeitscreme
moisturizer

die Selbstbräunungscreme
self-tanning lotion

das Parfum
perfume

das Eau de Toilette
eau de toilette

Vokabular • vocabulary

die Sonnenbräune tan	**empfindlich** sensitive	**hell** fair
die Tätowierung tattoo	**der Farbton** shade	**dunkel** dark
die Watteballchen cotton balls	**Antifalten-** antiwrinkle	**trocken** dry
hypoallergen hypoallergenic	**der Teint** complexion	**fettig** oily

die Gesundheit
health

die Krankheit • illness

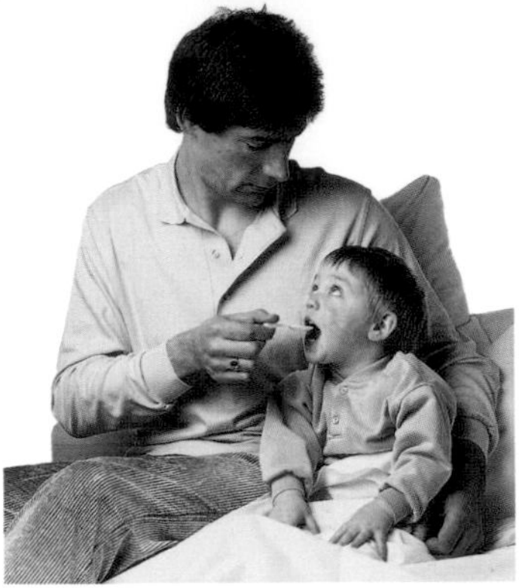

das Fieber | fever

die Kopfschmerzen
headache

das Nasenbluten
nosebleed

der Husten
cough

das Niesen
sneeze

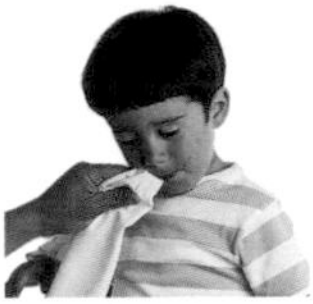

die Erkältung
cold

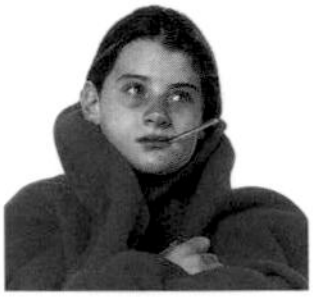

die Grippe
flu

der Inhalationsapparat
inhaler

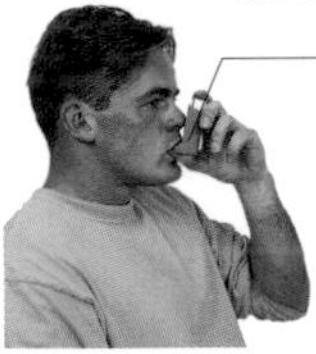

das Asthma
asthma

die Krämpfe
cramps

die Übelkeit
nausea

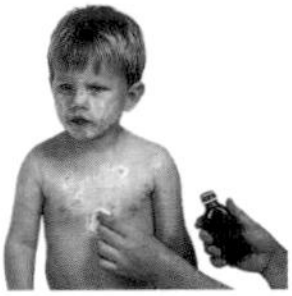

die Windpocken
chicken pox

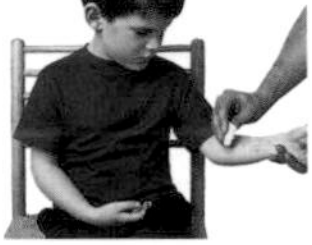

der Hautausschlag
rash

Vokabular • vocabulary

der Herzinfarkt heart attack	**die Allergie** allergy	**das Ekzem** eczema	**die Verkühlung** chill	**die Epilepsie** epilepsy	**der Durchfall** diarrhea
der Blutdruck blood pressure	**der Mumps** mumps	**der Virus** virus	**die Migräne** migraine	**sich übergeben** vomit (v)	**die Masern** measles
der Schlaganfall stroke	**die Zuckerkrankheit** diabetes	**die Infektion** infection	**die Magenschmerzen** stomachache	**in Ohnmacht fallen** faint (v)	**der Heuschnupfen** hay fever

der Arzt • doctor

die Konsultation • consultation

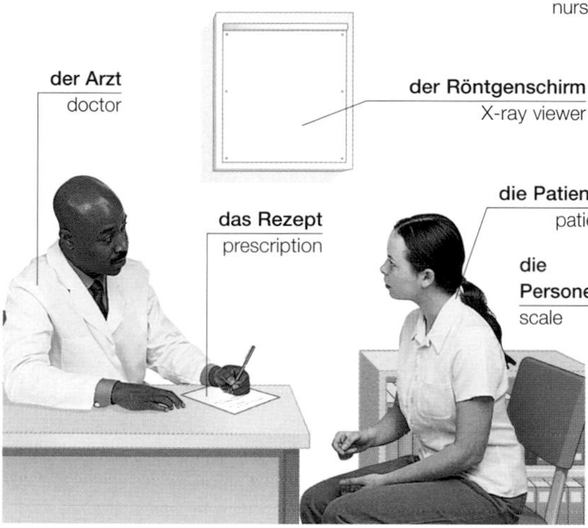

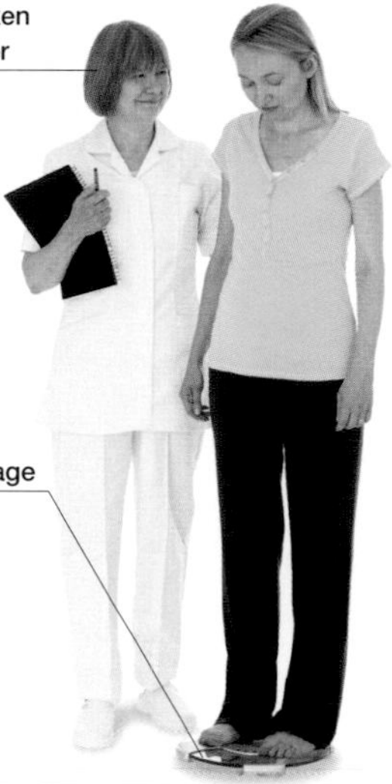

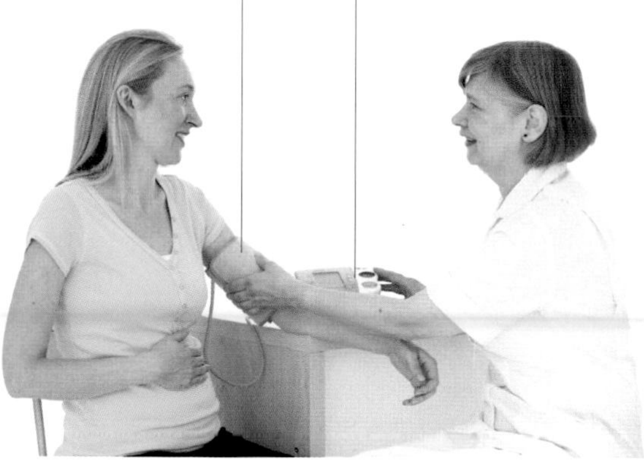

Vokabular • vocabulary

der Termin appointment	**die Impfung** vaccination
das Sprechzimmer doctor's office	**die Untersuchung** medical examination
das Wartezimmer waiting room	**das Thermometer** thermometer

Ich muss einen Arzt sprechen.
I need to see a doctor.

Es tut hier weh.
It hurts here.

die Verletzung • injury

die Verstauchung | sprain

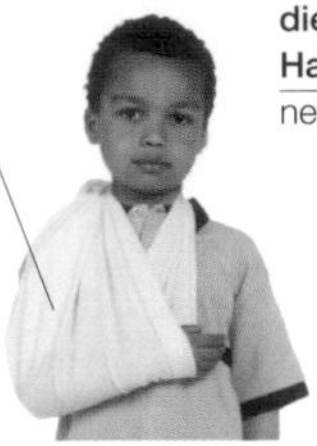

die Fraktur
fracture

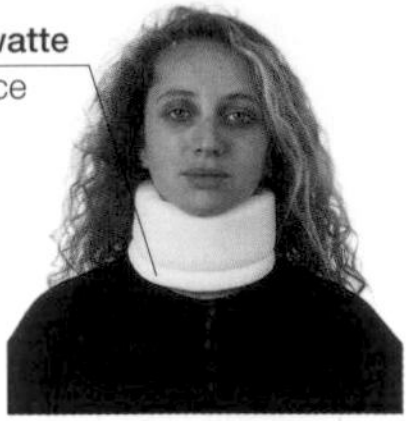

das Schleudertrauma
whiplash

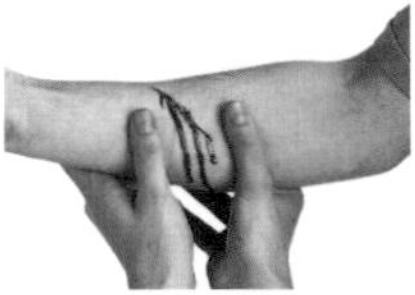

der Schnitt
cut

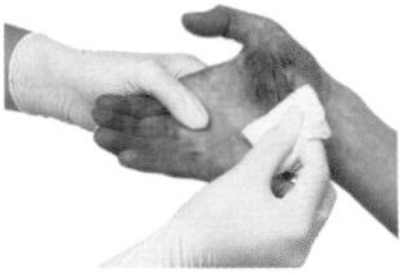

die Abschürfung
graze

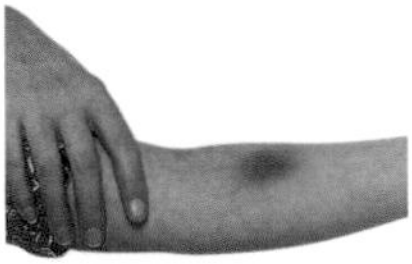

der blaue Fleck
bruise

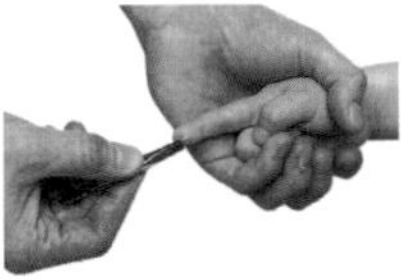

der Splitter
splinter

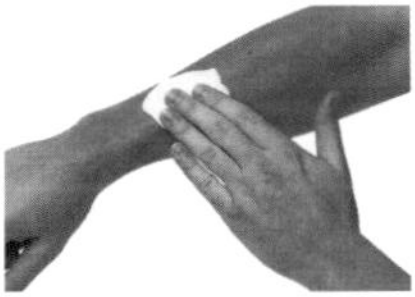

der Sonnenbrand
sunburn

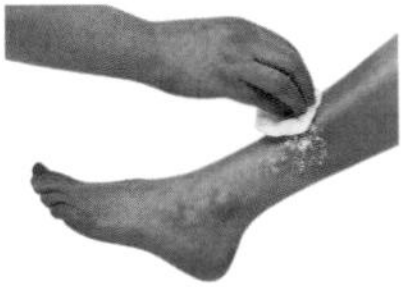

die Brandwunde
burn

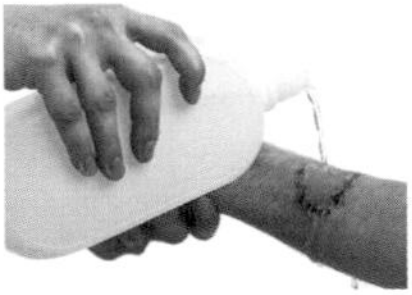

der Biss
bite

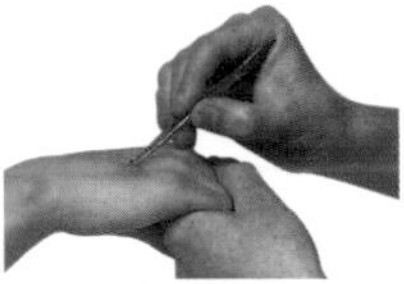

der Stich
sting

Vokabular • vocabulary

der Unfall
accident

der Notfall
emergency

die Wunde
wound

die Blutung
hemorrhage

die Blase
blister

der elektrische Schlag
electric shock

die Kopfverletzung
head injury

die Vergiftung
poisoning

die Gehirnerschütterung
concussion

Wird er/sie es gut überstehen?
Will he/she be all right?

Rufen Sie bitte einen Krankenwagen.
Please call an ambulance.

Wo haben Sie Schmerzen?
Where does it hurt?

die erste Hilfe • first aid

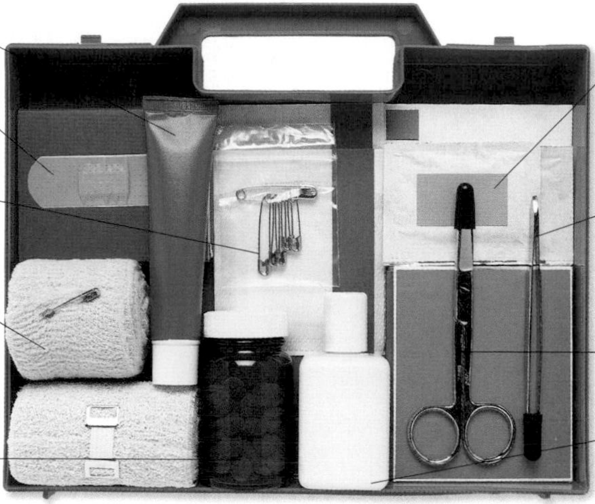

der Erste-Hilfe-Kasten | first-aid kit

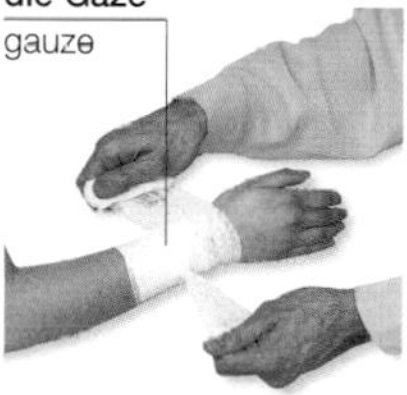

der Verband
dressing

die Schiene | splint

das Leukoplast
adhesive tape

die Wiederbelebung
resuscitation

Vokabular • vocabulary

der Schock shock	**der Puls** pulse	**ersticken** choke (v)	**Können Sie mir helfen?** Can you help?
bewusstlos unconscious	**die Atmung** breathing	**steril** sterile	**Beherrschen Sie die Erste Hilfe?** Do you know first aid?

das Krankenhaus • hospital

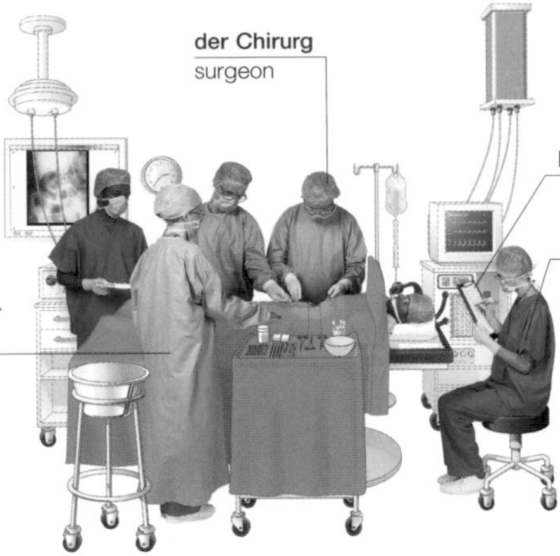

der Operationssaal
operating room

die Blutuntersuchung
blood test

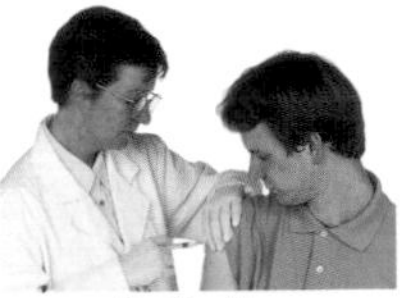

die Spritze
injection

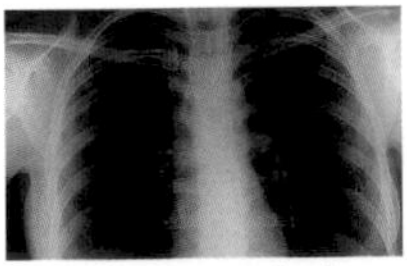

die Röntgenaufnahme
X-ray

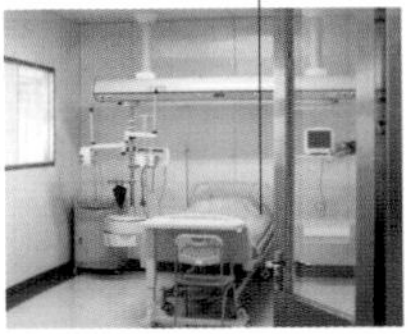

die Notaufnahme
emergency room

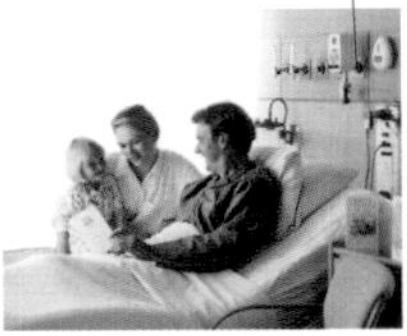

das Patientzimmer
ward

der Rollstuhl
wheelchair

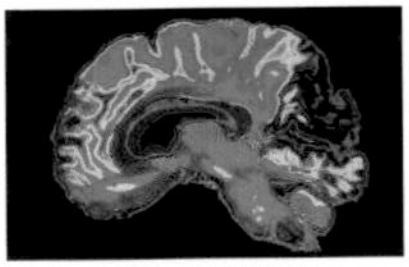

das CT-Bild
scan

Vokabular • vocabulary

die Operation operation	**entlassen** discharged	**die Besuchszeiten** visiting hours	**die Entbindungsstation** maternity ward	**die Intensivstation** intensive care unit
aufgenommen admitted	**die Klinik** clinic	**die Kinderstation** children's ward	**das Privatzimmer** private room	**der ambulante Patient** outpatient

die Abteilungen • departments

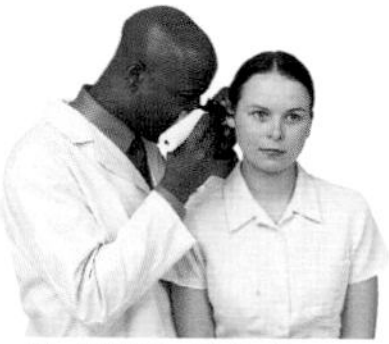

die HNO-Abteilung
ENT

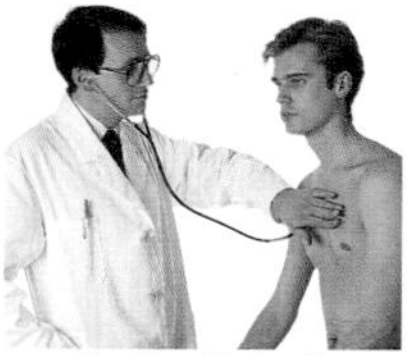

die Kardiologie
cardiology

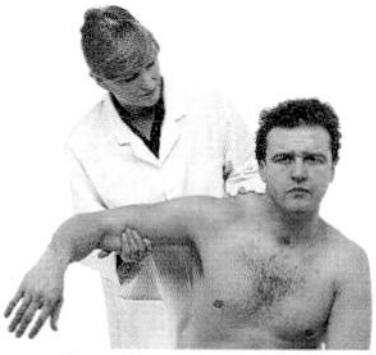

die Orthopädie
orthopedics

die Gynäkologie
gynecology

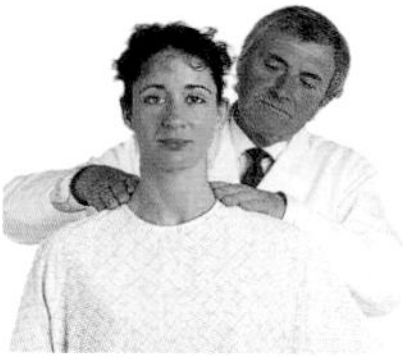

die Physiotherapie
physiotherapy

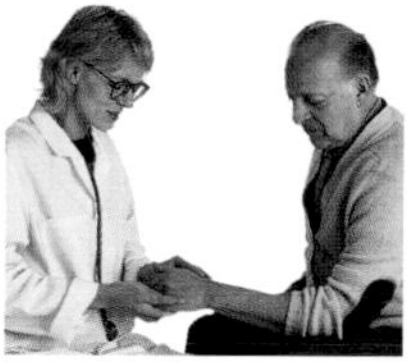

die Dermatologie
dermatology

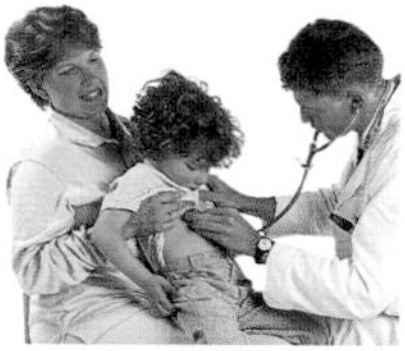

die Kinderheilkunde
pediatrics

die Radiologie
radiology

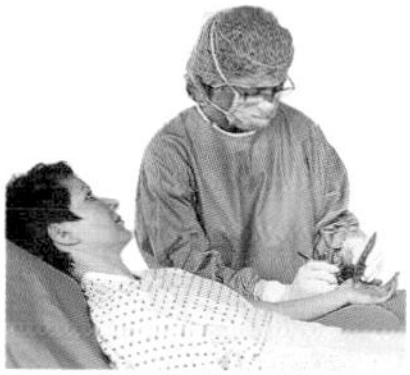

die Chirurgie
surgery

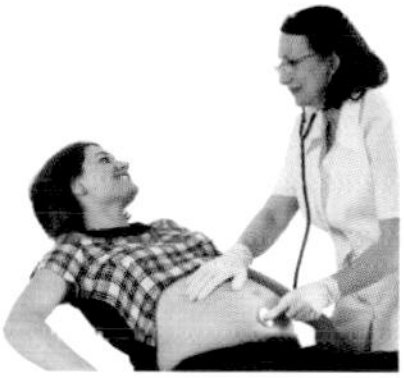

die Entbindungsstation
maternity

die Psychiatrie
psychiatry

die Augenheilkunde
ophthalmology

Vokabular • vocabulary

die Neurologie neurology	**die Urologie** urology	**die plastische Chirurgie** plastic surgery	**die Pathologie** pathology	**das Ergebnis** result
die Onkologie oncology	**die Endokrinologie** endocrinology	**die Überweisung** referral	**die Untersuchung** test	**der Facharzt** specialist

der Zahnarzt • dentist

der Zahn • tooth

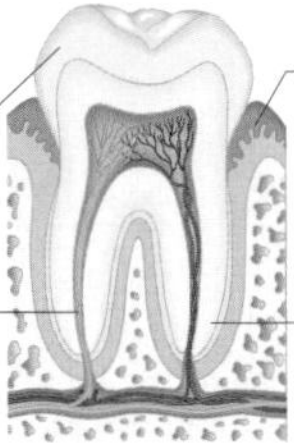

der Zahnschmelz
enamel

das Zahnfleisch
gum

der Nerv
nerve

die Zahnwurzel
root

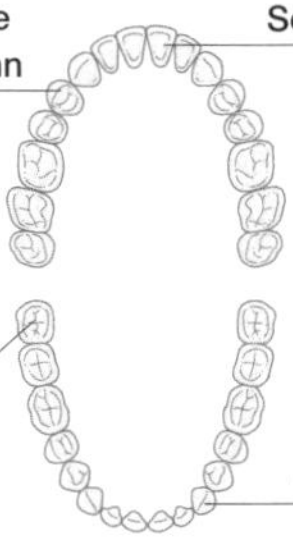

der vordere Backenzahn
premolar

der Schneidezahn
incisor

der Backenzahn
molar

der Eckzahn
canine

Vokabular • vocabulary

der Zahnbelag plaque	**der Bohrer** drill
die Karies decay	**die Zahnseide** dental floss
die Zahnfüllung filling	**die Extraktion** extraction
die Zahnschmerzen toothache	**die Krone** crown

der Check-up • checkup

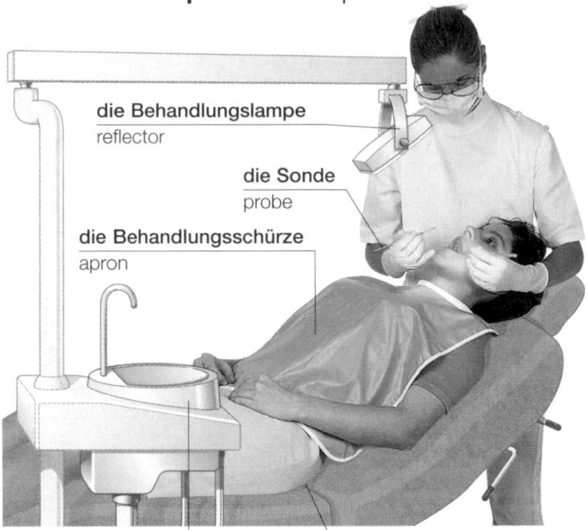

die Behandlungslampe
reflector

die Sonde
probe

die Behandlungsschürze
apron

das Spuckbecken
sink

der Patientenstuhl
dentist's chair

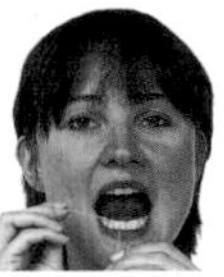

mit Zahnseide reinigen
floss (v)

bürsten
brush (v)

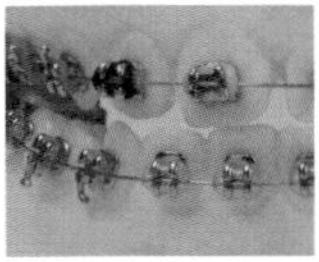

die Zahnspange
braces

die Röntgenaufnahme
dental X-ray

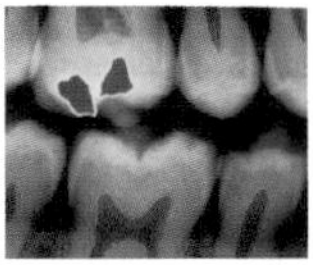

das Röntgenbild
X-ray film

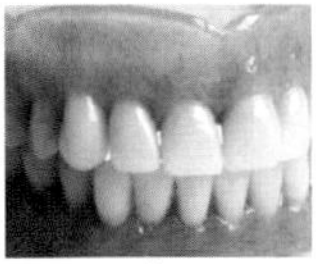

die Zahnprothese
dentures

der Augenoptiker • optometrist

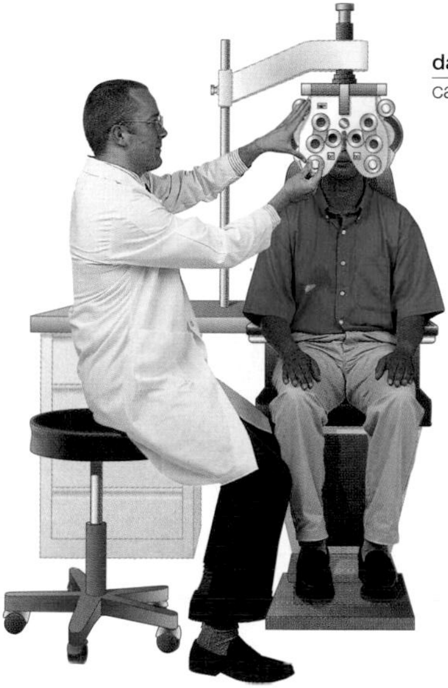

der Sehtest | eye test

das Futteral
case

das Glas
lens

die Brille
glasses

das Brillengestell
frame

die Sonnenbrille
sunglasses

das Reinigungsmittel
cleaning fluid

das Desinfektionsmittel
disinfectant solution

der Kontaktlinsenbehälter
lens case

die Kontaktlinsen | contact lenses

das Auge • eye

die Augenbraue
eyebrow

das Lid
eyelid

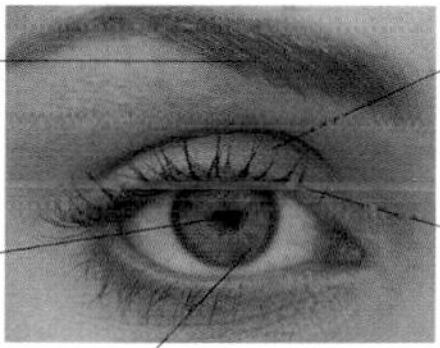

die Wimper
eyelash

die Pupille
pupil

die Iris
iris

die Netzhaut
retina

die Linse
lens

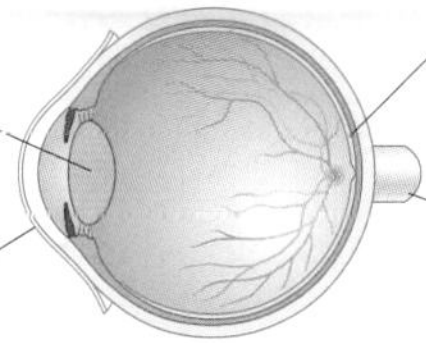

der Sehnerv
optic nerve

die Hornhaut
cornea

Vokabular • vocabulary

die Sehkraft vision	**der Astigmatismus** astigmatism
die Dioptrie diopter	**die Weitsichtigkeit** farsighted
die Träne tear	**die Kurzsichtigkeit** nearsighted
der graue Star cataract	**Bifokal-** bifocal

die Schwangerschaft • pregnancy

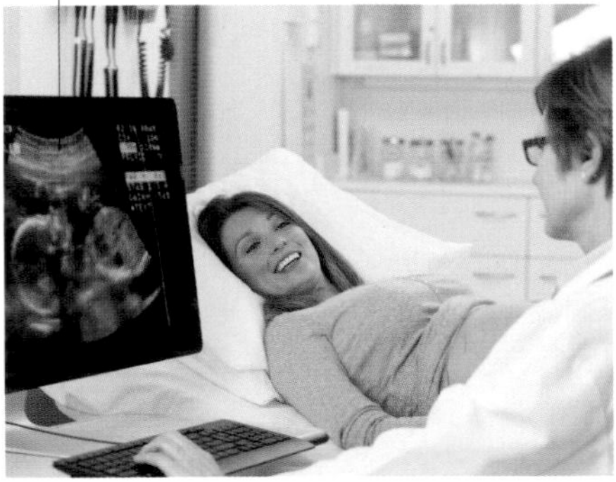

der Ultraschall | ultrasound

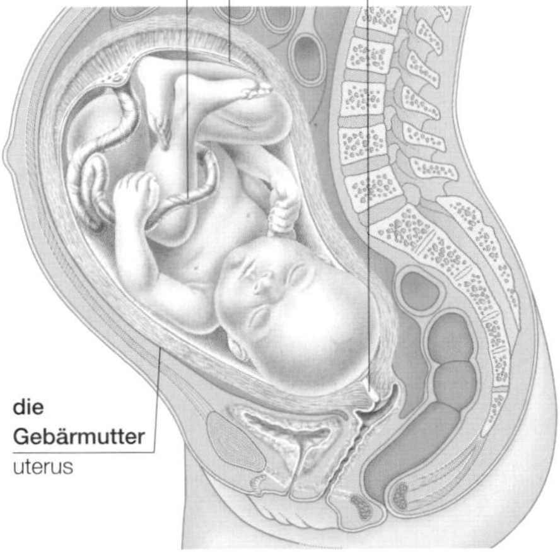

der Fötus | fetus

Vokabular • vocabulary

der Eisprung ovulation	**vorgeburtlich** prenatal	**das Fruchtwasser** amniotic fluid	**die Erweiterung** dilation	**die Naht** stitches	**die Steißgeburt** breech birth
schwanger pregnant	**der Embryo** embryo	**die Amniozentese** amniocentesis	**der Kaiserschnitt** cesarean section	**die Geburt** birth	**vorzeitig** premature
die Empfängnis conception	**die Gebärmutter** womb	**das Fruchtwasser geht ab** break water (v)	**die Periduralanästhesie** epidural	**die Entbindung** delivery	**der Gynäkologe** gynecologist
schwanger expecting	**das Trimester** trimester	**die Wehe** contraction	**der Dammschnitt** episiotomy	**die Fehlgeburt** miscarriage	**der Geburtshelfer** obstetrician

die Geburt • childbirth

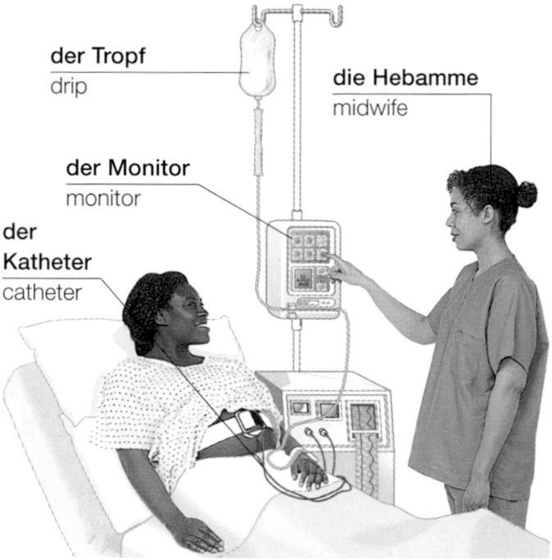

die Geburt einleiten
induce labor (v)

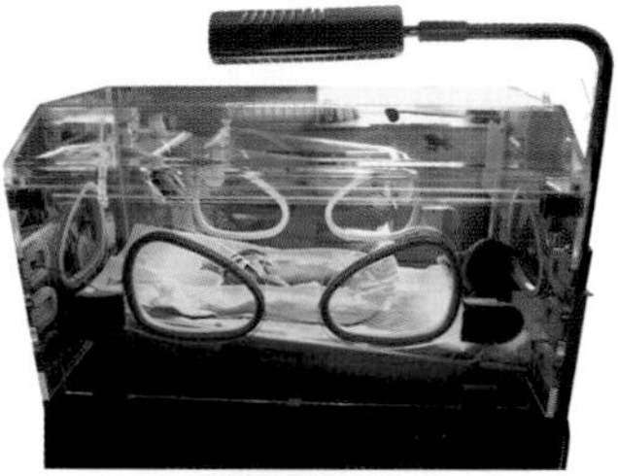

der Brutkasten | incubator

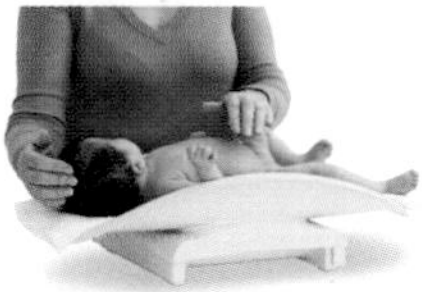

das Geburtsgewicht
birth weight

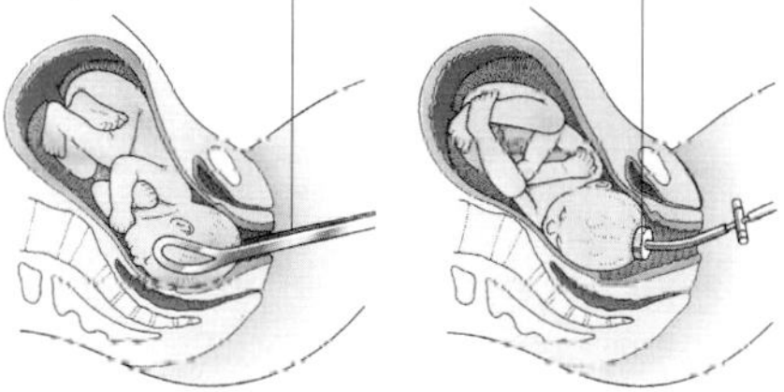

die assistierte Entbindung
assisted delivery

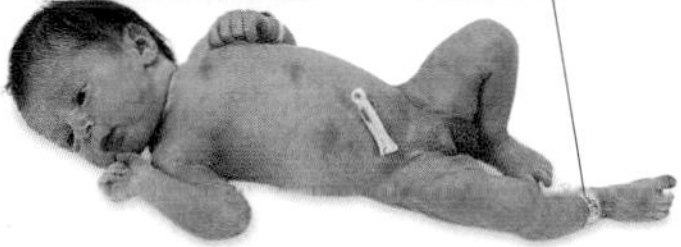

das Neugeborene
newborn baby

das Stillen • nursing

die Brustpumpe
breast pump

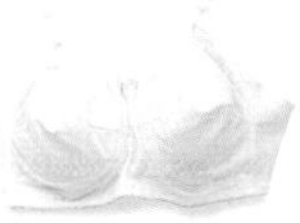

der Stillbüstenhalter
nursing bra

stillen
breastfeed (v)

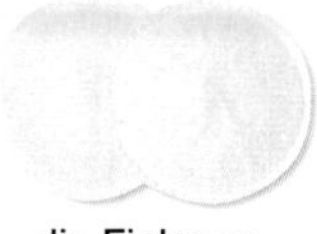

die Einlagen
nursing pads

die Alternativtherapien • alternative therapy

das Yoga | yoga

die Massage
massage

das Shiatsu
shiatsu

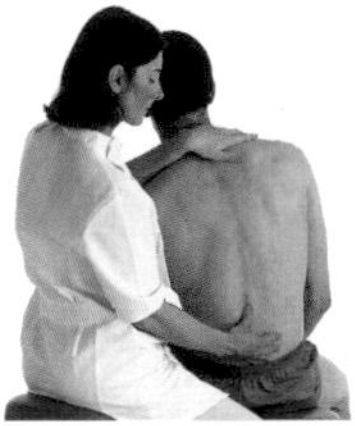

die Chiropraktik
chiropractic

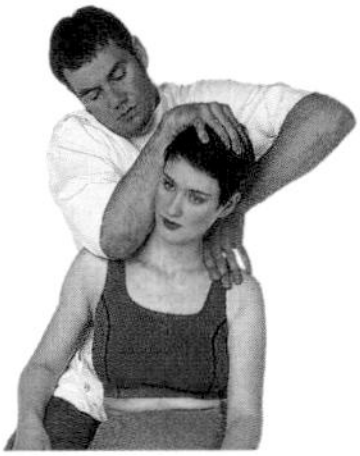

die Osteopathie
osteopathy

die Reflexzonenmassage
reflexology

die Meditation
meditation

der Berater
counselor

die Gruppentherapie
group therapy

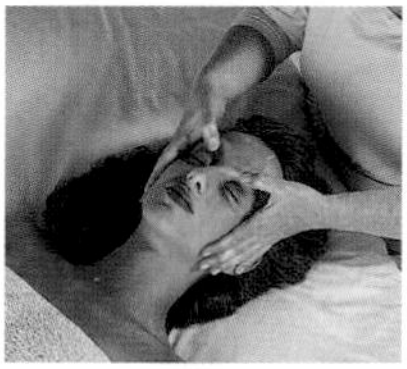

das Reiki
reiki

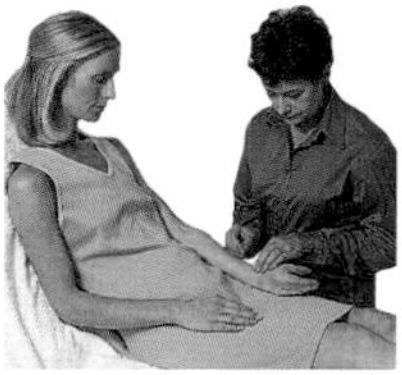

die Akupunktur
acupuncture

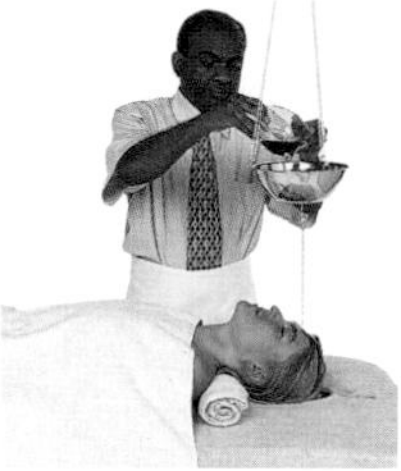

das Ayurveda
ayurveda

die Hypnotherapie
hypnotherapy

die Kräuterheilkunde
herbalism

die ätherischen Öle
essential oils

die Aromatherapie
aromatherapy

die Homöopathie
homeopathy

die Akupressur
acupressure

die Therapeutin
therapist

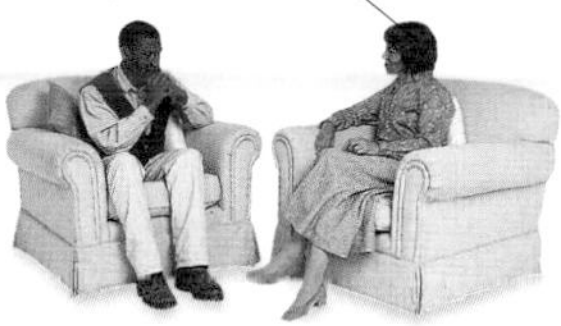

die Psychotherapie
psychotherapy

Vokabular • vocabulary

die Kristalltherapie crystal healing	**die Naturheilkunde** naturopathy	**der Stress** stress	**das Nahrungser-gänzungsmitttel** supplement
die Wasserbe handlung hydrotherapy	**das Feng Shui** fong shui	**das Heilkraut** herb	**die Entspannung** relaxation

das Haus
home

das Haus • house

Vokabular • vocabulary

das Einzelhaus
single-family

das Doppelhaus
duplex

das Stadthaus
townhouse

das Reihenhaus
row house

der Bungalow
bungalow

das Kellergeschoss
basement

die Garage
garage

das Zimmer
room

der Dachboden
attic

das Stockwerk
floor

der Hof
courtyard

die Haustürlampe
porch light

die Alarmanlage
burglar alarm

der Briefkasten
mailbox

der Vermieter
landlord

mieten
rent (v)

die Miete
rent

der Mieter
tenant

der Eingang • entrance

der Handlauf
hand rail

die Treppe
staircase

der Treppenabsatz
landing

das Treppengeländer
banister

die Diele
foyer

die Türklingel
doorbell

der Fußabtreter
doormat

der Türklopfer
door knocker

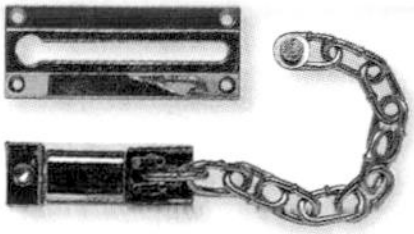

die Türkette
door chain

der Schlüssel
key

das Schloss
lock

der Türriegel
bolt

die Wohnung • apartment

der Balkon
balcony

der Wohnblock
apartment building

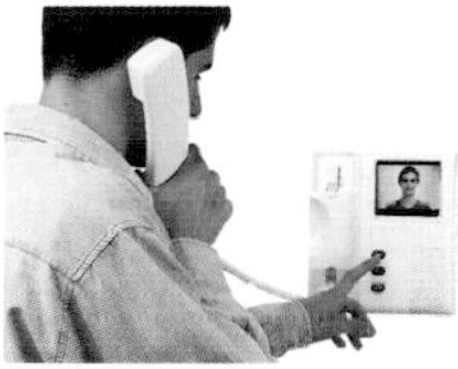

die Sprechanlage
intercom

der Fahrstuhl
elevator

die Hausanschlüsse • internal systems

der Ventilator
fan

der Heizkörper
radiator

der Heizofen
space heater

der Heizlüfter
convector heater

die Elektrizität • electricity

die Energiesparlampe
energy-saving bulb

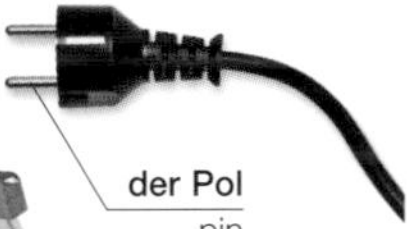

der Stecker
plug

die Leitung
wires

Vokabular • vocabulary

die Spannung voltage	**die Sicherung** fuse	**die Steckdose** outlet	**der Gleichstrom** direct current	**der Transformator** transformer
das Ampère amp	**der Generator** generator	**der Schalter** switch	**der Stromzähler** electric meter	**das Stromnetz** household current
der Strom power	**der Sicherungskasten** fuse box	**der Wechselstrom** alternating current	**der Stromausfall** power outage	

die Sanitärtechnik • plumbing

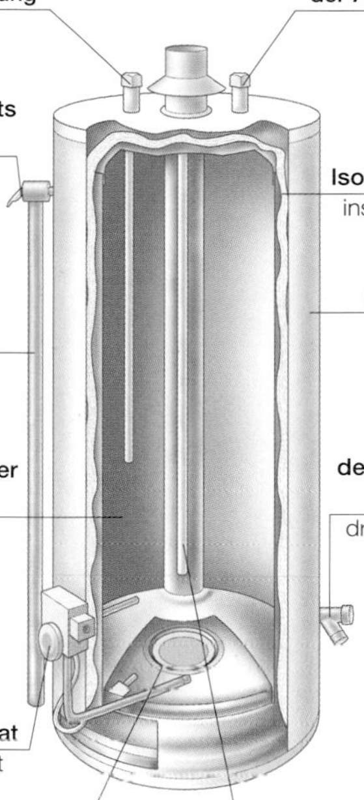

die Zuleitung
inlet

der Auslass
outlet

das Sicherheits ventil
pressure valve

die Isolierung
insulation

der Kessel
tank

der Überlauf
overflow pipe

der Wasser raum
water chamber

der Ablass hahn
drain valve

der Thermostat
thermostat

der Gasbrenner
burner

das Heizelement
heating element

der Boiler
water heater

die Spüle • sink

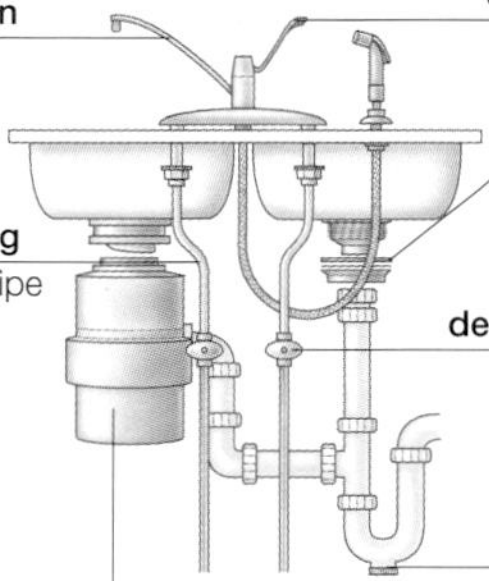

der Hahn
faucet

der Hebel
lever

die Dichtung
gasket

die Zuleitung
supply pipe

der Absperrhahn
shutoff valve

der Abfluss
drain

der Müllschlucker
waste disposal unit

die Toilette • toilet

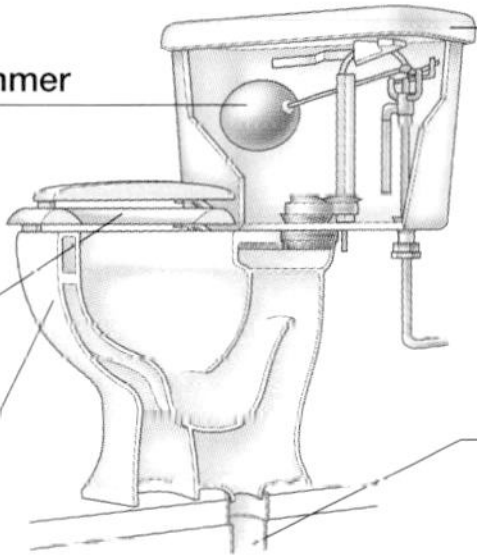

der Spülkasten
tank

der Schwimmer
float ball

der Toiletten sitz
seat

das Abflussrohr
waste pipe

das Becken
bowl

die Abfallentsorgung • waste disposal

die Flasche
bottle

der Trethebel
pedal

der Recyclingbehälter
recycling bin

der Deckel
lid

der Abfalleimer
trash can

die Abfallsortiereinheit
sorting unit

der Bio-Abfall
organic waste

das Wohnzimmer • living room

die Wandlampe
wall light

der Kamin
fireplace

die Decke
ceiling

die Vase
vase

das Sofakissen
pillow

die Lampe
lamp

der Couchtisch
coffee table

das Sofa
sofa

der Fußboden
floor

der Vorhang
curtain

die Gardine
sheer curtain

die Jalousie
Venetian blind

das Rollo
roller shade

das Arbeitszimmer | study

das Esszimmer • dining room

Vokabular • vocabulary

die Tischdecke
tablecloth

das Set
placemat

die Mahlzeit
meal

die Gastgeberin
hostess

der Gast
guest

der Gastgeber
host

die Portion
portion

hungrig
hungry

satt
full

den Tisch decken
set the table (v)

servieren
serve (v)

essen
eat (v)

das Frühstück
breakfast

das Mittagessen
lunch

das Abendessen
dinner

Könnte ich bitte noch ein bisschen haben?
Can I have some more, please?

Ich bin satt, danke.
I've had enough, thank you.

Das war lecker.
That was delicious.

das Geschirr und das Besteck • crockery and cutlery

der Becher
mug

die Kaffeetasse
coffee cup

der Teelöffel
teaspoon

die Teetasse
teacup

der Teller
plate

die Schüssel
bowl

die Cafetière
French press

die Teekanne
teapot

der Krug
pitcher

der Eierbecher
egg cup

das Weinglas
wine glass

das Wasserglas
tumbler

die Glaswaren
glassware

der Serviettenring
napkin ring

der Beilagenteller
side plate

der Essteller
dinner plate

der Suppenteller
soup bowl

der Suppenlöffel
soup spoon

die Serviette
napkin

die Gabel
fork

der Löffel
spoon

das Messer
knife

das Gedeck
place setting

die Küche • kitchen

der Dunstabzug
ventilation hood

das Küchenregal
shelves

das Glaskeramik kochfeld
ceramic stovetop

der Spritzschutz
backsplash

der Wasserhahn
faucet

die Arbeitsfläche
countertop

das Spülbecken
sink

der Backofen
oven

die Schublade
drawer

der Küchen schrank
cabinet

die Küchengeräte • appliances

die Mikrowelle
microwave oven

die Mixerschüssel
mixing bowl

das Messer
blade

der Deckel
lid

der Wasserkocher
electric kettle

der Toaster
toaster

die Küchenmaschine
food processor

der Mixer
blender

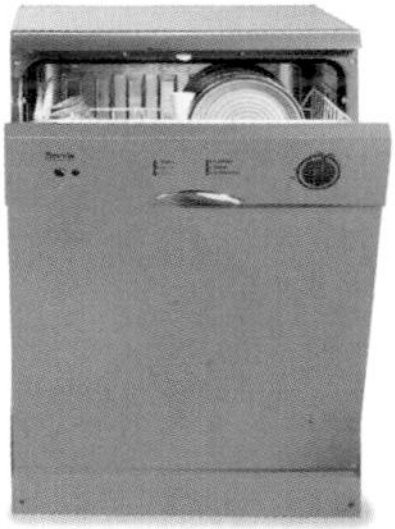

die Spülmaschine
dishwasher

der Gefrier-Kühlschrank | side-by-side refrigerator

Vokabular • vocabulary

das Kochfeld stovetop	**einfrieren** freeze (v)
das Abtropfbrett draining board	**auftauen** defrost (v)
der Brenner burner	**dämpfen** steam (v)
der Mülleimer garbage can	**anbraten** sauté (v)

das Kochen • cooking

schälen
peel (v)

schneiden
slice (v)

reiben
grate (v)

gießen
pour (v)

verrühren
mix (v)

schlagen
whisk (v)

kochen
boil (v)

braten
fry (v)

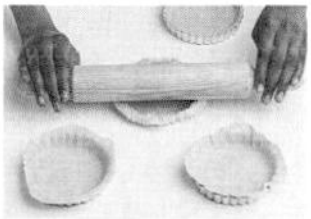
ausrollen
roll (v)

rühren
stir (v)

köcheln lassen
simmer (v)

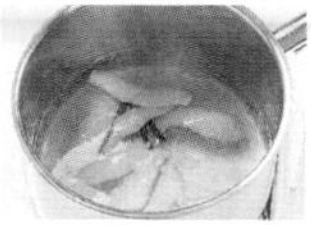
pochieren
poach (v)

backen
bake (v)

braten
roast (v)

grillen
broil (v)

die Küchengeräte • kitchenware

das Schneidebrett
cutting board

das Brotmesser
bread knife

das Küchenmesser
kitchen knife

das Hackmesser
cleaver

der Messerschärfer
knife sharpener

der Fleischklopfer
meat tenderizer

der Spieß
skewer

der Schäler
peeler

der Apfelstecher
apple corer

die Reibe
grater

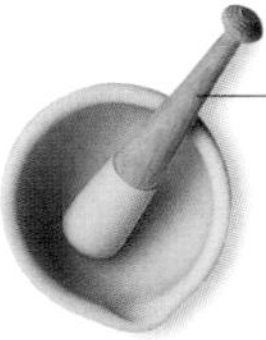

der Stößel
pestle

der Mörser
mortar

der Kartoffelstampfer
masher

der Dosenöffner
can opener

der Flaschenöffner
bottle opener

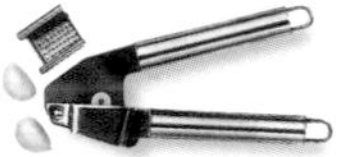

die Knoblauchpresse
garlic press

der Servierlöffel
serving spoon

der Pfannenwender
slotted spatula

das Sieb
colander

der Teigschaber
spatula

der Holzlöffel
wooden spoon

der Schaumlöffel
slotted spoon

der Schöpflöffel
ladle

die Tranchiergabel
carving fork

der Portionierer
ice-cream scoop

der Schneebesen
whisk

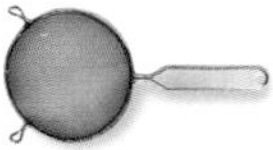

das Sieb
sieve

der Deckel
lid

antihaftbeschichtet
nonstick

die Bratpfanne
frying pan

der Kochtopf
saucepan

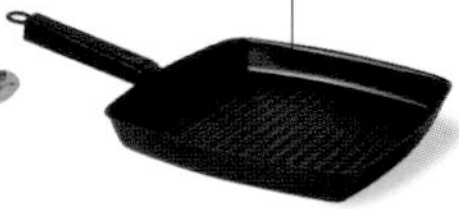

die Grillpfanne
grill pan

der Wok
wok

der Schmortopf
earthenware dish

Glas-
glass

feuerfest
ovenproof

die Rührschüssel
mixing bowl

die Souffléform
soufflé dish

die Auflaufform
gratin dish

das Auflaufförmchen
ramekin

die Kasserolle
casserole dish

das Kuchenbacken • baking cakes

die Haushaltswaage
scale

der Messbecher
measuring cup

die Kuchenform
cake pan

die Biskuitform
pie pan

die Obstkuchenform
quiche pan

der Backpinsel
pastry brush

das Nudelholz
rolling pin

der Spritzbeutel
piping bag

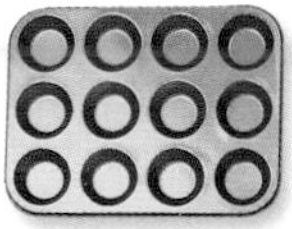

die Törtchenform
muffin pan

das Kuchenblech
cookie sheet

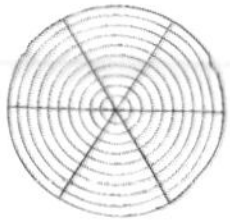

das Abkühlgitter
cooling rack

der Topfhandschuh
oven mitt

die Schürze
apron

das Schlafzimmer • bedroom

die Wärmflasche
hot-water bottle

der Radiowecker
clock radio

der Wecker
alarm clock

die Papiertaschentuchschachtel
box of tissues

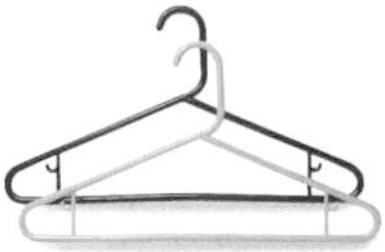

der Kleiderbügel
coat hanger

die Bettwäsche • bed linen

Vokabular • vocabulary

das Einzelbett twin bed	**das Fußende** footboard	**der Teppich** carpet	**einschlafen** go to sleep (v)	**das Bett machen** make the bed (v)
das Doppelbett full bed	**der Sprungrahmen** bedspring	**die Schlaflosigkeit** insomnia	**aufwachen** wake up (v)	**den Wecker stellen** set the alarm (v)
die Heizdecke electric blanket		**ins Bett gehen** go to bed (v)	**aufstehen** get up (v)	**schnarchen** snore (v)
				der Einbauschrank closet

das Badezimmer • bathroom

der Handtuchhalter
towel rack

die Duschtür
shower door

der Kaltwasserhahn
cold faucet

der Heißwasserhahn
hot faucet

der Duschkopf
shower head

das Waschbecken
sink

die Dusche
shower

der Stöpsel
plug

der Abfluss
drain

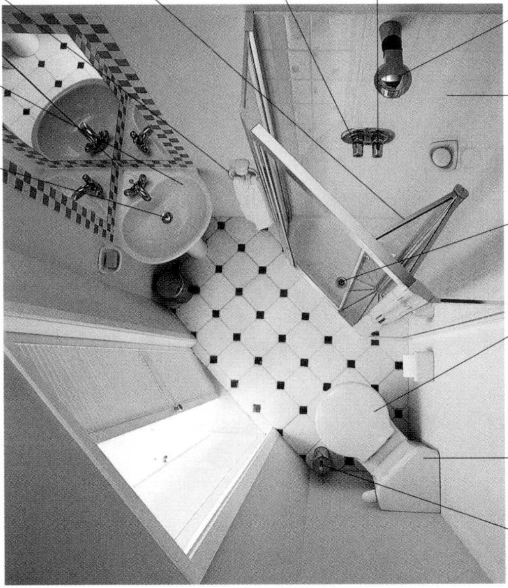

der Toilettensitz
toilet seat

die Badewanne
bathtub

die Toilette
toilet

die Toilettenbürste
toilet brush

das Bidet | bidet

Vokabular • vocabulary

die Hausapotheke medicine cabinet	**die Bademätte** bath mat
die Rolle Toilettenpapier toilet paper	**der Duschvorhang** shower curtain
duschen take a shower (v)	**baden** take a bath (v)

die Zahnpflege • dental hygiene

die Zahnbürste
toothbrush

die Zahnseide
dental floss

die Zahnpasta
toothpaste

das Mundwasser
mouthwash

der Schwamm
sponge

der Bimsstein
pumice stone

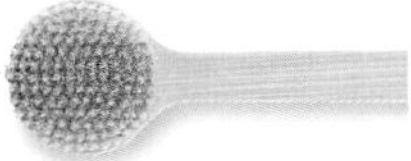

die Rückenbürste
back brush

das Deo
deodorant

die Seifenschale
soap dish

die Seife
soap

die Gesichtscreme
face cream

das Duschgel
shower gel

das Schaumbad
bubble bath

der Bademantel
bathrobe

das Handtuch
hand towel

das Badetuch
bath towel

die Handtücher
towels

die Körperlotion
body lotion

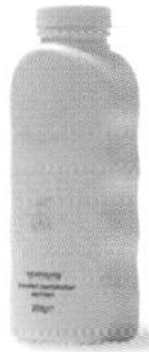

der Körperpuder
talcum powder

das Rasieren • shaving

der Elektrorasierer
electric razor

der Rasierschaum
shaving foam

der Einwegrasierer
disposable razor

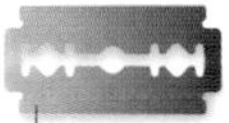

die Rasierklinge
razor blade

das Rasierwasser
aftershave

das Kinderzimmer • nursery

die Säuglingspflege • baby care

der Schwamm
sponge

die Babywanne
baby bath

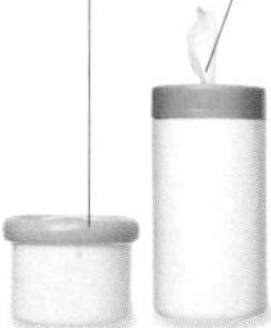

die Wundsalbe
diaper rash cream

das Feuchttuch
wet wipe

das Töpfchen
potty

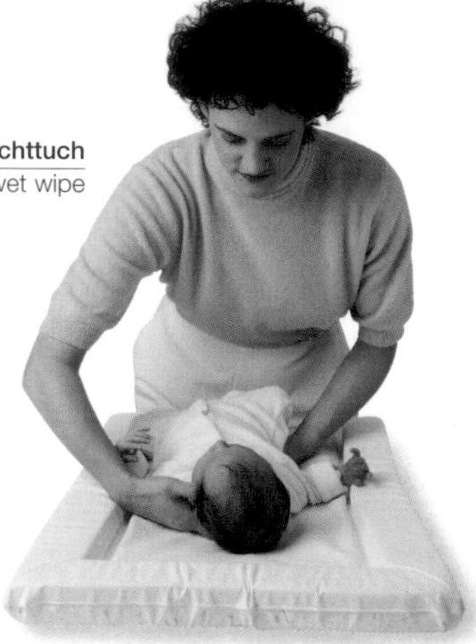

die Wickelmatte
changing mat

das Schlafen • sleeping

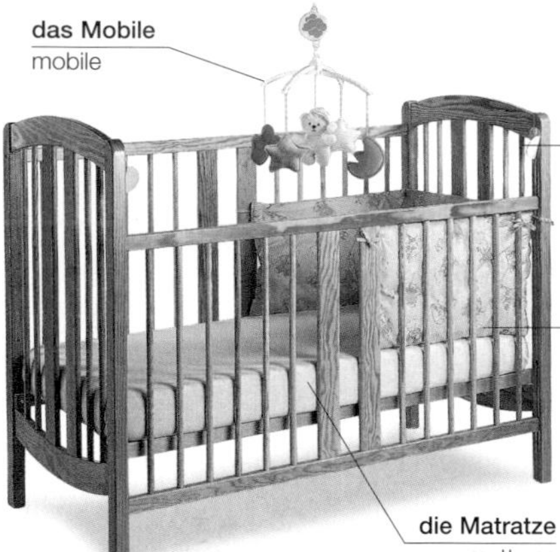

das Mobile
mobile

die Gitterstäbe
bars

der Kopfschutz
bumper

die Matratze
mattress

das Kinderbett | crib

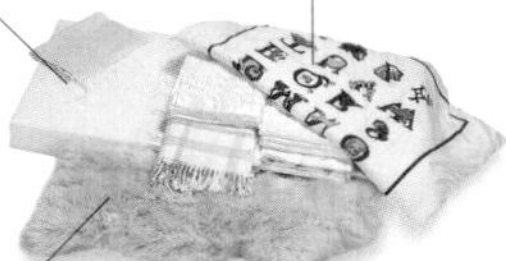

das Laken
sheet

die Decke
blanket

die Flauschdecke
fleece

das Bettzeug
bedding

die Rassel
rattle

das Körbchen
bassinet

das Spielen • playing

das Kuscheltier
stuffed toy

das Puppenhaus
dollhouse

das Spielhaus
playhouse

der Spielzeugkorb
toy basket

der Laufstall
playpen

die Sicherheit • safety

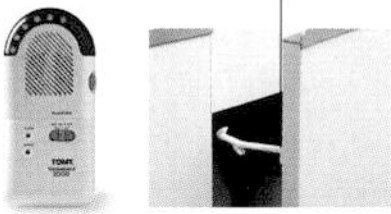

das Babyphon
baby monitor

das Treppengitter
stair gate

das Essen • eating

der Kinderstuhl
high chair

die Babyflasche
bottle

das Ausgehen • going out

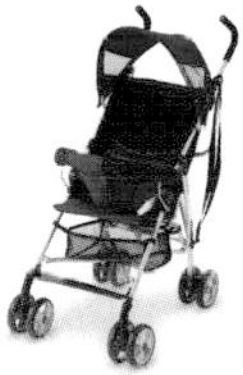

der Sportwagen
stroller

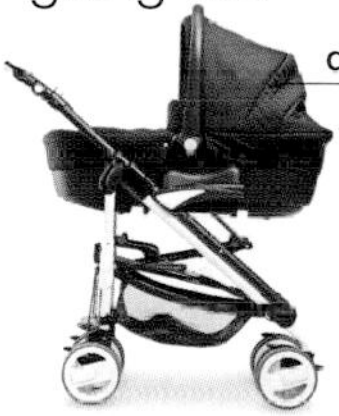

der Kinderwagen
baby carriage

die Babytrage
baby sling

das Tragebettchen
carrier

die Babytasche
diaper bag

der Haushaltsraum • utility room

die Wäsche • laundry

die saubere Wäsche
clean clothes

die schmutzige Wäsche
dirty laundry

der Wäschekorb
laundry basket

die Waschmaschine
washing machine

der Waschtrockner
washer-dryer

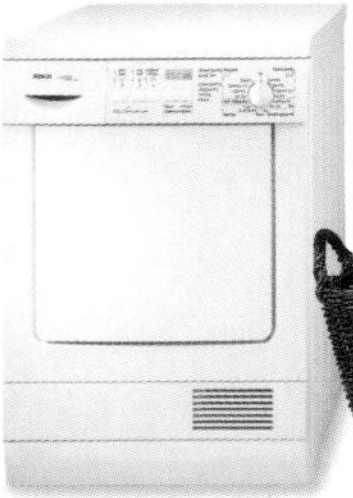

der Trockner
tumble dryer

die Wäscheleine
clothesline

die Wäsche klammer
clothespin

trocknen
dry (v)

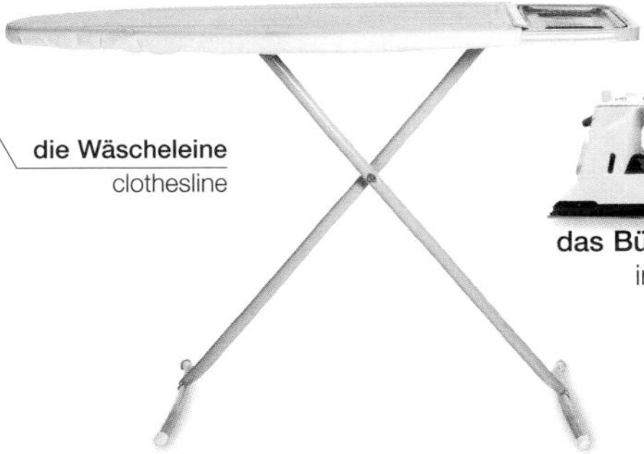

das Bügelbrett | ironing board

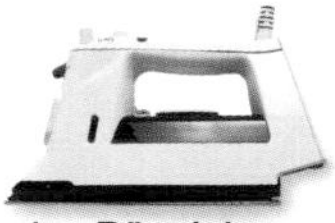

das Bügeleisen
iron

Vokabular • vocabulary

füllen
load (v)

schleudern
spin (v)

bügeln
iron (v)

spülen
rinse (v)

die Wäscheschleuder
spin-dryer

der Weichspüler
fabric softener

Wie benutze ich die Waschmaschine?
How do I operate the washing machine?

Welches Programm nehme ich für farbige/weiße Wäsche?
What is the setting for colors/whites?

die Reinigungsartikel • cleaning equipment

die Tätigkeiten • activities

putzen
clean (v)

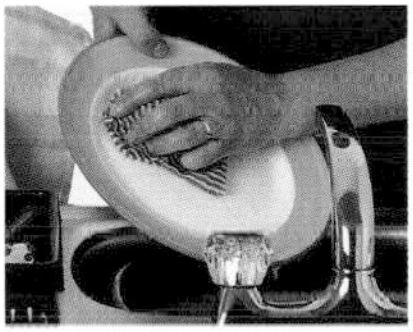

spülen
wash (v)

wischen
wipe (v)

schrubben
scrub (v)

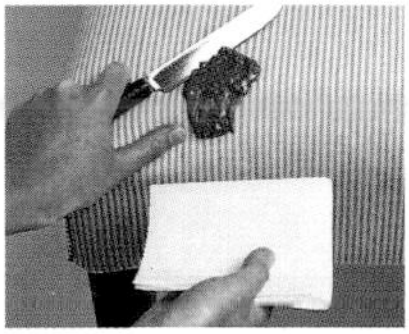

kratzen
scrape (v)

fegen
sweep (v)

Staub wischen
dust (v)

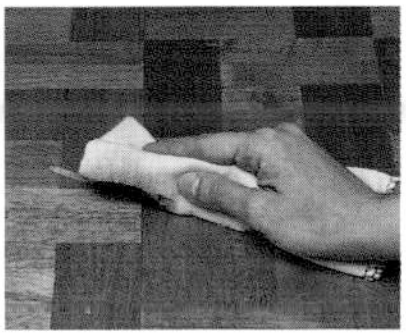

polieren
polish (v)

die Heimwerkstatt • workshop

das Bohrfutter
chuck

der Bohrer
drill bit

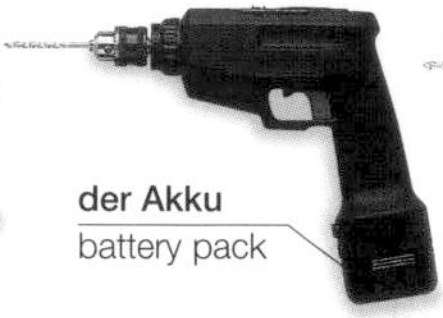

der Akku
battery pack

die Stichsäge
jigsaw

der Akkuschrauber
cordless drill

die elektrische Bohrmaschine
electric drill

die Klebepistole
glue gun

die Zwinge
clamp

das Sägeblatt
blade

der Schraubstock
vise

die Schleifmaschine
sander

die Kreissäge
circular saw

die Werkbank
workbench

der Holzleim
wood glue

die Oberfräse
router

die Holzspäne
wood shavings

das Werkzeuggestell
tool rack

die Bohrwinde
bit brace

das Verlängerungskabel
extension cord

die Techniken • techniques

schneiden
cut (v)

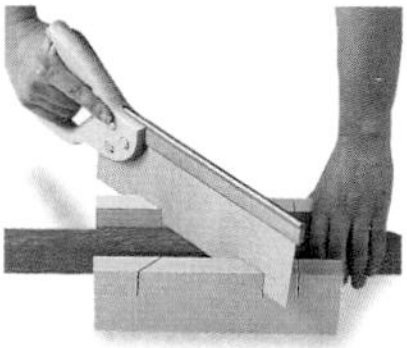

sägen
saw (v)

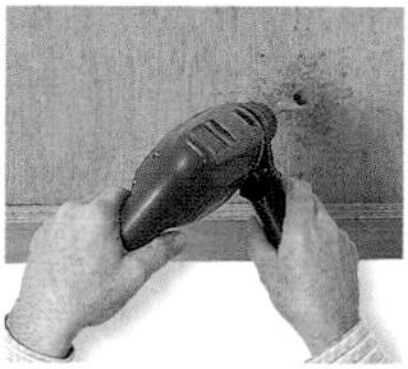

bohren
drill (v)

hämmern
hammer (v)

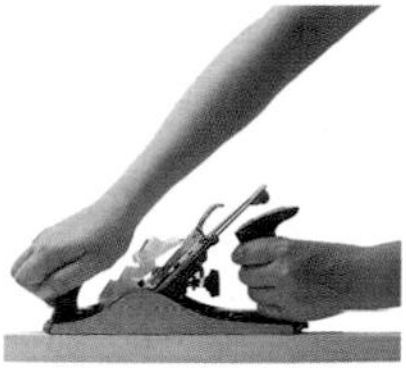

hobeln
plane (v)

drechseln
turn (v)

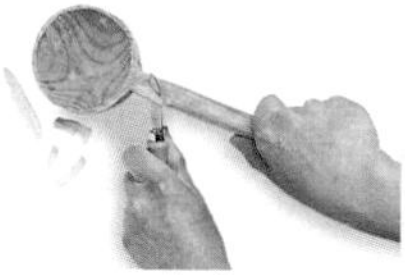

schnitzen
carve (v)

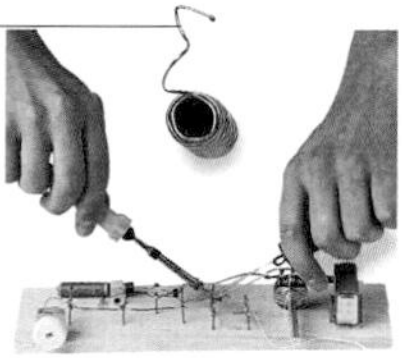

löten
solder (v)

die Materialien • materials

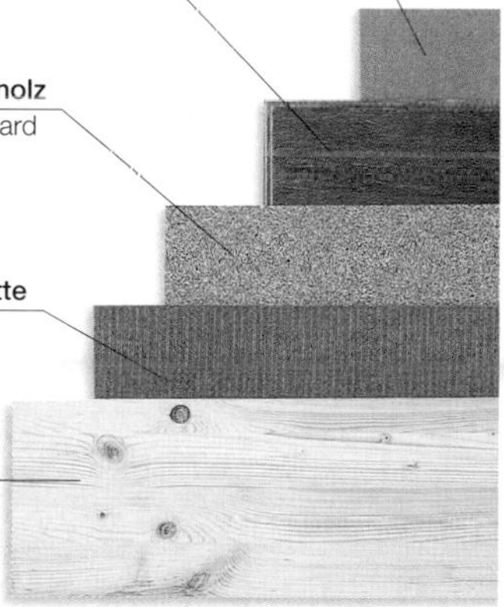

das Holz | wood

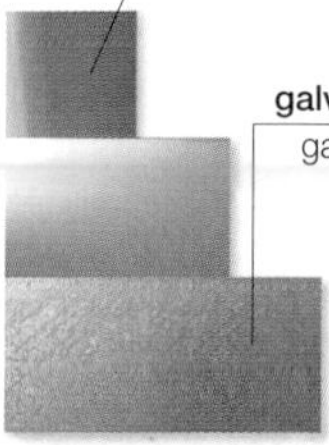

das Metall | metal

der Werkzeugkasten • toolbox

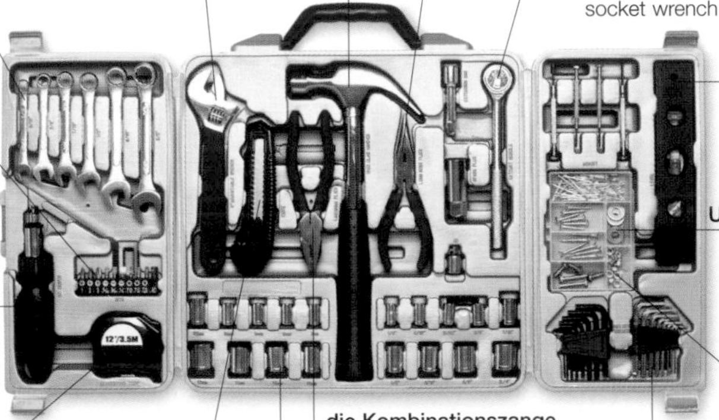

die Bohrer • drill bits

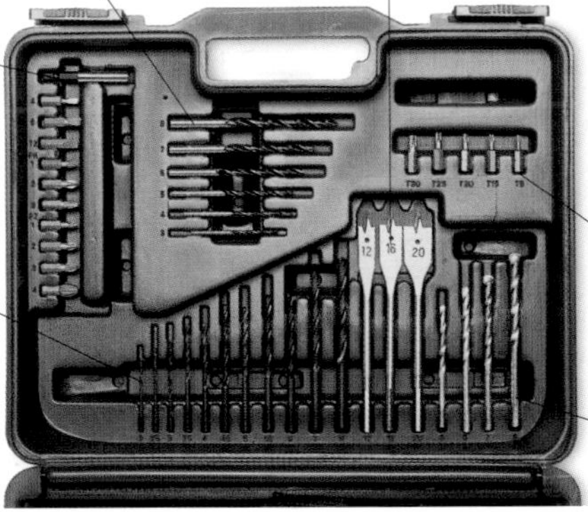

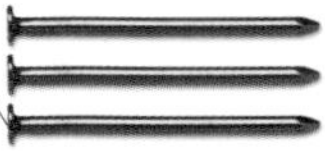

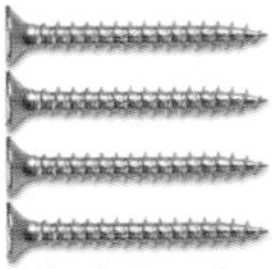

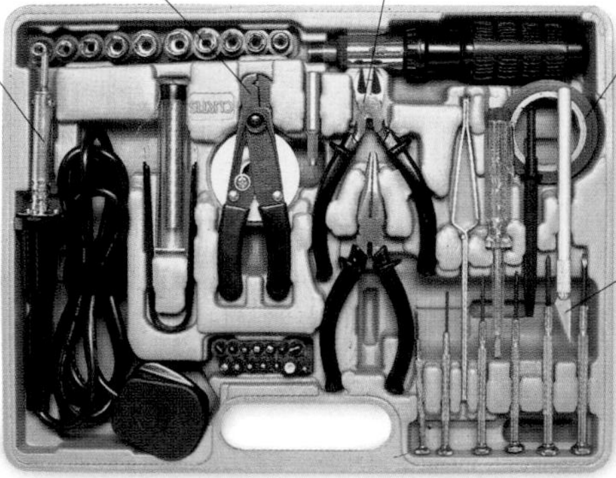

die Abisolierzange
wire strippers

der Drahtschneider
wire cutters

der Lötkolben
soldering iron

das Isolierband
electrical tape

das Skalpell
craft knife

die Laubsäge
fretsaw

der Lötzinn
solder

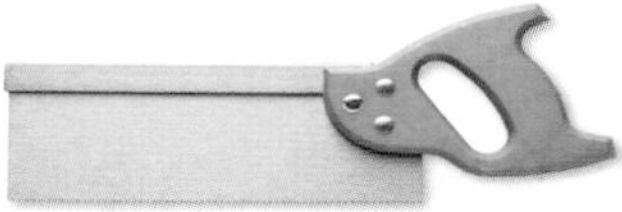

die Profilsäge | tenon saw

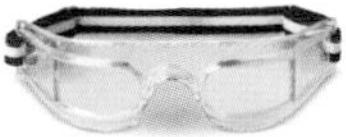

die Schutzbrille
safety goggles

der Hobel
plane

der Fuchsschwanz
handsaw

die Gehrungslade
miter block

die Metallsäge
hacksaw

der Handbohrer
hand drill

die Stahlwolle
steel wool

das Schmirgelpapier
sandpaper

die Rohrzange
wrench

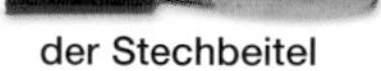

der Stechbeitel
chisel

der Wetzstahl
whetstone

die Feile
file

der Rohrabschneider | pipe cutter

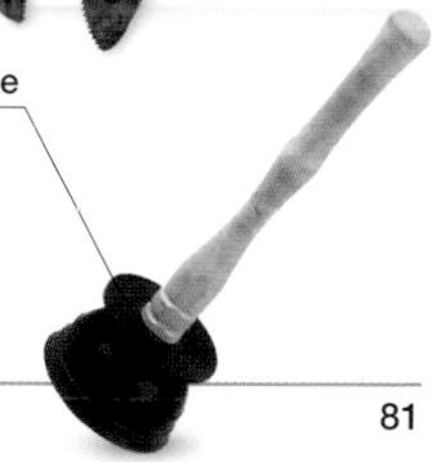

die Saugglocke
plunger

das Tapezieren • decorating

die Tapezierschere
scissors

das Tapeziermesser
utility knife

das Senkblei
plumb line

der Spachtel
scraper

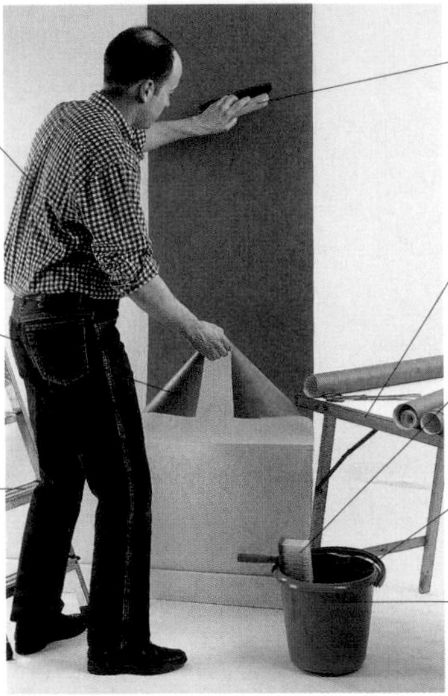

tapezieren | wallpaper (v)

abziehen
strip (v)

spachteln
fill (v)

schmirgeln
sand (v)

verputzen | plaster (v)

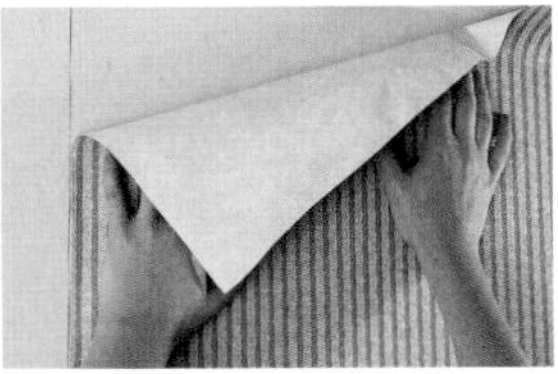

anbringen | hang (v)

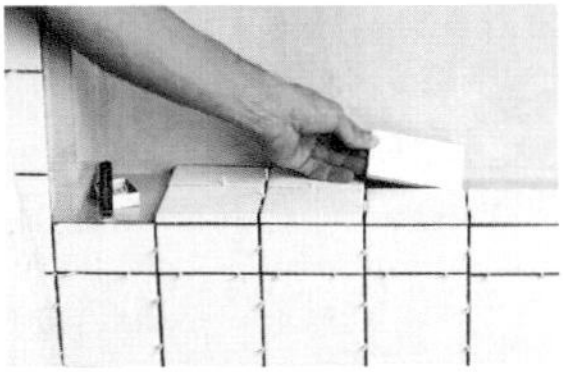

kacheln | tile (v)

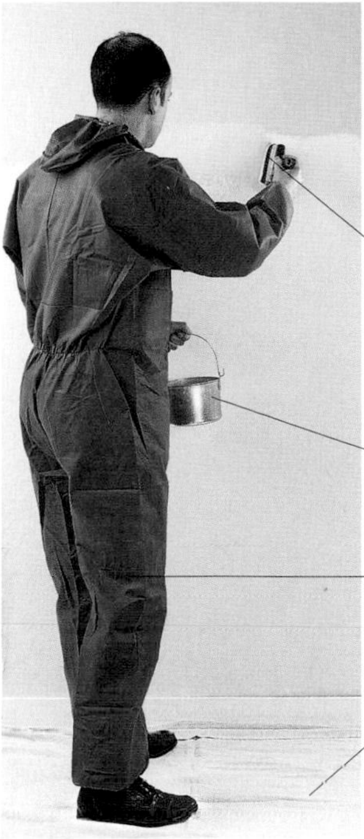

der Roller
roller

die Streichbürste
brush

der Farbtopf
paint can

der Overall
coveralls

das Abdecktuch
drop cloth

anstreichen
paint (v)

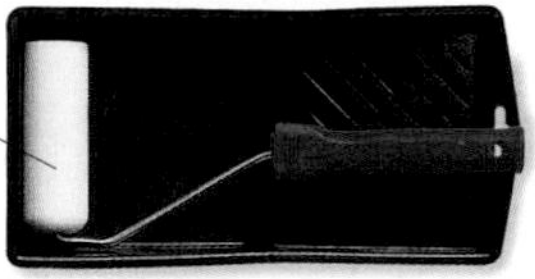

die Wanne
paint tray

die Farbe
paint

der Schwamm
sponge

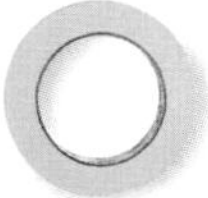

das Abdeckband
masking tape

das Schmirgel papier
sandpaper

die Spachtelmasse
filler

das Terpentin
turpontine

der Verdünner
paint thinner

Vokabular • vocabulary

der Gips plaster	**Glanz-** gloss	**das Relieftapete** embossed paper	**die Grundierung** undercoat	**das Lösungsmittel** solvent
der Lack varnish	**matt** matte	**die Grundfarbe** primer	**der Fugenkitt** grout	**der Deckanstrich** topcoat
die Emulsionsfarbe latex paint	**die Schablone** stencil	**das Einsatzpapier** lining paper	**der Schutzanstrich** preservative	**das Versiegelungsmittel** sealant

der Garten • garden

die Gartentypen • garden styles

der Patiogarten
patio garden

der Dachgarten
roof garden

der Steingarten
rock garden

der architektonische Garten | formal garden

der Hof
courtyard

der Bauerngarten
cottage garden

der Kräutergarten
herb garden

der Wassergarten
water garden

die Garten ornamente • garden features

die Blumenampel
hanging basket

das Spalier
trellis

die Pergola
arbor

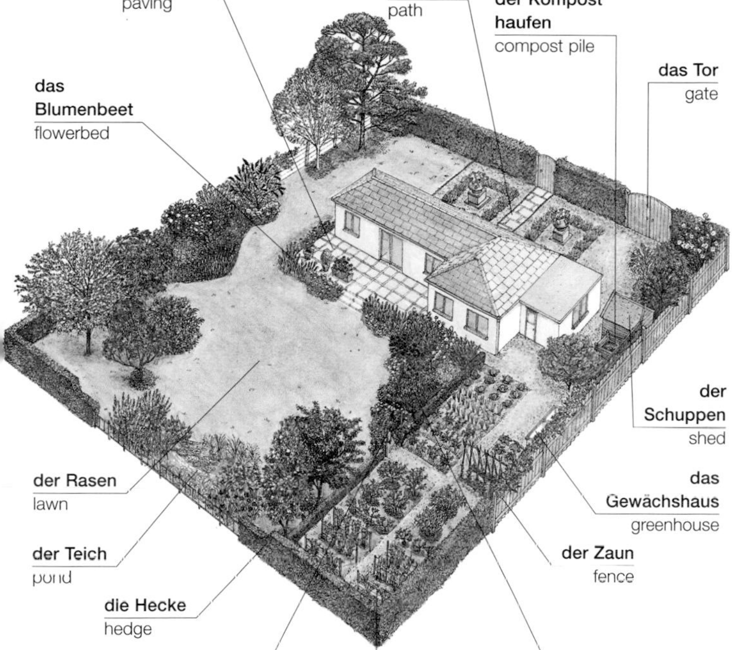

die Planken
deck

der Springbrunnen | fountain

der Boden • soil

die Erde
topsoil

der Sand
sand

der Kalk
chalk

der Schluff
silt

der Lehm
clay

die Gartenpflanzen • garden plants

die Pflanzenarten • types of plants

einjährig
annual

zweijährig
biennial

mehrjährig
perennial

die Zwiebel
bulb

der Farn
fern

die Binse
cattail

der Bambus
bamboo

das Unkraut
weeds

das Kraut
herb

die Wasserpflanze
water plant

der Baum
tree

die Palme
palm

der Nadelbaum
conifer

immergrün
evergreen

der Laubbaum
deciduous

der Formschnitt
topiary

die Alpenpflanze
alpine

die Fettpflanze
succulent

der Kaktus
cactus

die Topfpflanze
potted plant

die Schattenpflanze
shade plant

die Kletterpflanze
climber

der Zierstrauch
flowering shrub

der Bodendecker
ground cover

die Kriechpflanze
creeper

die Zierpflanze
ornamental

das Gras
grass

die Gartengeräte • garden tools

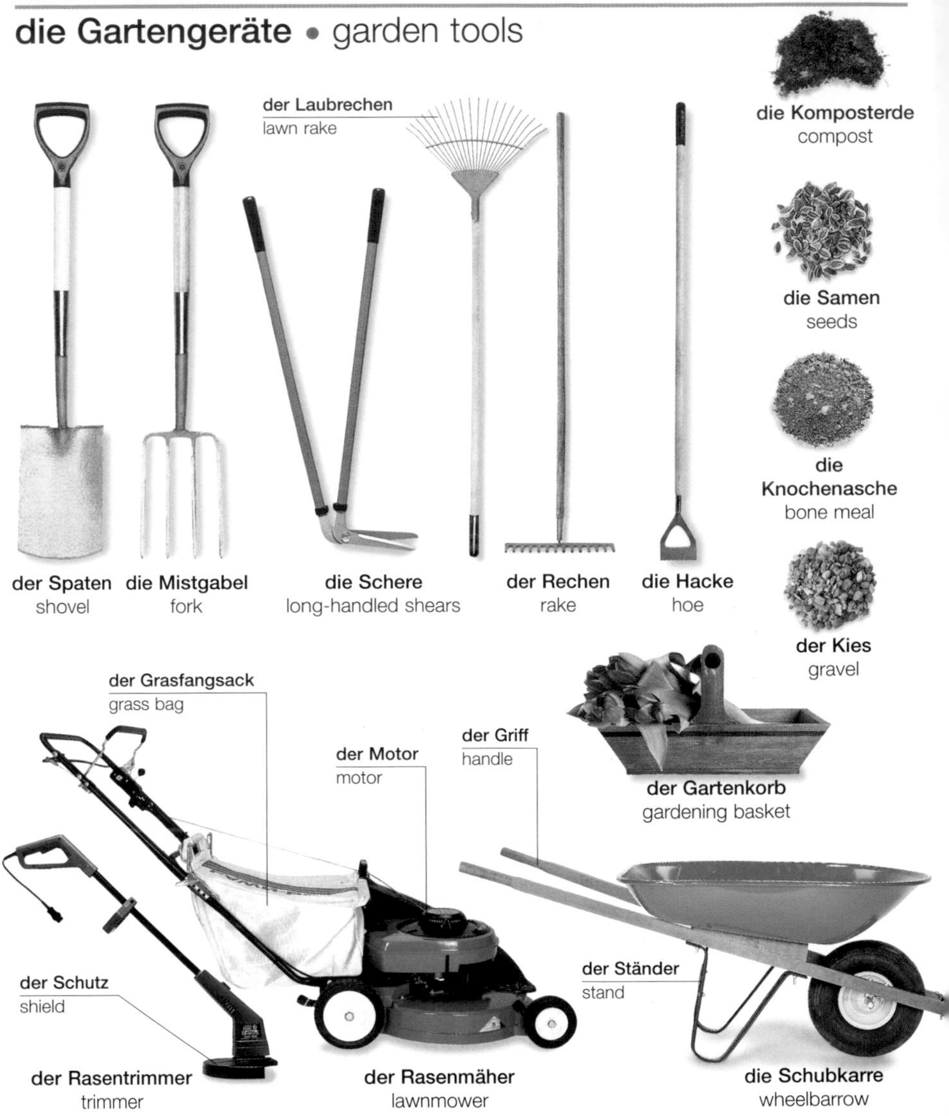

Gießen • watering

die Gartenarbeit • gardening

mähen | mow (v)

mit Rasen bedecken
sod (v)

stechen
spike (v)

harken
rake (v)

stutzen
trim (v)

graben
dig (v)

säen
sow (v)

mit Kopfdünger düngen
top-dress (v)

gießen
water (v)

hochbinden
train (v)

ausputzen
deadhead (v)

sprühen
spray (v)

pfropfen
graft (v)

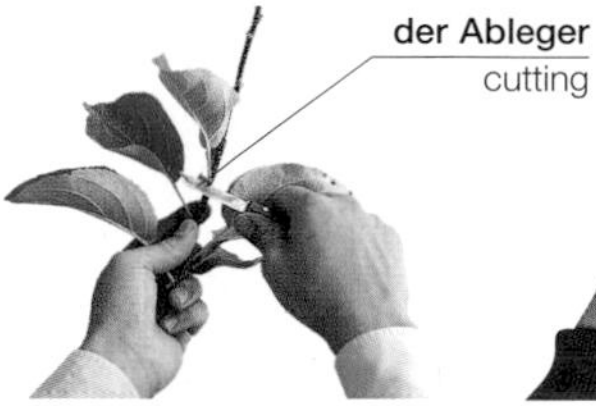

vermehren
propagate (v)

beschneiden
prune (v)

stützen
stake (v)

umpflanzen
transplant (v)

jäten
weed (v)

mulchen
mulch (v)

ernten
harvest (v)

Vokabular • vocabulary

züchten cultivate (v)	**gestalten** landscape (v)	**düngen** fertilize (v)	**sieben** sift (v)	**biodynamisch** organic	**die Entwässerung** drainage	**der Dünger** fertilizer
hegen tend (v)	**eintopfen** pot (v)	**pflücken** pick (v)	**auflockern** aerate (v)	**der Untergrund** subsoil	**der Unkrautvernichter** weedkiller	**der Sämling** seedling

JKL
5
TUV
8
7
0

die Dienstleistungen
services

die Notdienste • emergency services

der Rettungsdienst • ambulance

der Krankenwagen
ambulance

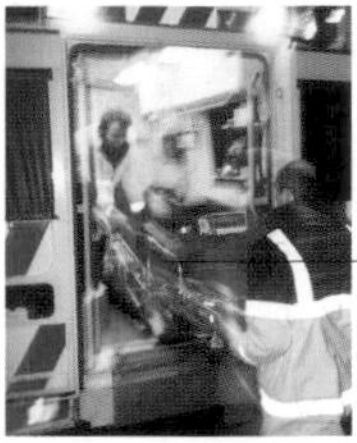

die Tragbahre
stretcher

der Rettungssanitäter
paramedic

die Polizei • police

die Kennmarke
badge

die Uniform
uniform

die Pistole
gun

der Gummiknüppel
nightstick

der Polizist
police officer

die Handschellen
handcuffs

die Sirene
siren

das Licht
lights

das Polizeiauto
police car

die Polizeiwache
police station

Vokabular • vocabulary

der Inspektor captain	**das Verbrechen** crime	**die Anzeige** complaint	**die Festnahme** arrest
der Kriminalbeamte detective	**der Einbruchdiebstahl** burglary	**die Ermittlung** investigation	**die Anklage** charge
die Polizeizelle cell	**die Körperverletzung** assault	**der Verdächtige** suspect	**der Fingerabdruck** fingerprint

die Feuerwehr • fire department

der Brand | fire

die Feuerwehrleute
firefighters

die Feuerwache
fire station

die Feuertreppe
fire escape

das Löschfahrzeug
fire engine

der Rauchmelder
smoke alarm

der Feuermelder
fire alarm

das Beil
ax

der Feuerlöscher
fire extinguisher

der Hydrant
hydrant

Die Polizei/die Feuerwehr/einen Krankenwagen, bitte.
I need the police/fire department/ambulance.

Es brennt in…
There's a fire at …

Es ist ein Unfall passiert.
There's been an accident.

Rufen Sie die Polizei!
Call the police!

die Bank • bank

der Filialleiter
branch manager

die Kreditkarte
credit card

das Scheckheft
checkbook

Vokabular • vocabulary

die Steuer tax	**die Hypothek** mortgage	**die Zahlung** payment	**einzahlen** deposit (v)	**das Girokonto** checking account
das Darlehen loan	**der Zinssatz** interest rate	**der Einzugsauftrag** automatic payment	**die Bankgebühr** bank charge	**das Sparkonto** savings account
die Spareinlagen savings	**die Kontoüberziehung** overdraft	**das Abhebungsformular** withdrawal slip	**die Überweisung** bank transfer	**der PIN-Code** PIN

das Geld
money

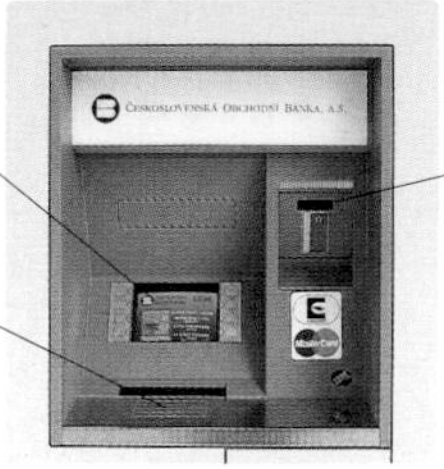

der Geldautomat
ATM

die ausländische Währung • foreign currency

die Wechselstube
currency exchange

der Reisescheck
traveler's check

der Wechselkurs
exchange rate

die Geldwirtschaft • finance

die Finanzberaterin
financial advisor

die Börse | stock exchange

Vokabular • vocabulary

einlösen cash (v)	**die Aktien** shares
der Nennwert denomination	**die Gewinnanteile** dividends
die Provision commission	**das Portefeuille** portfolio
die Wertpapiere stocks	**das Eigenkapital** equity
die Kapitalanlage investment	**der Buchhalter** accountant

Könnte ich das bitte wechseln?
Can I change this, please?

Wie ist der heutige Wechselkurs?
What's today's exchange rate?

die Kommunikation • communications

die Post | post office

der Umschlag | envelope

Vokabular • vocabulary

der Brief letter	**der Absender** return address	**die Zustellung** delivery	**zerbrechlich** fragile	**nicht falten** do not bend (v)
per Luftpost by airmail	**die Unterschrift** signature	**die Portokosten** postage	**der Postsack** mailbag	**oben** this way up
das Einschreiben registered mail	**die Leerung** pickup	**die Postanweisung** money order	**das Telegramm** telegram	

der Briefkasten
mailbox

der Hausbriefkasten
letter slot

das Paket
package

der Kurierdienst
courier

das Telefon • telephone

der Hörer
handset

die Basisstation
base station

der Anrufbeantworter
answering machine

das schnurlose Telefon
cordless phone

die Telefonzelle
phone booth

das Smartphone
smartphone

das Tastenfeld
keypad

das Handy
cell phone

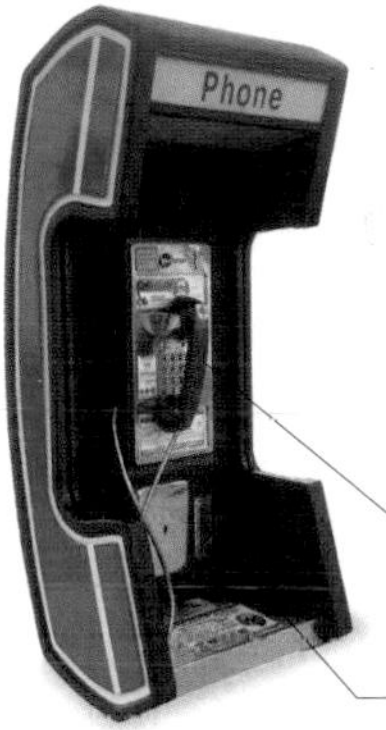

der Hörer
receiver

die Münzrückgabe
coin return

der Münzfernsprecher
payphone

Vokabular • vocabulary

abheben
answer (v)

wählen
dial (v)

das R-Gespräch
collect call

die App
app

die Auskunft
directory assistance

die SMS
text (SMS)

die Sprachmitteilung
voice message

besetzt
busy

unterbrochen
disconnected

die Vermittlung
operator

das Passwort
passcode

Können Sie mir die Nummer für...geben?
Can you give me the number for ...?

Was ist die Vorwahl für...?
What is the area code for ...?

Schick mir eine SMS!
Text me!

das Hotel • hotel

die Empfangshalle • lobby

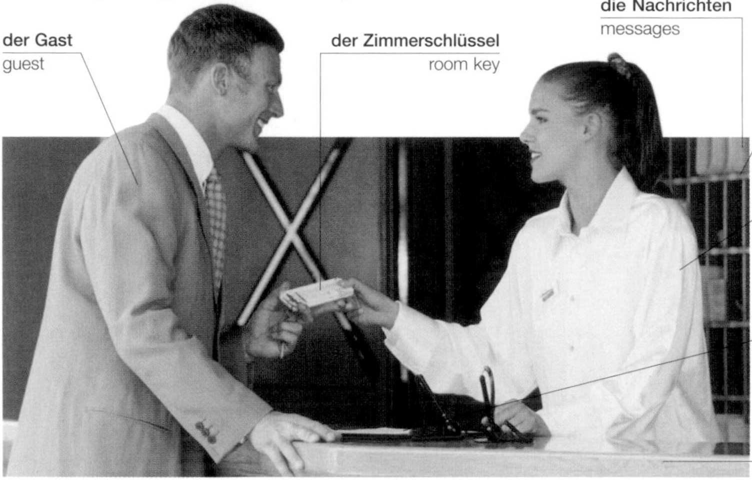

der Empfang | reception

der Page
porter

der Fahrstuhl
elevator

die Zimmernummer
room number

die Zimmer • rooms

das Einzelzimmer
single room

das Doppelzimmer
double room

das Zweibettzimmer
twin room

das Privatbadezimmer
private bathroom

die Dienstleistungen • services

die Zimmerreinigung
maid service

der Wäschedienst
laundry service

das Frühstückstablett
breakfast tray

der Zimmerservice | room service

die Minibar
minibar

das Restaurant
restaurant

der Fitnessraum
gym

das Schwimmbad
swimming pool

Vokabular • vocabulary

die Vollpension
all meals included

die Halbpension
some meals included

die Übernachtung mit Frühstück
bed and breakfast

Haben Sie ein Zimmer frei?
Do you have any vacancies?

Ich möchte ein Einzelzimmer.
I'd like a single room.

Ich habe ein Zimmer reserviert.
I have a reservation.

Ich möchte ein Zimmer für drei Nächte.
I'd like a room for three nights.

Was kostet das Zimmer pro Nacht?
What is the charge per night?

Wann muss ich das Zimmer räumen?
When do I have to check out?

der Einkauf
shopping

das Einkaufszentrum • shopping center

Vokabular • vocabulary

die Kinderabteilung
children's department

die Gepäckabteilung
luggage department

die Schuhabteilung
shoe department

der Kundendienst
customer services

die Anzeigetafel
store directory

der Verkäufer
salesclerk

die Anprobe
fitting rooms

der Wickelraum
baby changing room

die Toiletten
restroom

Was kostet das?
How much is this?

Kann ich das umtauschen?
May I exchange this?

das Kaufhaus • department store

die Herrenbekleidung
menswear

die Damenoberbekleidung
womenswear

die Damenwäsche
lingerie

die Parfümerie
perfumes

die Schönheitspflege
cosmetics

die Haushaltswäsche
linens

die Möbel
home furnishings

die Kurzwaren
notions

die Küchengeräte
kitchenware

das Porzellan
china

die Elektroartikel
electronics

die Lampen
lighting

die Sportartikel
sportswear

die Spielwaren
toys

die Schreibwaren
stationery

die Lebensmittelabteilung
groceries

der Supermarkt • supermarket

der Einkaufswagen
grocery cart

der Einkaufskorb
basket

780863 185779
der Strichcode
bar code

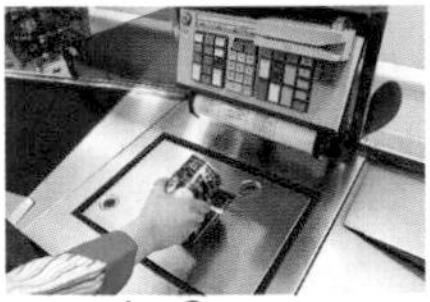

der Scanner
scanner

die Backwaren
bakery

die Milchprodukte
dairy

die Getreideflocken
breakfast cereals

die Konserven
canned food

die Süßwaren
candy

das Gemüse
vegetables

das Obst
fruit

das Fleisch und das Geflügel
meat and poultry

der Fisch
fish

die Feinkost
deli

die Tiefkühlkost
frozen food

die Fertiggerichte
prepared food

die Getränke
drinks

die Haushaltswaren
household products

die Toilettenartikel
toiletries

die Babyprodukte
baby products

die Elektroartikel
electrical goods

das Tierfutter
pet food

die Zeitschriften | magazines

die Apotheke • drugstore

die Sonnenschutzcreme
sunscreen

der Sonnenblock
sunblock

das Insektenschutzmittel
insect repellent

das Reinigungstuch
wet wipe

das Papiertaschentuch
tissue

die Damenbinde
sanitary napkin

der Tampon
tampon

die Slipeinlage
panty liner

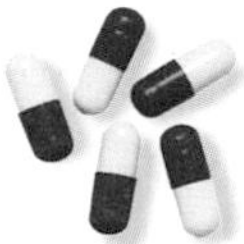

die Kapsel
capsule

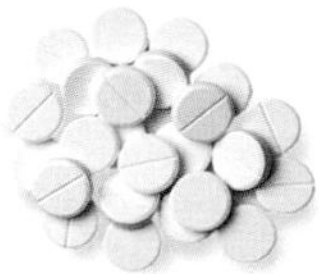

die Tablette
pill

der Messlöffel
measuring spoon

der Saft
syrup

die Gebrauchsanweisung
instructions

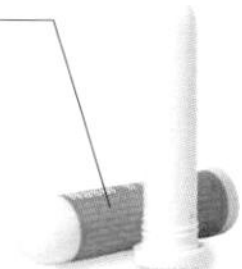

der Inhalierstift
inhaler

die Creme
cream

die Salbe
ointment

das Gel
gel

das Zäpfchen
suppository

der Tropfer
dropper

die Tropfen
drops

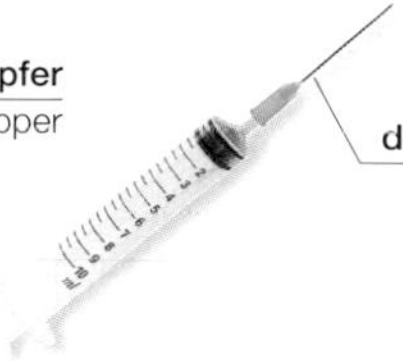

die Nadel
needle

die Spritze
syringe

das Spray
spray

der Puder
powder

Vokabular • vocabulary

das Eisen iron	**das Multivitaminmittel** multivitamins	**Wegwerf-** disposable	**das Medikament** medicine	**das Schmerzmittel** painkiller
das Kalzium calcium	**die Nebenwirkungen** side effects	**löslich** soluble	**der Durchfall** diarrhea	**das Beruhigungsmittel** sedative
das Insulin insulin	**das Verfallsdatum** expiration date	**die Dosierung** dosage	**die Halspastille** throat lozenge	**die Schlaftablette** sleeping pill
das Magnesium magnesium	**die Reisekrankheitstabletten** travel-sickness pills	**die Verordnung** medication	**das Abführmittel** laxative	**der Entzündungshemmer** anti-inflammatory

das Blumengeschäft • florist

die Levkoje
stocks

die Gerbera
gerbera

die Blätter
foliage

die Rose
rose

die Freesie
freesia

die Blumenvase
vase

die Orchidee
orchid

die Pfingstrose
peony

der Strauß
bunch

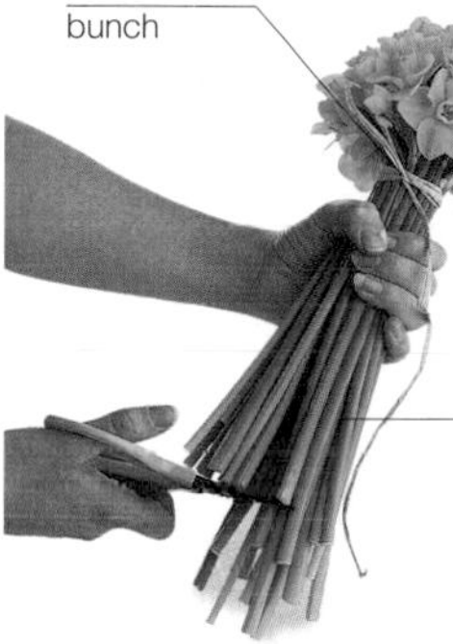

der Stängel
stem

die Osterglocke
daffodil

die Knospe
bud

das Einwickelpapier
wrapping

die Tulpe | tulip

die Blumenarrangements • arrangements

das Band
ribbon

der Blumenstrauß
bouquet

die Trockenblumen
dried flowers

das Potpourri | potpourri

der Kranz | wreath

die Blumengirlande
garland

Ich möchte einen Strauß… bitte.
Can I have a bunch of … please.

Können Sie die Blumen bitte einwickeln?
Can I have them wrapped?

Kann ich eine Nachricht mitschicken?
Can I attach a message?

Wie lange halten sie?
How long will these last?

Duften sie?
Are they fragrant?

Können Sie die Blumen an…schicken?
Can you send them to …?

der Zeitungshändler • newsstand

die Zigaretten
cigarettes

das Päckchen Zigaretten
pack of cigarettes

die Briefmarken
stamps

die Postkarte
postcard

das Comicheft
comic book

die Zeitschrift
magazine

die Zeitung
newspaper

das Rauchen • smoking

der Tabak
tobacco

das Feuerzeug
lighter

das Mundstück
stem

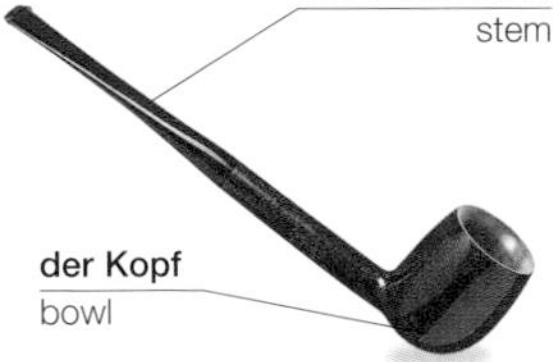

der Kopf
bowl

die Pfeife
pipe

die Zigarre
cigar

der Süßwarenhändler • candy store

die Schachtel Pralinen
box of chocolates

die Nascherei
snack bar

die Chips
potato chips

das Süßwarengeschäft | candy store

Vokabular • vocabulary

die bunte Mischung
pick and mix

die Milchschokolade
milk chocolate

die weiße Schokolade
white chocolate

die Zartbitterschokolade
dark chocolate

der Karamell
caramel

der Trüffel
truffle

der Keks
cookie

die Süßwaren • confectionery

die Praline
chocolate

die Tafel Schokolade
chocolate bar

die Bonbons
hard candy

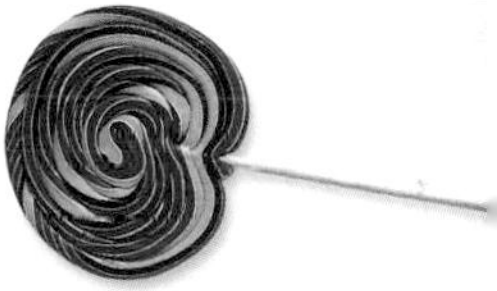

der Lutscher
lollipop

das Toffee
toffee

der Nugat
nougat

das Marshmallow
marshmallow

das Pfefferminz
mint

der Kaugummi
chewing gum

der Geleebonbon
jellybean

der Fruchtgummi
gumdrop

die Lakritze
licorice

andere Geschäfte • other stores

die Bäckerei
bakery

die Konditorei
pastry shop

die Metzgerei
butcher shop

das Fischgeschäft
fish counter

der Gemüseladen
produce stand

das Lebensmittelgeschäft
grocery store

das Schuhgeschäft
shoe store

die Eisenwaren-handlung
hardware store

der Antiquitätenladen
antique store

der Geschenkartikel-laden
gift shop

das Reisebüro
travel agency

das Juweliergeschäft
jewelry store

der Buchladen
bookstore

das Musikgeschäft
record store

die Weinhandlung
liquor store

die Tierhandlung
pet store

das Möbelgeschäft
furniture store

die Boutique
boutique

Vokabular • vocabulary

das Gartencenter
garden center

das Fotogeschäft
camera store

die Reinigung
dry cleaner

das Reformhaus
health food store

der Waschsalon
laundromat

die Kunsthandlung
art supply store

der Immobilienmakler
real estate office

der Gebrauchtwarenhändler
secondhand store

die Schneiderei
tailor shop

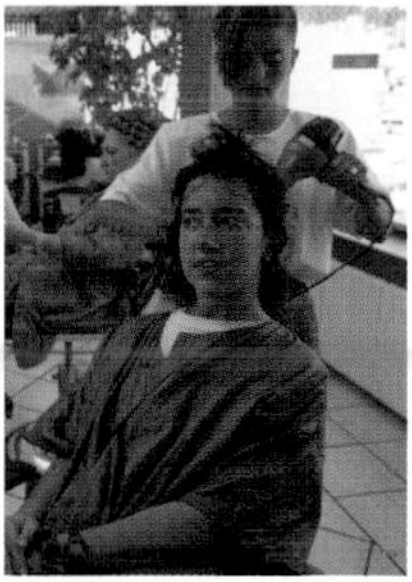

der Frisiersalon
salon

der Markt | market

die Nahrungsmittel
food

das Fleisch • meat

Vokabular • vocabulary

das Rindfleisch beef	**das Wild** venison	**die Zunge** tongue	**aus Freilandhaltung** free range	**das rote Fleisch** red meat
das Kalbfleisch veal	**das Kaninchen** rabbit	**gepökelt** cured	**biologisch kontrolliert** organic	**das magere Fleisch** lean meat
das Schweinefleisch pork	**die Innereien** variety meat	**geräuchert** smoked	**das weiße Fleisch** white meat	**der Aufschnitt** cooked meat

die Fleischsorten • cuts

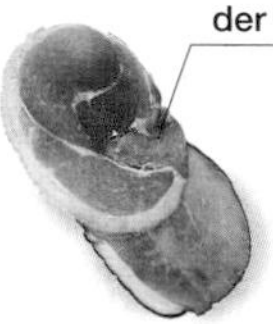

die Scheibe
slice

die Speckscheibe
bacon strip

das Hackfleisch
ground meat

das Filet
fillet

das Rumpsteak
rump steak

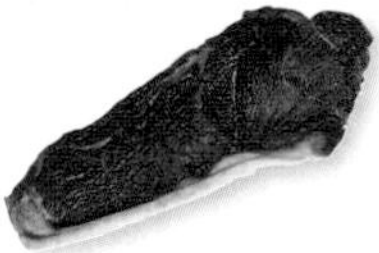

das Lendensteak
sirloin steak

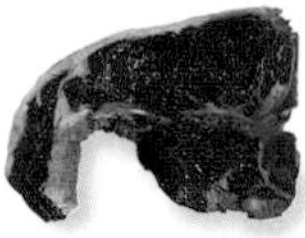

das Rippenstück
rib

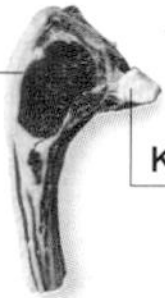

das Kotelett
chop

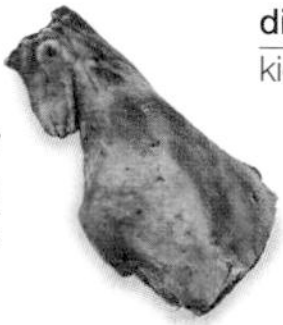

die Keule
joint

das Herz
heart

das Geflügel • poultry

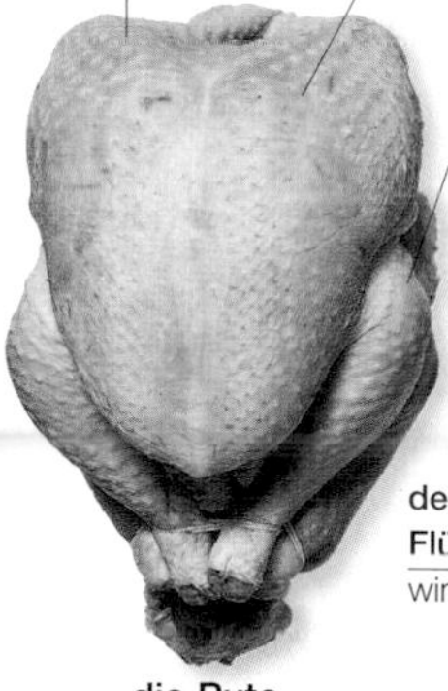

die Pute
turkey

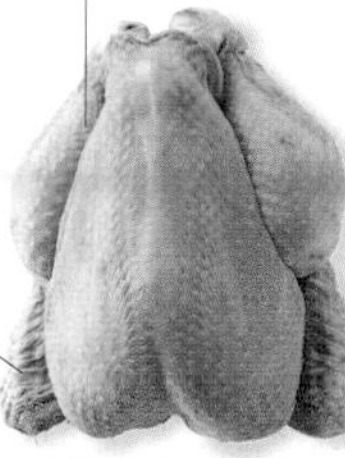

das Hähnchen | chicken

der Fasan | pheasant

die Wachtel | quail

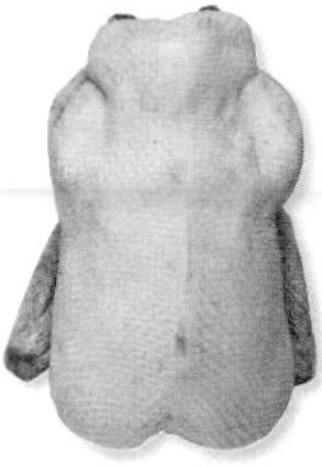

die Ente | duck

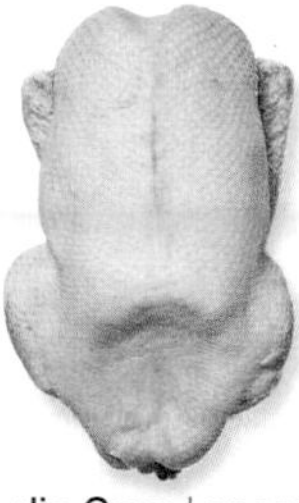

die Gans | goose

der Fisch • fish

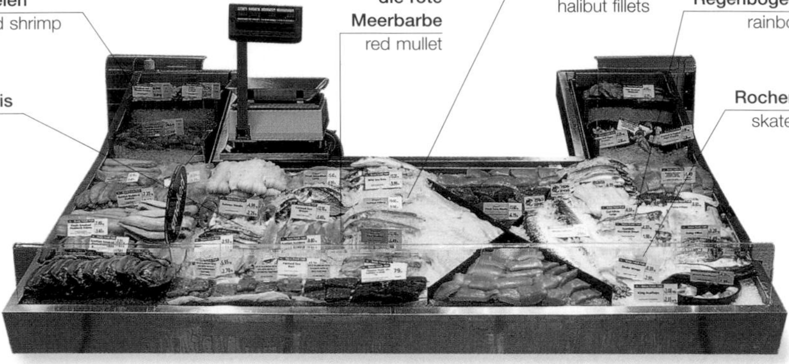

das Fischgeschäft
fish counter

der Seeteufel
monkfish

die Makrele
mackerel

die Forelle
trout

der Schwertfisch
swordfish

die Seezunge
Dover sole

die Rotzunge
lemon sole

der Schellfisch
haddock

die Sardine
sardine

der Rochen
skate

der Merlan
whiting

der Seebarsch
sea bass

der Lachs | salmon

der Kabeljau
cod

die Goldbrasse
sea bream

der Tunfisch
tuna

die Meeresfrüchte • seafood

die Jakobsmuschel
scallop

der Hummer
lobster

die Krabbe
crab

die Garnele
jumbo shrimp

die Miesmuschel
mussel

der Krebs
crayfish

die Auster
oyster

die Scheidenmuschel
razorshell clam

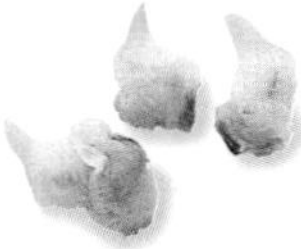

die Herzmuschel
cockle

der Krake
octopus

die Sepie
cuttlefish

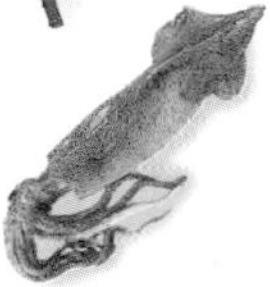

der Tintenfisch
squid

die Venusmuschel
clam

Vokabular • vocabulary

tiefgefroren frozen	**gesalzen** salted	**gesäubert** cleaned	**entschuppt** scaled	**enthäutet** skinned	**das Loin** loin	**die Gräte** bone	**das Filet** fillet
frisch fresh	**geräuchert** smoked	**filetiert** filleted	**entgrätet** boned	**die Schuppe** scale	**der Schwanz** tail	**die Scheibe** steak	**Können Sie ihn mir säubern?** Will you clean it for me?

das Gemüse 1 • vegetables 1

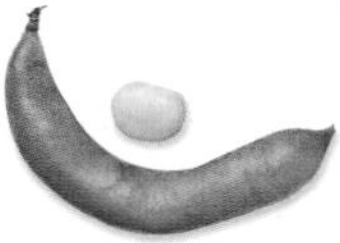

die dicke Bohne
fava bean

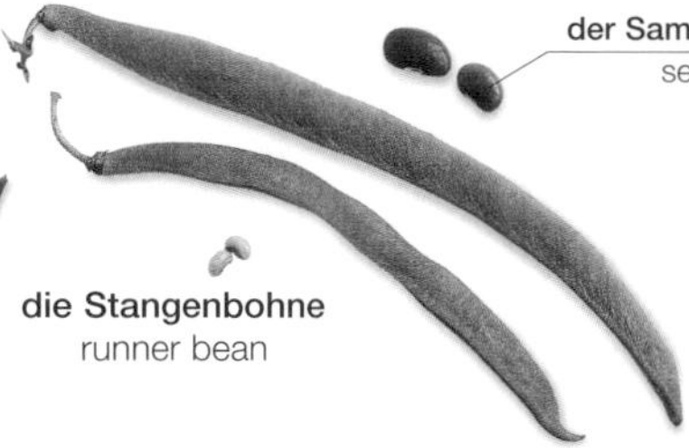

die Stangenbohne
runner bean

die grüne Bohne
green bean

die grüne Erbse
pea

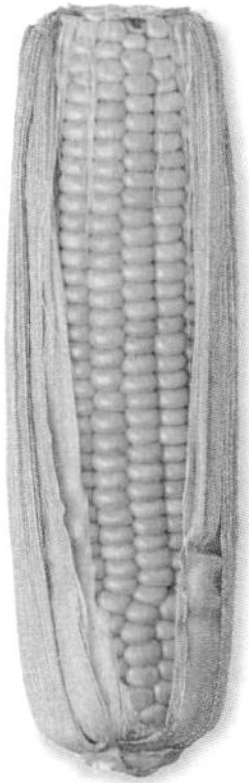

der Mais
corn

die Sojabohnensprosse
bean sprout

der Bambus
bamboo

die Okra
okra

der Stangensellerie
celery

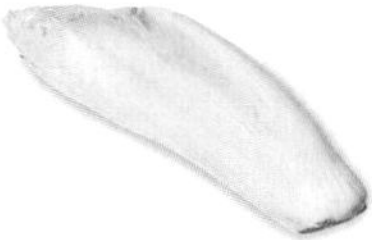

der Chicorée
chicory

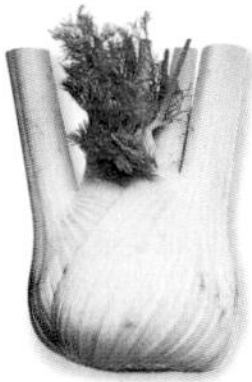

der Fenchel
fennel

die Palmherzen
palm hearts

Vokabular • vocabulary

das Blatt leaf	**das Röschen** floret	**die Spitze** tip	**biologisch** organic	**Verkaufen Sie Biogemüse?** Do you sell organic vegetables?
der Strunk stalk	**der Kern** kernel	**das Herz** heart	**die Plastiktüte** plastic bag	**Werden sie in dieser Gegend angebaut?** Are these grown locally?

der Rucola
arugula

die Brunnenkresse
watercress

der Radicchio
radicchio

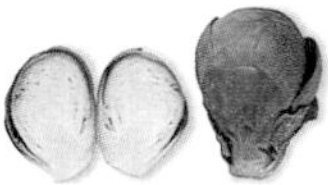
der Rosenkohl
Brussels sprout

der Mangold
Swiss chard

der Grünkohl
kale

der Gartensauerampfer
sorrel

die Endivie
endive

der Löwenzahn
dandelion

der Spinat
spinach

der Kohlrabi
kohlrabi

der Pak-Choi
bok choy

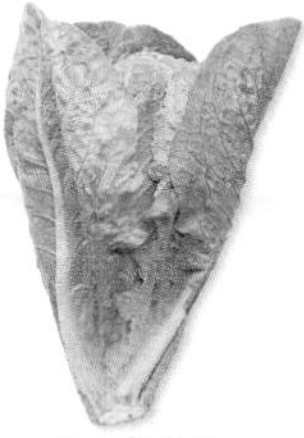
der Salat
lettuce

der Brokkoli
broccoli

der Kohl
cabbage

der Frühkohl
spring greens

das Gemüse 2 • vegetables 2

Vokabular • vocabulary

die Kirschtomate cherry tomato	**der Sellerie** celeriac	**tiefgefroren** frozen	**bitter** bitter
die Karotte carrot	**die Tarowurzel** taro root	**roh** raw	**fest** firm
die Brotfrucht breadfruit	**der Maniok** cassava	**scharf** hot (spicy)	**das Fleisch** flesh
die neue Kartoffel new potato	**die Wasserkastanie** water chestnut	**süß** sweet	**die Wurzel** root

Könnte ich bitte ein Kilo Kartoffeln haben?
May I have one kilo of potatoes, please?

Was kostet ein Kilo?
What's the price per kilo?

Wie heißen diese?
What are those called?

die Süßkartoffel
sweet potato

die Jamswurzel
yam

die Rote Bete
beet

die Kohlrübe
rutabaga

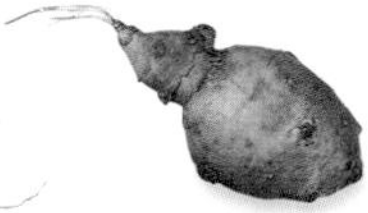

der Topinambur
Jerusalem artichoke

der Meerrettich
horseradish

die Pastinake
parsnip

der Ingwer
ginger

die Aubergine
eggplant

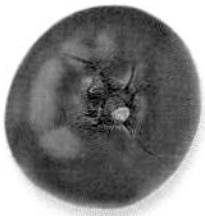

die Tomate
tomato

die Frühlingszwiebel
scallion

der Lauch
leek

die Schalotte
shallot

der Knoblauch
garlic

der Pilz
mushroom

die Gurke
cucumber

die Zucchini
zucchini

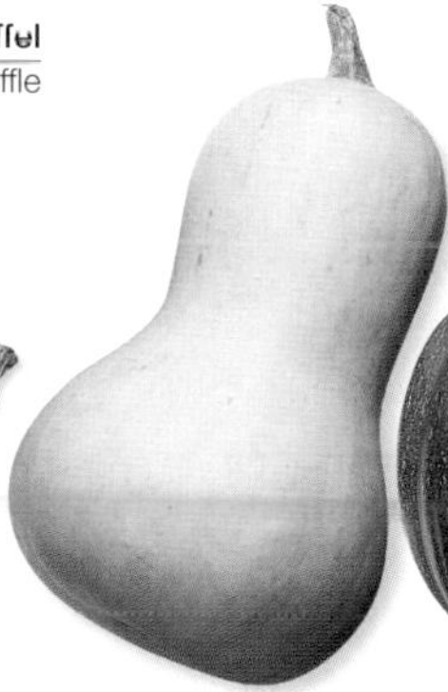

der Butternusskürbis
butternut squash

der Eichelkürbis
acorn squash

der Kürbis
pumpkin

das Obst 1 • fruit 1

die Zitrusfrüchte • citrus fruit

die Orange
orange

die Klementine
clementine

die Tangelo
ugli fruit

die weiße Haut
pith

die Grapefruit
grapefruit

die Mandarine
tangerine

der Schnitz
segment

die Satsuma
satsuma

die Schale
zest

die Limone
lime

die Zitrone
lemon

die Kumquat
kumquat

das Steinobst • stone fruit

der Pfirsich
peach

die Nektarine
nectarine

die Aprikose
apricot

die Pflaume
plum

die Kirsche
cherry

die Birne
pear

der Apfel
apple

der Obstkorb | basket of fruit

das Beerenobst und die Melonen • berries and melons

die Erdbeere
strawberry

die Brombeere
blackberry

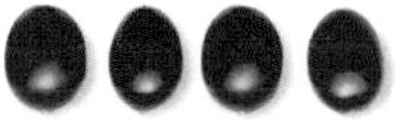

die Preiselbeere
cranberry

die Heidelbeere
blueberry

die Loganbeere
loganberry

die Stachelbeere
gooseberry

die Himbeere
raspberry

die Johannisbeere
red currant

die schwarze Johannisbeere
black currant

die weiße Johannisbeere
white currant

die Melone
melon

die Weintrauben
grapes

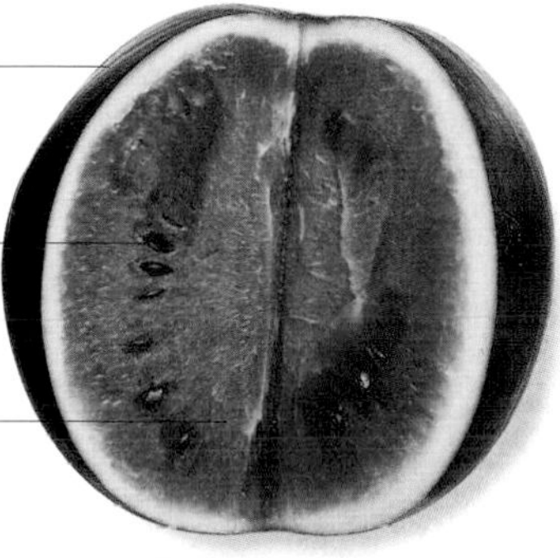

die Wassermelone
watermelon

Vokabular • vocabulary

saftig juicy	**sauer** sour	**knackig** crisp	**kernlos** seedless
die Faser fiber	**frisch** fresh	**faul** rotten	**der Saft** juice
süß sweet	**der Rhabarber** rhubarb	**das Fruchtmark** pulp	**das Kerngehäuse** core

Sind sie reif?
Are they ripe?

Könnte ich eine probieren?
Can I try one?

Wie lange halten sie sich?
How long will they keep?

das Obst 2 • fruit 2

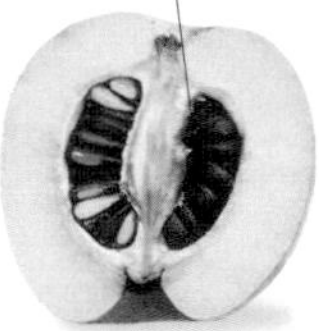

die Quitte
quince

die Passionsfrucht
passion fruit

die Banane
banana

die Guave
guava

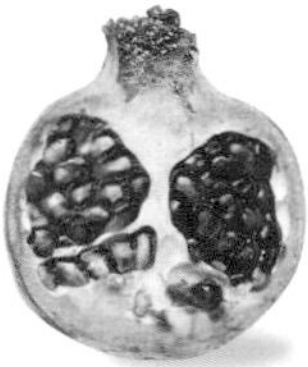

der Granatapfel
pomegranate

die Kaki
persimmon

die Feijoa
feijoa

die Kaktusfeige
prickly pear

die Sternfrucht
star fruit

die Tamarillo
tamarillo

die Nüsse und das Dörrobst • nuts and dried fruit

die Piniennuss
pine nut

die Pistazie
pistachio

die Cashewnuss
cashew

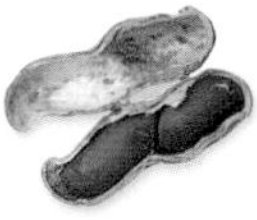
die Erdnuss
peanut

die Haselnuss
hazelnut

die Paranuss
Brazil nut

die Pecannuss
pecan

die Mandel
almond

die Walnuss
walnut

die Esskastanie
chestnut

die Macadamianuss
macadamia

die Feige
fig

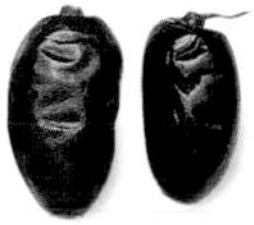
die Dattel
date

die Backpflaume
prune

die Sultanine
sultana

die Rosine
raisin

die Korinthe
currant

die Schale
shell

das Fruchtfleisch
flesh

die Kokosnuss
coconut

Vokabular • vocabulary

grün green	**hart** hard	**der Kern** kernel	**gesalzen** salted	**geröstet** roasted	**die Südfrüchte** tropical fruit	**geschält** shelled
reif ripe	**weich** soft	**getrocknet** desiccated	**roh** raw	**Saisonal** seasonal	**die kandierten Früchte** candied fruit	**ganz** whole

die Getreidearten und die Hülsenfrüchte • grains and legumes

das Getreide • grains

der Weizen
wheat

der Hafer
oats

die Gerste
barley

die Hirse
millet

der Mais
corn

die Reismelde
quinoa

Vokabular • vocabulary

trocken dry	**frisch** fresh	**Vollkorn** whole-grain
die Hülse husk	**aromatisch** fragranced	**Langkorn** long-grain
der Kern kernel	**einweichen** soak (v)	**Rundkorn** short-grain
der Samen seed	**die Getreideflocken** cereal	**leicht zu kochen** quick cooking

der Reis • rice

der weiße Reis
white rice

der Naturreis
brown rice

der Wildreis
wild rice

der Milchreis
arborio rice

die verarbeiteten Getreidearten • processed grains

der Kuskus
couscous

der Weizenschrot
cracked wheat

der Grieß
semolina

die Kleie
bran

die Hülsenfrüchte • legumes

die Mondbohnen
butter beans

die weißen Bohnen
haricot beans

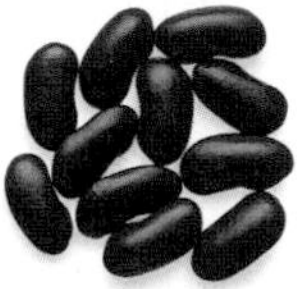

die roten Bohnen
red kidney beans

die Adzuki-bohnen
adzuki beans

die Saubohnen
fava beans

die Sojabohnen
soybeans

die Augenbohnen
black-eyed peas

die Pintobohnen
pinto beans

die Mungbohnen
mung beans

die französischen Bohnen
flageolet beans

die braunen Linsen
brown lentils

die roten Linsen
red lentils

die grünen Erbsen
green peas

die Kichererbsen
chickpeas

die getrockneten Erbsen
split peas

die Körner • seeds

der Kürbiskern
pumpkin seed

das Senfkorn
mustard seed

der Kümmel
caraway

das Sesamkorn
sesame seed

der Sonnenblumenkern
sunflower seed

die Kräuter und Gewürze • herbs and spices

die Gewürze • spices

die Vanille
vanilla

die Muskatnuss
nutmeg

die Muskatblüte
mace

die Gelbwurz
turmeric

der Kreuzkümmel
cumin

die Kräutermischung
bouquet garni

der Piment
allspice

das Pfefferkorn
peppercorn

der Bockshornklee
fenugreek

der Chili
chili powder

der Safran
saffron

der Kardamom
cardamom

das Currypulver
curry powder

der Paprika
paprika

der Knoblauch
garlic

die Stangen
sticks

der Zimt
cinnamon

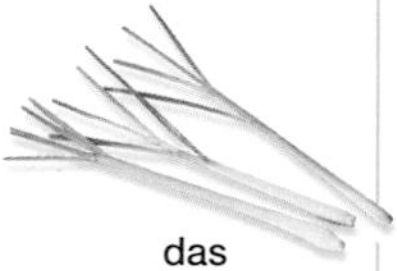

das Zitronengras
lemon grass

die Gewürznelke
cloves

der Sternanis
star anise

der Ingwer
ginger

die Kräuter • herbs

der Fenchel
fennel

die Fenchelsamen
fennel seeds

das Lorbeerblatt
bay leaf

die Petersilie
parsley

der Schnittlauch
chives

die Minze
mint

der Thymian
thyme

der Salbei
sage

der Estragon
tarragon

der Majoran
marjoram

das Basilikum
basil

der Oregano
oregano

der Koriander
cilantro

der Dill
dill

der Rosmarin
rosemary

die Nahrungsmittel in Flaschen • bottled foods

die Öle
oils

der süße Aufstrich • sweet spreads

die Soßen und die Kondimente • sauces and condiments

die Majonäse
mayonnaise

das Chutney
chutney

der Apfelweinessig
cider vinegar

der Gewürzessig
balsamic vinegar

der Malzessig
malt vinegar

der Weinessig
wine vinegar

der Essig
vinegar

die Flasche
bottle

der Ketchup
ketchup

die Soße
sauce

der englische Senf
English mustard

der französische Senf
French mustard

der grobe Senf
whole-grain mustard

die Erdnussbutter
peanut butter

der Schokoladenaufstrich
chocolate spread

das Einmachglas
canning jar

das eingemachte Obst
preserved fruit

Vokabular • vocabulary

das Pflanzenöl
vegetable oil

das Rapsöl
canola oil

das Maiskeimöl
corn oil

das kaltgepresste Öl
cold-pressed oil

das Erdnussöl
peanut oil

die Milchprodukte • dairy products

der Käse • cheese

die Rinde
rind

der mittelharte Käse
semi-hard cheese

der halbfeste Käse
semi-soft cheese

der Blauschimmelkäse
blue cheese

der Weichkäse
soft cheese

der geriebene Käse
grated cheese

der Hartkäse
hard cheese

der Rahmkäse
cream cheese

der Hüttenkäse
cottage cheese

der Frischkäse | fresh cheese

die Milch • milk

die Vollmilch
whole milk

die Halbfettmilch
reduced-fat milk

die Magermilch
skim milk

die Kuhmilch | cow's milk

die Milchtüte
milk carton

die Ziegenmilch
goat's milk

die Kondensmilch
condensed milk

die Butter
butter

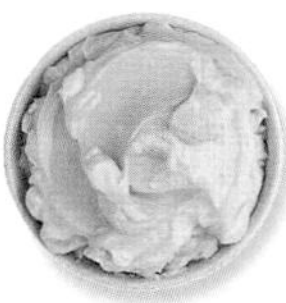

die Margarine
margarine

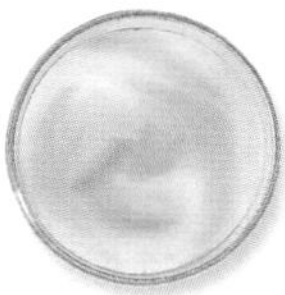

die Sahne
cream

die fettarme Sahne
half-and-half

die Schlagsahne
heavy cream

die Schlagsahne
whipped cream

die saure Sahne
sour cream

der Joghurt
yogurt

das Eis
ice cream

die Eier • eggs

das Eigelb
yolk

das Eiweiß
egg white

die Eierschale
shell

der Eierbecher
eggcup

das gekochte Ei
soft-boiled egg

das Gänseei
goose egg

das Hühnerei
hen's egg

das Entenei
duck egg

das Wachtelei
quail egg

Vokabular • vocabulary

pasteurisiert pasteurized	**fettfrei** fat-free	**gesalzen** salted	**die Schafmilch** sheep's milk	**die Laktose** lactose	**der Milchshake** milk shake
unpasteurisiert unpasteurized	**das Milchpulver** powdered milk	**ungesalzen** unsalted	**die Buttermilch** buttermilk	**homogenisiert** homogenized	**der gefrorene Joghurt** frozen yogurt

das Brot und das Mehl • breads and flours

das Scheibenbrot
sliced bread

der Mohn
poppy seeds

das Roggenbrot
rye bread

das Baguette
baguette

die Bäckerei | bakery

Brot backen • making bread

das Weizenmehl
white flour

das Roggenmehl
brown flour

das Vollkornmehl
whole-wheat flour

die Hefe
yeast

sieben | sift (v)

verrühren | mix (v)

der Teig
dough

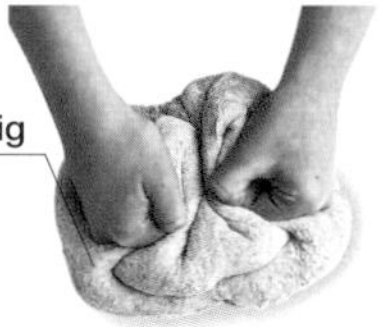

Kneten | knead (v)

backen | bake (v)

das Weißbrot
white bread

das Graubrot
brown bread

das Vollkornbrot
whole-wheat bread

das Mehrkornbrot
multigrain bread

das Maisbrot
corn bread

das Sodabrot
soda bread

das Sauerteigbrot
sourdough bread

das Fladenbrot
flat bread

der Bagel
bagel

das weiche Brötchen
bun

das Brötchen
roll

das Rosinenbrot
fruit bread

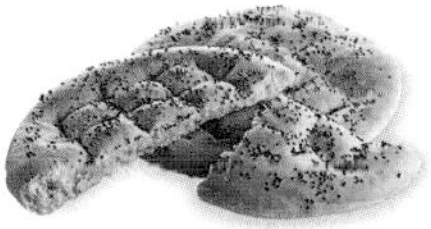

das Körnerbrot
seeded bread

das Naanbrot
naan bread

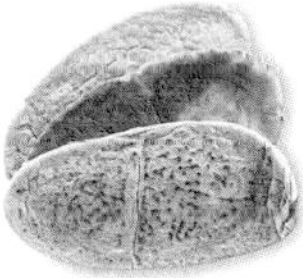

das Pitabrot
pita bread

das Knäckebrot
crispbread

Vokabular • vocabulary

das angereicherte Mehl
bread flour

das Paniermehl
breadcrumbs

gehen lassen
prove (v)

aufgehen
rise (v)

das Stangenweißbrot
flute

das Mehl mit Backpulver
self-rising flour

das Mehl ohne Backpulver
all-purpose flour

glasieren
glaze (v)

der Bäcker
baker

der Brotschneider
slicer

Die Kuchen und die Nachspeisen • cakes and desserts

das Gebäck | cakes

Vokabular • vocabulary

die Konditorcreme
crème pâtissière

die Schokoladentorte
chocolate cake

das Teilchen
bun

der Vanillepudding
custard

der Teig
pastry

das Stück
slice

der Milchreis
rice pudding

die Feier
celebration

Könnte ich bitte ein Stück haben?
May I have a slice, please?

die Kekse | cookies

das Trifle
trifle

die Mousse
mousse

das Sorbet
sherbet

die Sahnetorte
cream pie

der Karamellpudding
crème caramel

die festlichen Kuchen • celebration cakes

die Hochzeitstorte | wedding cake

der Geburtstagskuchen | birthday cake

die Feinkost • delicatessen

die pikante Wurst
spicy sausage

das Öl
oil

der Essig
vinegar

die Salami
salami

die Pepperoniwurst
pepperoni

die Quiche
quiche

das frische Fleisch
uncooked meat

die Theke
counter

die Pastete
pâté

der Mozzarella
mozzarella

der Brie
Brie

der Ziegenkäse
goat cheese

der Cheddar
cheddar

der Parmesan
Parmesan

der Camembert
Camembert

die Rinde
rind

der Edamer
Edam

der Manchego
Manchego

die Pasteten
potpie

die schwarze Olive
black olive

die Peperoni
chili pepper

die Soße
sauce

das Brötchen
bread roll

der Aufschnitt
cooked meat

die grüne Olive
green olive

der Schinken
ham

die Sandwichtheke
sandwich counter

der Räucherfisch
smoked fish

die Kapern
capers

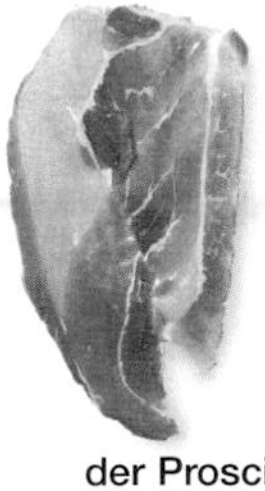

der Prosciutto
prosciutto

die Chorizo
chorizo

die gefüllte Olive
stuffed olive

Vokabular • vocabulary

in Öl in oil	**mariniert** marinated	**geräuchert** smoked
in Lake in brine	**gepökelt** salted	**getrocknet** cured

Nehmen Sie bitte eine Nummer.
Take a number, please.

Kann ich bitte etwas davon probieren?
Can I try some of that, please?

Ich hätte gerne sechs Scheiben davon, bitte.
May I have six slices of that, please?

die Getränke • drinks

das Wasser • water

das Leitungswasser
tap water

das Flaschenwasser
bottled water

mit Kohlensäure
sparkling

ohne Kohlensäure
still

das Mineralwasser
mineral water

das Tonicwater
tonic water

das Sodawasser
soda water

die heißen Getränke • hot drinks

der Teebeutel
tea bag

die Teeblätter
loose-leaf tea

der Tee
tea

die Bohnen
beans

der gemahlene Kaffee
ground coffee

der Kaffee
coffee

die heiße Schokolade
hot chocolate

das Malzgetränk
malted drink

die alkoholfreien Getränke • soft drinks

der Strohhalm
straw

der Tomatensaft
tomato juice

der Traubensaft
grape juice

die Limonade
lemonade

die Orangenlimonade
orangeade

die Cola
cola

die alkoholischen Getränke • alcoholic drinks

der Gin
gin

die Dose
can

das Bier
beer

der Apfelwein
hard cider

das halbdunkle Bier
bitter

das Starkbier
stout

der Wodka
vodka

der Whisky
whiskey

der Rum
rum

der Weinbrand
brandy

der Portwein
port

trocken
dry

der Sherry
sherry

der Campari
Campari

rosé
rosé

weiß
white

rot
red

der Wein
wine

der Likör
liqueur

der Tequila
tequila

der Champagner
champagne

auswärts essen
eating out

das Café • café

die Markise
awning

die Speisekarte
menu

das Straßencafé | sidewalk café

der Sonnenschirm
umbrella

das Terrassencafé
patio café

der Kellner
server

die Kaffeemaschine
coffee machine

der Tisch
table

die Snackbar | snack bar

der Kaffee • coffee

der Milchkaffee
coffee with milk

der schwarze Kaffee
black coffee

der Filterkaffee
filter coffee

der Espresso
espresso

das Kakaopulver
cocoa powder

der Schaum
froth

der Cappuccino
cappuccino

der Eiskaffee
iced coffee

der Tee • tea

der Kräutertee
herbal tea

der Kamillentee
chamomile tea

der grüne Tee
green tea

der Tee mit Milch
tea with milk

der schwarze Tee
black tea

der Tee mit Zitrone
tea with lemon

der Pfefferminztee
mint tea

der Eistee
iced tea

die Säfte und Milchshakes • juices and milkshakes

der Schokoladenmilchshake
chocolate milkshake

der Erdbeermilchshake
strawberry milkshake

der Orangensaft
orange juice

der Apfelsaft
apple juice

der Ananassaft
pineapple juice

der Tomatensaft
tomato juice

der Kaffeemilchshake
coffee milkshake

das Essen • food

das Graubrot
whole-wheat bread

die Kugel
scoop

der getoastete Sandwich
toasted sandwich

der Salat
salad

das Eis
ice cream

das Gebäck
pastry

die Bar • bar

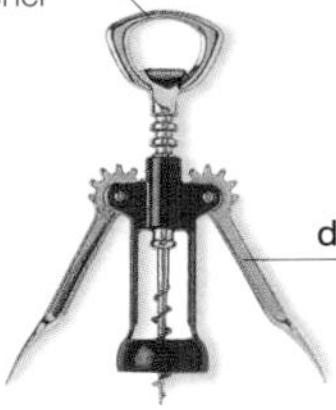

der Korkenzieher | corkscrew

der Cocktailshaker | cocktail shaker

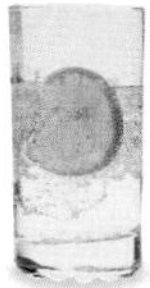

der Gin Tonic
gin and tonic

der Scotch mit Wasser
scotch and water

der Rum mit Cola
rum and cola

der Wodka mit Orangensaft
screwdriver

der Martini
martini

der Cocktail
cocktail

der Wein
wine

das Bier | beer

ein Schnaps
shot

das Maß
measure

ohne Eis
without ice

mit Eis
with ice

die Knabbereien • bar snacks

die Kartoffelchips | potato chips

die Nüsse | nuts

die Oliven | olives

das Restaurant • restaurant

die Küche
kitchen

der Kellner
server

Vokabular • vocabulary

das Abendmenü dinner menu	**die Spezialitäten** specials	**der Preis** price	**Bedienung pinbegriffen** service charge included	**das Buffet** buffet	**der Kunde** customer
die Weinkarte wine list	**à la carte** à la carte	**die Quittung** receipt		**die Bar** bar	**der Pfeffer** pepper
das Mittagsmenü lunch menu	**der Dessertwagen** dessert cart	**die Rechnung** check	**Bedienung inbegriffen** service charge not included	**das Salz** salt	**das Trinkgeld** tip

die Speisekarte
menu

die Kinderportion
child's meal

bestellen
order (v)

bezahlen
pay (v)

die Gänge • courses

der Aperitif
apéritif

die Vorspeise
appetizer

die Suppe
soup

das Hauptgericht
entrée

die Beilage
side order

der Nachtisch | dessert

der Kaffee | coffee

Ein Tisch für zwei Personen bitte.
A table for two, please.

Könnte ich bitte die Speisekarte/Weinliste sehen?
Can I see the menu/wine list, please?

Gibt es ein Festpreismenü?
Is there a fixed-price menu?

Haben Sie vegetarische Gerichte?
Do you have any vegetarian dishes?

Könnte ich die Rechnung/ Quittung haben?
Could I have the check/ a receipt, please?

Könnten wir getrennt zahlen?
Can we pay separately?

Wo sind die Toiletten bitte ?
Where is the restroom, please?

der Schnellimbiss • fast food

der Hamburger mit Pommes frites
burger meal

die Lieferung ins Haus
home delivery

der Imbissstand
street vendor

Vokabular • vocabulary

die Pizzeria
pizzeria

die Imbissstube
burger bar

die Speisekarte
menu

hier essen
eat-in

zum Mitnehmen
to go

aufwärmen
reheat (v)

der Tomatenketchup
ketchup

Ich möchte das mitnehmen.
Can I have that to go, please?

Liefern Sie ins Haus?
Do you deliver?

der Hamburger
hamburger

der Chickenburger
chicken burger

der vegetarische Hamburger
veggie burger

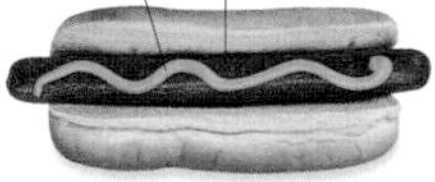

der Hotdog
hot dog

das Sandwich
sandwich

das Klubsandwich
club sandwich

das belegte Brot
open faced sandwich

der Wrap
wrap

der Fleischspieß
kebab

die Hähnchenstückchen
chicken nuggets

die Crêpes | crepes

der Bratfisch mit Pommes frites
fish and chips

die Rippchen
ribs

das gebratene Hähnchen
fried chicken

die Pizza
pizza

das Frühstück • breakfast

das Frühstücksbuffet
breakfast buffet

der Frühstückstisch | breakfast table

die Getränke | drinks

die Brioche
brioche

das Brot
bread

das englische Frühstück
English breakfast

die Räucherheringe
kippers

die Armen Ritter
French toast

das gekochte Ei
soft-boiled egg

das Rührei
scrambled eggs

die Pfannkuchen
crepes

die Waffeln
waffles

der Haferbrei
oatmeal

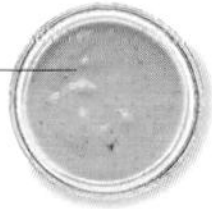

das Obst
fresh fruit

die Hauptmahlzeit • dinner

die Suppe | soup

die Brühe | broth

der Eintopf | stew

das Curry | curry

der Braten
roast

die Pastete
potpie

das Soufflé
soufflé

der Schaschlik
kebab

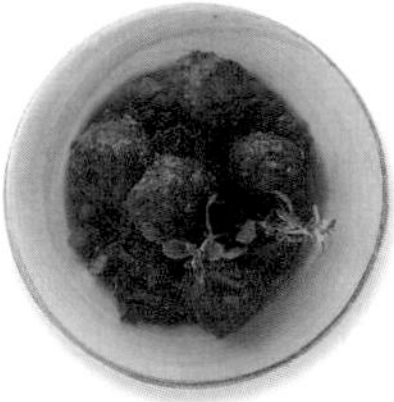

die Fleischklöße
meatballs

das Omelett
omelet

die Nudeln
noodles

das Pfannengericht
stir-fry

die Nudeln | pasta

der Reis
rice

der gemischte Salat
tossed salad

der grüne Salat
green salad

die Salatsoße
dressing

die Zubereitung • techniques

gefüllt | stuffed

in Soße | in sauce

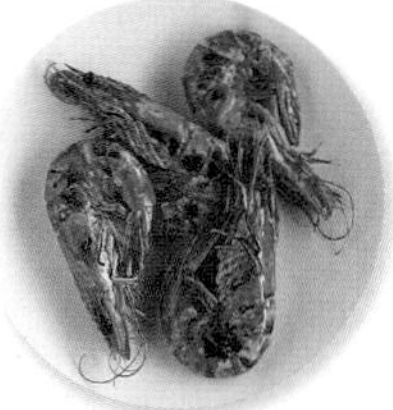

gegrillt | grilled

mariniert | marinated

pochiert | poached

püriert | mashed

gebacken | baked

kurzgebraten | pan-fried

gebraten
fried

eingelegt
pickled

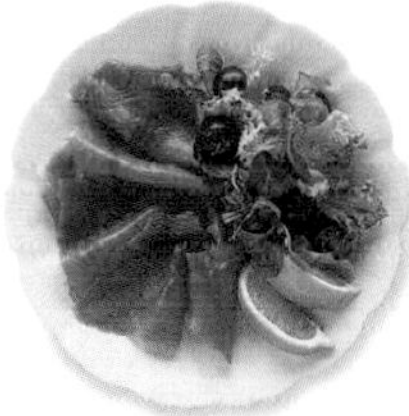

geräuchert
smoked

frittiert
deep-fried

in Saft
in syrup

angemacht
dressed

gedämpft
steamed

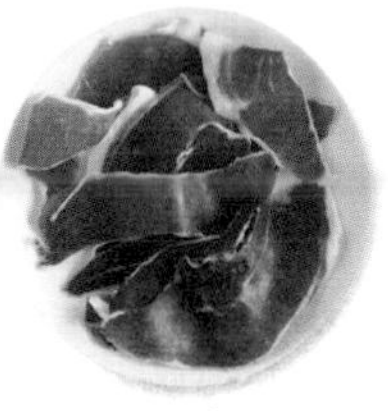

getrocknet
cured

das Lernen
study

die Schule • school

das Klassenzimmer | classroom

das Schulmädchen
schoolgirl

der Schuljunge
schoolboy

Vokabular • vocabulary

die Literatur literature	**die Kunst** art	**die Physik** physics
die Sprachen languages	**die Musik** music	**die Chemie** chemistry
die Erdkunde geography	**die Mathematik** math	**die Biologie** biology
die Geschichte history	**die Naturwissenschaft** science	**der Sport** physical education

die Aktivitäten • activities

lesen | read (v)

schreiben | write (v)

buchstabieren
spell (v)

zeichnen
draw (v)

der Digitalprojektor
digital projector

die Feder
nib

der Füller
pen

der Buntstift
colored pencil

der Bleistift
pencil

der Anspitzer
pencil sharpener

der Radiergummi
eraser

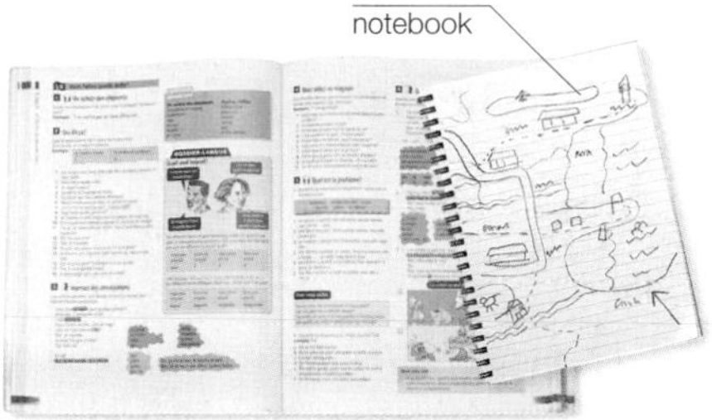

das Heft
notebook

das Schulbuch | textbook

das Federmäppchen
pencil case

das Lineal
ruler

fragen
question (v)

antworten
answer (v)

diskutieren
discuss (v)

lernen
learn (v)

Vokabular • vocabulary

der Schulleiter principal	**die Antwort** answer	**die Note** grade
die Stunde lesson	**der Aufsatz** essay	**die Klasse** year
die Frage question	**die Prüfung** test	**das Lexikon** encyclopedia
Notizen machen take notes (v)	**die Hausaufgabe** homework	**das Wörterbuch** dictionary

die Mathematik • math

die Formen • shapes

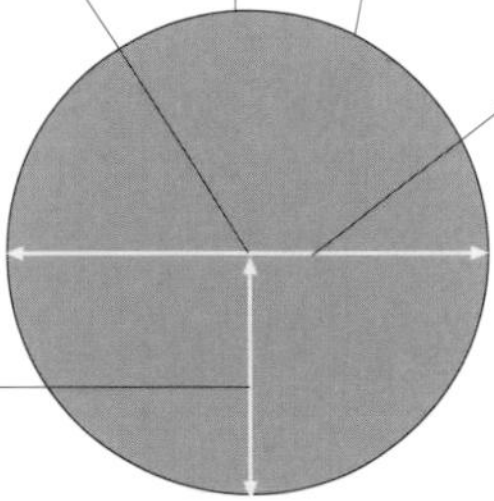

der Kreis
circle

das Quadrat
square

das Rechteck
rectangle

das Oval
oval

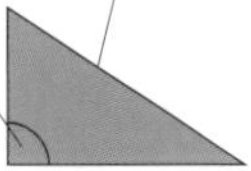

das Dreieck
triangle

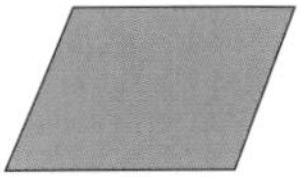

das Parallelogramm
parallelogram

der Rhombus
rhombus

das Trapez
trapezoid

das Fünfeck
pentagon

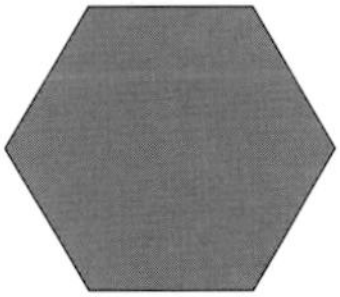

das Sechseck
hexagon

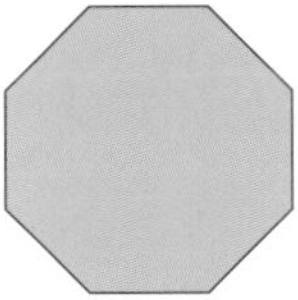

das Achteck
octagon

die Körper • solids

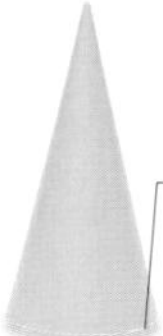

der Kegel
cone

der Zylinder
cylinder

der Würfel
cube

die Pyramide
pyramid

die Kugel
sphere

die Linien • lines

gerade
straight

parallel
parallel

senkrecht
perpendicular

gekrümmt
curved

die Maße • measurements

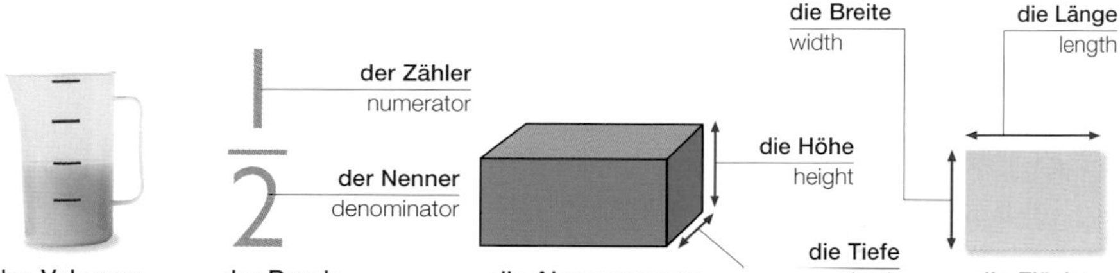

das Volumen
volume

der Bruch
fraction

die Abmessungen
dimensions

die Fläche
area

die Ausrüstung • equipment

das Zeichendreieck
triangle

der Winkelmesser
protractor

das Lineal
ruler

der Zirkel
compass

der Taschenrechner
calculator

Vokabular • vocabulary

die Geometrie geometry	**plus** plus	**mal** times	**gleich** equals	**addieren** add (v)	**multiplizieren** multiply (v)	**die Gleichung** equation
die Arithmetik arithmetic	**minus** minus	**geteilt durch** divided by	**zählen** count (v)	**subtrahieren** subtract (v)	**dividieren** divide (v)	**der Prozentsatz** percentage

die Naturwissenschaft • science

das Labor
laboratory

die Laborwaage
scale

die Federwaage
spring balance

der Dreifuß
tripod

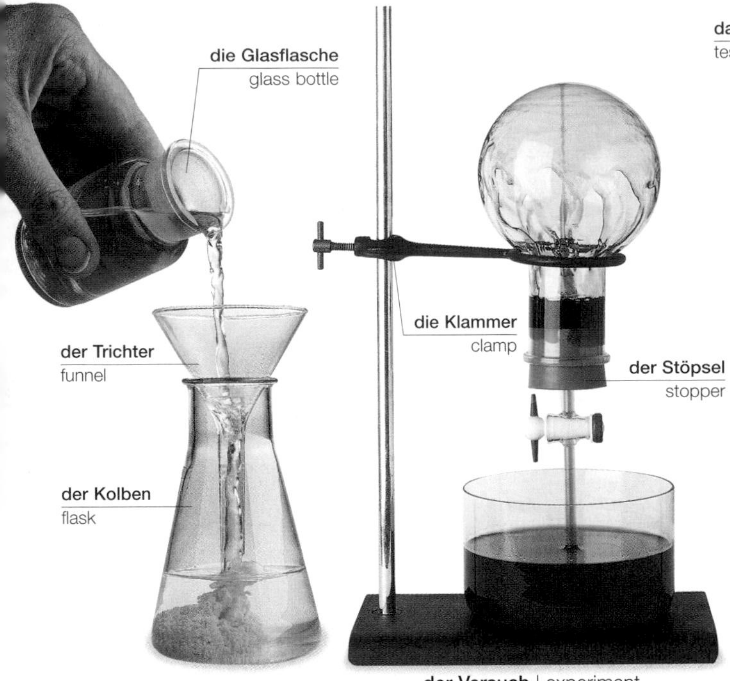

der Versuch | experiment

das Gestell
rack

der Zeitmesser
timer

die Petrischale
petri dish

das Thermometer
thermometer

die Spritze
syringe

die Pinzette
tweezers

das Skalpell
scalpel

der Tropfer
dropper

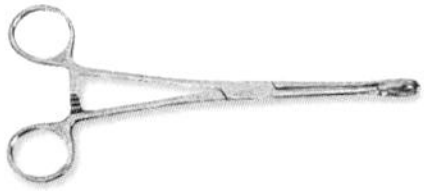

die Zange | forceps

die Greifzange
tongs

der Spatel
spatula

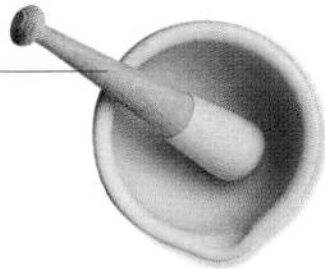

der stößel
pestle

der Mörser
mortar

das Filterpapier
filter paper

die Schutzbrille
safety goggles

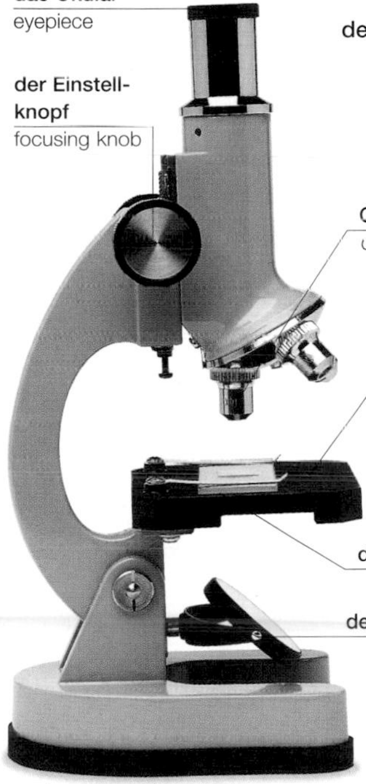

das Okular
eyepiece

der Einstell-knopf
focusing knob

die Objektivlinse
objective lens

der Tisch
stage

der Objektträger
slide

der Spiegel
mirror

das Mikroskop | microscope

die Pipette
pipette

das Glasstäbchen
glass stirring rod

das Becherglas
beaker

der Magnet
magnet

die Krokodilklemme
alligator clip

der Minuspol
negative electrode

der Pluspol
positive electrode

die Batterie | battery

die Hochschule • college

der Campus | campus

die Bibliothek | library

Vokabular • vocabulary

der Leserausweis library card	**die Auskunft** help desk	**verlängern** renew (v)
der Lesesaal reading room	**ausleihen** borrow (v)	**das Buch** book
die Literaturliste reading list	**vorbestellen** reserve (v)	**der Titel** title
das Rückgabedatum due date	**die Ausleihe** loan	**der Gang** aisle

der Hörsaal
lecture hall

die Graduierungsfeier
graduation ceremony

die Fachhochschulen • schools

die Kunsthochschule
art school

die Musikhochschule
music school

die Tanzakademie
dance school

Vokabular • vocabulary

das Stipendium
scholarship

postgraduiert
postgraduate

das Diplom
diploma

der akademische Grad
degree

die Forschung
research

der Magister
master's

die Promotion
doctorate

die Dissertation
thesis

die Examensarbeit
dissertation

der Fachbereich
department

der Maschinenbau
engineering

die Kunstgeschichte
art history

die Medizin
medicine

die Physik
physics

die Politologie
political science

die Philosophie
philosophy

die Zoologie
zoology

die Rechtswissenschaft
law

die Wirtschaftswissenschaft
economics

die Literaturwissenschaft
literature

die Arbeit
work

das Büro 1 • office 1

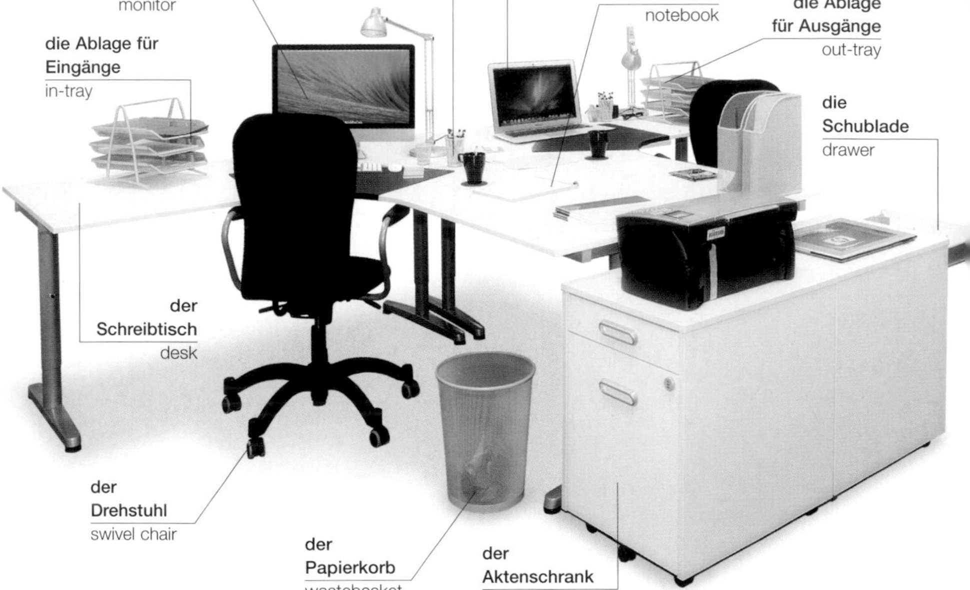

die Büroausstattung • office equipment

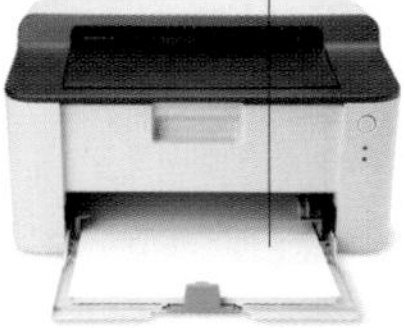

der Drucker | printer

der Aktenvernichter | shredder

Vokabular • vocabulary

drucken
print (v)

vergrößern
enlarge (v)

kopieren
copy (v)

verkleinern
reduce (v)

Ich möchte fotokopieren.
I need to make some copies.

der Bürobedarf • office supplies

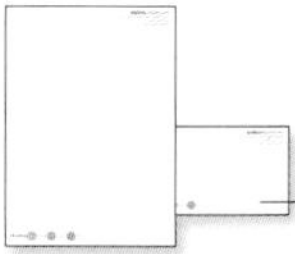

der Empfehlungszettel
compliments slip

das Briefpapier
letterhead

der Briefumschlag
envelope

der Aktenordner
box file

der Ringordner
binder

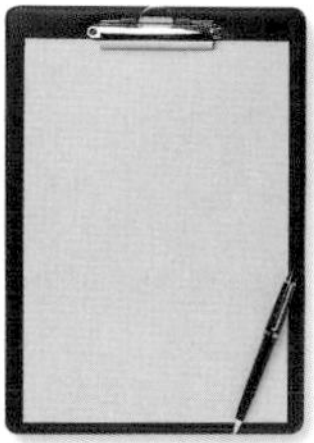

das Klemmbrett
clipboard

der Notizblock
notepad

der Kartenreiter
tab

der Hängeordner
hanging file

der Teiler
divider

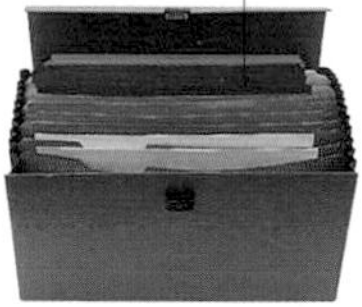

der Fächerordner
expanding file

der Terminkalender
personal organizer

die Klammern
staples

der Hefter
stapler

der Tesafilm
tape

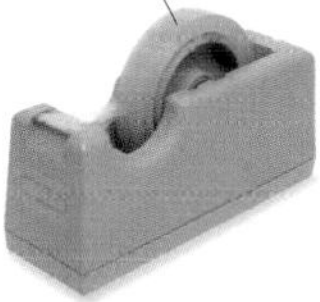

der Tesafilmhalter
tape dispenser

der Locher
hole punch

das Stempelkissen
ink pad

der Stempel
rubber stamp

das Gummiband
rubber band

die Papierklammer
bulldog clip

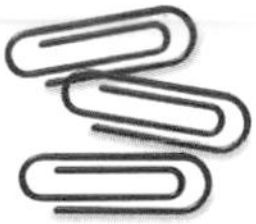

die Büroklammer
paper clip

die Reißzwecke
thumbtack

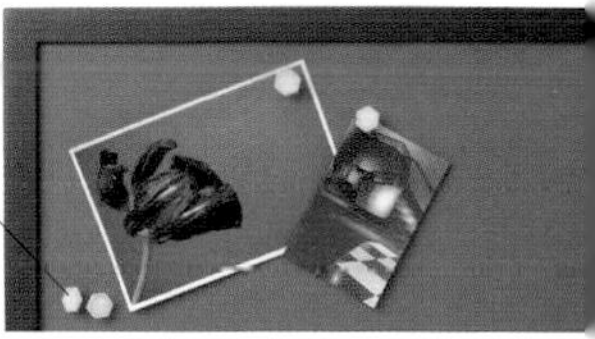

die Pinnward | bulletin board

das Büro 2 • office 2

die Sitzung | meeting

Vokabular • vocabulary

der Sitzungsraum
meeting room

teilnehmen
attend (v)

die Tagesordnung
agenda

den Vorsitz führen
chair (v)

Um wieviel Uhr ist die Sitzung?
What time is the meeting?

Welche sind ihre Geschäftszeiten?
What are your office hours?

die Präsentation | presentation

das Geschäft • business

das Arbeitsessen
business lunch

der Geschäftsmann
businessman

die Geschäftsfrau
businesswoman

die Geschäftsreise
business trip

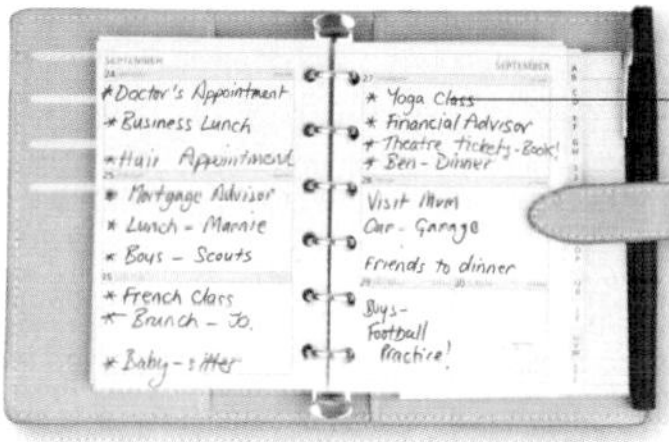

der Terminkalender | day planner

der Termin
appointment

die kundin
client

der Geschäftsführer
CEO

das Geschäftsabkommen
business deal

Vokabular • vocabulary

die Firma company	**das Personal** staff	**die Buchhaltung** accounting department	**die Rechtsabteilung** legal department
die Zentrale head office	**die Lohnliste** payroll	**die Marketingabteilung** marketing department	**die Kundendienstabteilung** customer service department
die Zweigstelle regional office	**das Gehalt** salary	**die Verkaufsabteilung** sales department	**die Personalabteilung** human resources department

der Computer • computer

der Drucker
printer

der Scanner
scanner

der Bildschirm
screen

die Taste
key

die Tastatur
keyboard

die Maus
mouse

der Laptop
laptop

der Lautsprecher
speaker

die Hardware
hardware

der Memorystick
memory stick

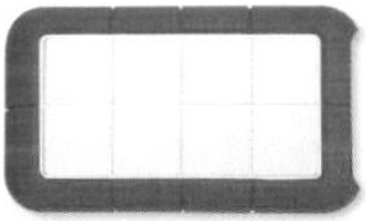

die externe Festplatte
external hard drive

Vokabular • vocabulary

das RAM RAM	**die Software** software	**der Server** server
die Bytes bytes	**das Programm** program	**der Port** port
das System system	**das Netzwerk** network	**der Prozessor** processor
der Speicher memory	**die Anwendung** application	**das Stromkabel** power cord

das Tablet
tablet

das Smartphone
smartphone

der Desktop • desktop

die Menüleiste
menubar

die Werkzeugleiste
toolbar

der Bildschirmhintergrund
wallpaper

die Schriftart
font

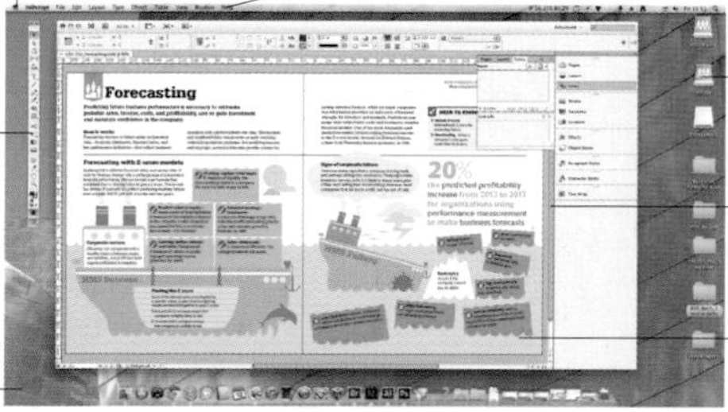

das Symbol
icon

der Scrollbalken
scrollbar

das Fenster
window

die Datei
file

der Ordner
folder

der Papierkorb
trash

das Internet • internet

der Browser
browser

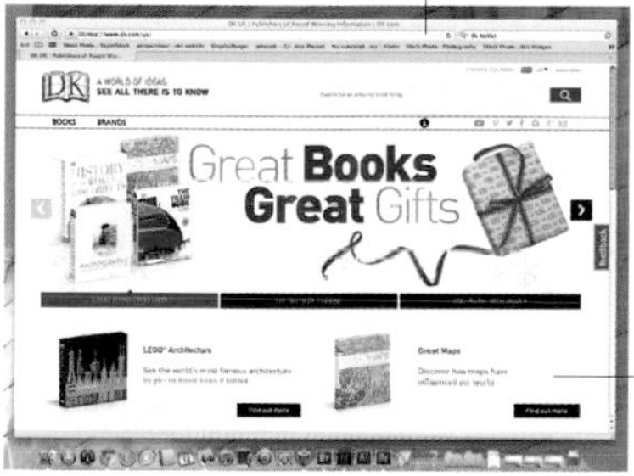

browsen
browse (v)

die Webseite
website

die E-Mail • email

die E-Mail-Adresse
email address

der Posteingang
inbox

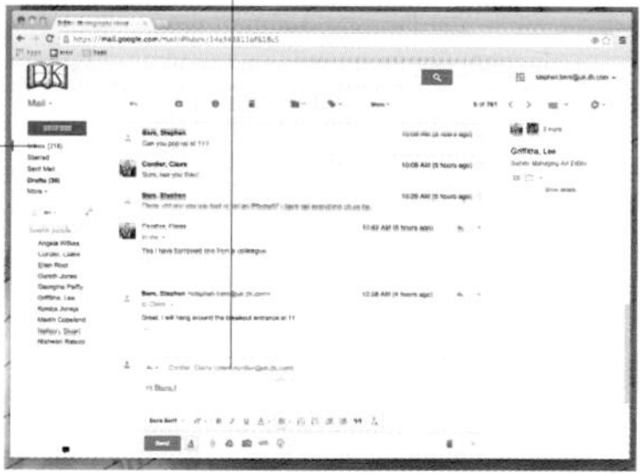

Vokabular • vocabulary

verbinden connect (v)	**der Serviceprovider** service provider	**einloggen** log on (v)	**herunterladen** download (v)	**senden** send (v)	**sichern** save (v)
installieren install (v)	**das E-Mail-Konto** email account	**online** online	**der Anhang** attachment	**erhalten** receive (v)	**suchen** search (v)

die Medien • media

das Fernsehstudio • television studio

die Studioeinrichtung
set

der Moderator
host

die Beleuchtung
light

die Kamera
camera

der Kamerakran
camera crane

der Kameramann
cameraman

Vokabular • vocabulary

der Kanal
channel

die Nachrichten
news

die Presse
press

senden
broadcast (v)

live
live

der Zeichentrickfilm
cartoon

die Programm–gestaltung
programming

der Dokumentarfilm
documentary

die Fernsehserie
television series

die Spielshow
game show

vorher aufgezeichnet
prerecorded

die Seifenoper
soap opera

der Interviewer
interviewer

die Reporterin
reporter

der Teleprompter
teleprompter

die Nachrichtensprecherin
anchor

die Schauspieler
actors

der Mikrofongalgen
sound boom

die Klappe
clapper board

das Set
movie set

das Radio • radio

das Tonstudio | recording studio

Vokabular • vocabulary

der DJ
DJ

die Sendung
broadcast

die Wellenlänge
wavelength

die Langwelle
long wave

die Rundfunkstation
radio station

digital
digital

die Kurzwelle
short wave

die Mittelwelle
medium wave

die Frequenz
frequency

die Lautstärke
volume

einstellen
tune (v)

analog
analog

das Recht • law

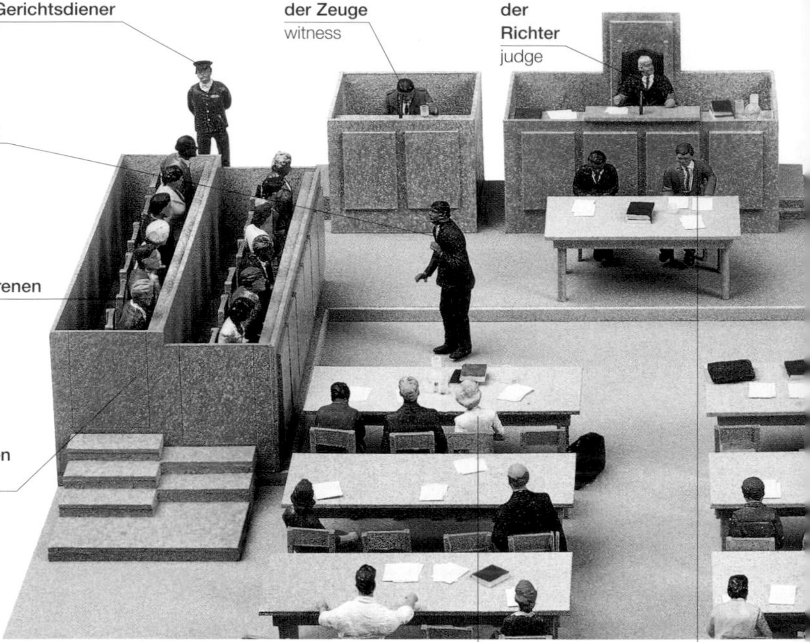

der Gerichtssaal | courtroom

Vokabular • vocabulary

das Anwaltsbüro
lawyer's office

die Rechtsberatung
legal advice

der Klient
client

die Vorladung
summons

die Aussage
statement

der Haftbefehl
warrant

die Verfügung
writ

der Gerichtstermin
court date

das Plädoyer
plea

das Gerichtsverfahren
court case

die Anklage
charge

der Angeklagte
accused

der Gerichtsstenograf
stenographer

der Angeklagte
defendant

die Verteidigung
defense

der Verdächtige
suspect

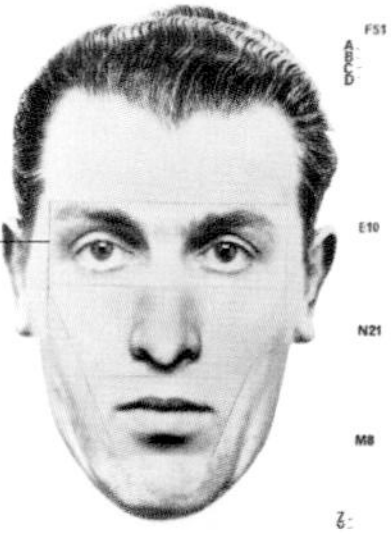

das Phantombild
composite sketch

der Straftäter
criminal

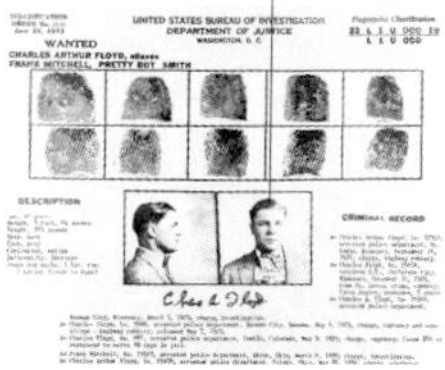

das Strafregister
criminal record

der Gefängniswärter
prison guard

die Gefängniszelle
cell

das Gefängnis
prison

Vokabular • vocabulary

das Beweismittel
evidence

das Urteil
verdict

unschuldig
innocent

schuldig
guilty

freigesprochen
acquitted

das Strafmaß
sentence

die Kaution
bail

die Berufung
appeal

die Haftentlassung auf Bewährung
parole

Ich möchte mit einem Anwalt sprechen.
I want to see a lawyer.

Wo ist das Gericht?
Where is the courthouse?

Kann ich die Kaution leisten?
Can I post bail?

der Bauernhof 1 • farm 1

der Bauer
farmer

der Traktor | tractor

der Mähdrescher | combine

die landwirtschaftlichen Betriebe • types of farms

der Ackerbaubetrieb
crop farm

der Betrieb für Milchproduktion
dairy farm

die Schaffarm
sheep farm

die Hühnerfarm
poultry farm

die Schweinefarm
pig farm

die Fischzucht
fish farm

der Obstanbau
fruit farm

der Weinberg
vineyard

die Tätigkeiten • actions

pflügen
plow (v)

säen
sow (v)

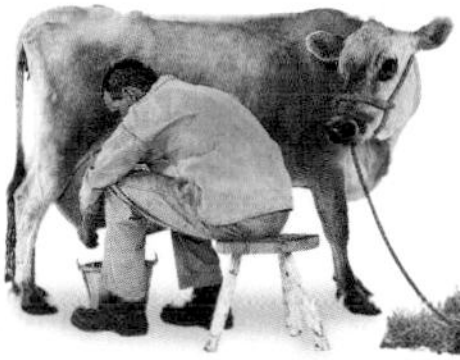

melken
milk (v)

füttern
feed (v)

bewässern | water (v)

ernten | harvest (v)

Vokabular • vocabulary

das Herbizid herbicide	**die Herde** herd	**der Trog** trough
das Pestizid pesticide	**das Silo** silo	**pflanzen** plant (v)

der Bauernhof 2 • farm 2

die Feldfrüchte • crops

der Weizen
wheat

der Mais
corn

die Gerste
barley

der Raps
rapeseed

die Sonnenblume
sunflower

das Heu
hay

die Luzerne
alfalfa

der Tabak
tobacco

der Reis
rice

der Tee
tea

der Kaffee
coffee

der Flachs
flax

das Zuckerrohr
sugarcane

die Baumwolle
cotton

die Vogelscheuche
scarecrow

das Vieh • livestock

das Schwein
pig

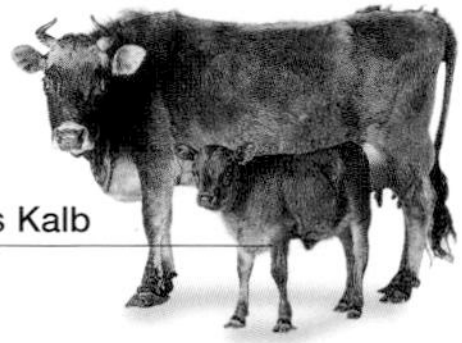

die Kuh
cow

der Stier
bull

das Schaf
sheep

das Lamm
lamb

die Ziege
goat

das Pferd
horse

der Esel
donkey

das Huhn
chicken

der Hahn
rooster

der Truthahn
turkey

die Ente
duck

der Stall
stable

der Pferch
pen

der Hühnerstall
chicken coop

der Schweinestall
pigsty

der Bau • construction

das Gerüst
scaffolding

die Palette
pallet

die Leiter
ladder

das Fenster
window

der Dachsparren
rafter

der Gabelstapler
forklift

die Baustelle
construction site

der Sturz
lintel

die Mauer
wall

der Träger
girder

der Schutzhelm
hard hat

bauen
build (v)

der Werkzeuggürtel
toolbelt

der Balken
beam

der Bauarbeiter
construction worker

der Zement
cement

die Betonmischmaschine
cement mixer

das Material • materials

der Ziegelstein
brick

das Bauholz
lumber

der Dachziegel
roof tile

der Baustein
cinder block

die Werkzeuge • tools

der Mörtel
mortar

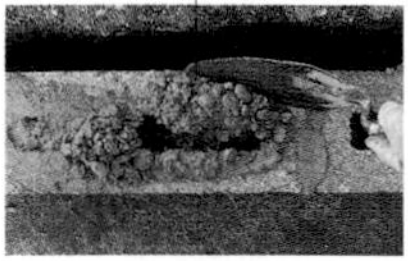

die Kelle
trowel

die Wasserwaage
level

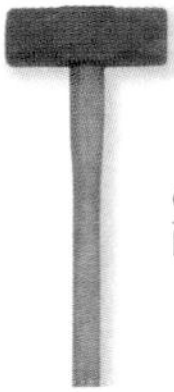

der Vorschlaghammer
sledgehammer

der Stiel
handle

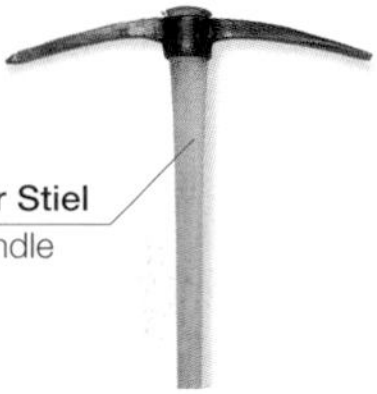

die Spitzhacke
pickax

die Schaufel
shovel

die Maschinen • machinery

die Walze
road roller

der Kipper
dump truck

die Stütze
support

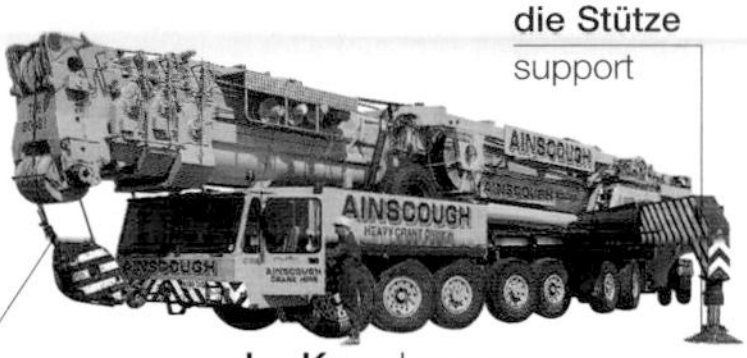

der Haken
hook

der Kran | crane

die Straßenarbeiten • roadwork

der Asphalt
asphalt

der Leitkegel
cone

der Presslufbohrer
jackhammer

der Neubelag
resurfacing

der Bagger
excavator

die Berufe 1 • occupations 1

der Schreiner
carpenter

der Elektriker
electrician

der Klempner
plumber

der Maurer
construction worker

der Gärtner
gardener

der Staubsauger
vacuum cleaner

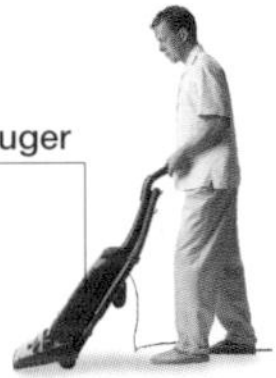

der Gebäudereiniger
cleaner

der Mechaniker
mechanic

der Metzger
butcher

der Friseur
hairdresser

die Fischhändlerin
fish seller

der Gemüsehändler
produce seller

die Floristin
florist

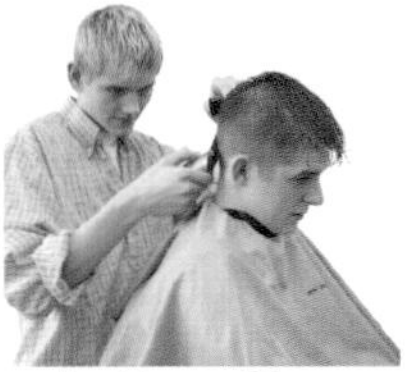

der Herrenfriseur
barber

der Juwelier
jeweler

die Verkäuferin
salesperson

die Immobilienmaklerin
realtor

der Optiker
optometrist

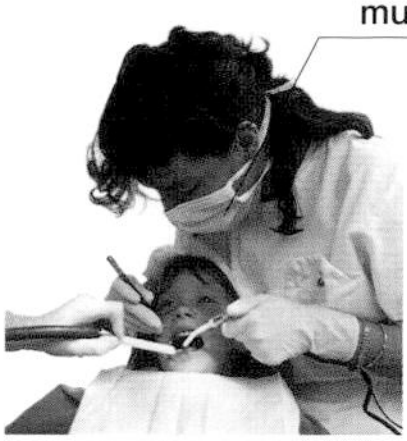

die Zahnärztin
dentist

der Arzt
doctor

die Apothekerin
pharmacist

die Krankenschwester
nurse

die Tierärztin
veterinarian

der Landwirt
farmer

der Fischer
fisherman

der Seemann
sailor

der Soldat
soldier

der Polizist
police officer

der Wächter
security guard

der Feuerwehrmann
firefighter

die Berufe 2 • occupations 2

die Rechtsanwältin
lawyer

der Wirtschaftsprüfer
accountant

der Architekt
architect

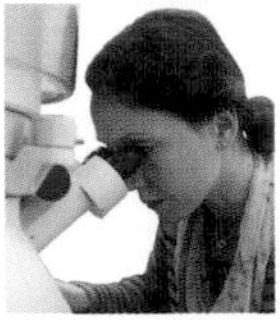

die Wissenschaftlerin
scientist

die Lehrerin
teacher

der Bibliothekar
librarian

die Empfangsdame
receptionist

der Briefträger
mail carrier

der Busfahrer
bus driver

der Lastwagenfahrer
truck driver

der Taxifahrer
taxi driver

der Pilot
pilot

die Flugbegleiterin
flight attendant

die Reisebürokauffrau
travel agent

der Koch
chef

der Musiker
musician

die Tänzerin
dancer

die Schauspielerin
actress

die Sängerin
singer

die Kellnerin
waitress

der Barkeeper
bartender

der Sportler
sportsman

der Bildhauer
sculptor

die Malerin
painter

der Fotograf
photographer

die Nachrichtensprecherin
anchor

der Journalist
journalist

die Redakteurin
editor

der Designer
designer

die Damenschneiderin
seamstress

der Schneider
tailor

der Verkehr
transportation

die Straßen • roads

die Autobahn
freeway

die Mautstelle
toll booth

die Straßenmarkierungen
road markings

die Zufahrtsstraße
on-ramp

die Einbahnstraße-
one-way street

die Trennlinie
divider

die Kreuzung
interchange

die Verkehrsampel
traffic light

der Lastwagen
truck

der Mittelstreifen
median strip

die rechte Spur
right lane

die mittlere Spur
middle lane

die Überholspur
left lane

die Ausfahrt
off-ramp

der Verkehr
traffic

die Überführung
overpass

der Seitenstreifen
shoulder

die Unterführung
underpass

der Fußgängerüberweg
crosswalk

die Notrufsäule
emergency phone

der Behindertenparkplatz
disabled parking

der Verkehrsstau
traffic jam

das Navi
satnav

die Parkuhr
parking meter

der Verkehrspolizist
traffic policeman

Vokabular • vocabulary

parken
park (v)

überholen
pass (v)

rückwärts fahren
reverse (v)

fahren
drive (v)

die abschleppen
tow away (v)

die Umleitung
detour

die Leitplanke
guardrail

die Straßenbaustelle
roadwork

die Schnellstraße
divided highway

der Kreisverkehr
roundabout

Ist dies die Straße nach...?
Is this the road to ...?

Wo kann ich parken?
Where can I park?

die Verkehrsschilder • road signs

keine Einfahrt
do not enter

die Geschwindigkeitsbegrenzung
speed limit

Gefahr
hazard

Halten verboten
no stopping

rechts abbiegen verboten
no right turn

der Bus • bus

der Fahrersitz
driver's seat

der Haltegriff
handrail

die Automatiktür
automatic door

das Vorderrad
front wheel

das Gepäckfach
luggage hold

die Tür | door

der Reisebus | long-distance bus

die Bustypen • types of buses

die Liniennummer
route number

der Fahrer
driver

der Doppeldecker
double-decker bus

die Straßenbahn
tram

der Obus/der Trolleybus
streetcar

der Schulbus | school bus

das Hinterrad
rear wheel

das Fenster
window

der Halteknopf
stop button

der Fahrschein
bus ticket

die Klingel
bell

der Busbahnhof
bus station

die Bushaltestelle
bus stop

Vokabular • vocabulary

der Fahrpreis
fare

der Rollstuhlzugang
wheelchair access

der Fahrplan
schedule

das Wartehäuschen
bus shelter

Halten Sie am...?
Do you stop at ...?

Welcher Bus fährt nach...?
Which bus goes to ...?

der Kleinbus
minibus

der Touristenbus | tour bus

der Zubringer | shuttle bus

das Auto 1 • car 1

das Äußere • exterior

der Dachgepäckträger
roof rack

die Hecktür
tailgate

der Sicherheitsgurt
seat belt

der Kindersitz
car seat

die Wagentypen • types

das Elektroauto
electric car

die Fließhecklimousine
hatchback

die Limousine
sedan

der Kombiwagen
station wagon

das Cabrio
convertible

der Sportwagen
sports car

die Großraum-limousine
minivan

der Geländewagen
four-wheel drive

der Oldtimer
vintage

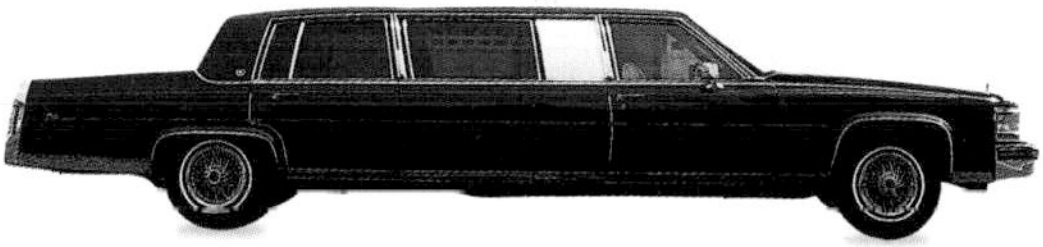

die Stretchlimousine
limousine

die Tankstelle • gas station

die Zapfsäule
gas pump

der Benzinpreis
price

der Tankstellenplatz
forecourt

Vokabular • vocabulary

das Benzin gasoline	**verbleit** leaded	**die Autowaschanlage** car wash
bleifrei unleaded	**das Öl** oil	**das Frostschutzmittel** antifreeze
die Werkstatt garage	**der Diesel** diesel	**die Scheibenwaschanlage** windshield washer fluid

Voll tanken, bitte.
Fill it up, please.

das Auto 2 • car 2

die Innenausstattung • interior

Vokabular • vocabulary

zweitürig
two-door

viertürig
four-door

die Zündung
ignition

die Bremse
brake

das Gaspedal
accelerator

dreitürig
hatchback

mit Handschaltung
manual

mit Automatik
automatic

die Kupplung
clutch

die Klimaanlage
air-conditioning

Wie komme ich nach...?
Can you tell me the way to ...?

Wo ist hier ein Parkplatz?
Where is the parking lot?

Kann ich hier parken?
Can I park here?

die Armaturen • controls

die Linkssteuerung | left-hand drive

die Rechtssteuerung | right-hand drive

das Auto 3 • car 3

die Mechanik • mechanics

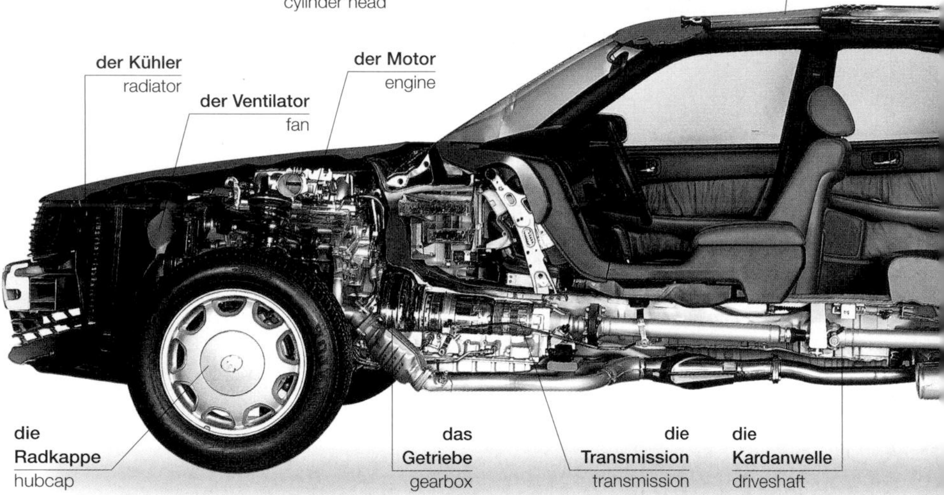

die Reifenpanne • flat tire

ein Rad wechseln
change a tire (v)

Vokabular • vocabulary

der Autounfall
car accident

die Panne
breakdown

die Versicherung
insurance

der Abschleppwagen
tow truck

der Mechaniker
mechanic

der Reifendruck
tire pressure

der Sicherungskasten
fuse box

die Zündkerze
spark plug

der Keilriemen
fan belt

der Benzintank
gas tank

der Nockenriemen
cam belt

der Turbolader
turbocharger

der Verteiler
distributor

die Einstellung
timing

das Chassis
chassis

die Handbremse
parking brake

die Lichtmaschine
alternator

Ich habe eine Panne.
My car has broken down.

Mein Auto springt nicht an.
My car won't start.

das Motorrad • motorcycle

die Steuerung
controls

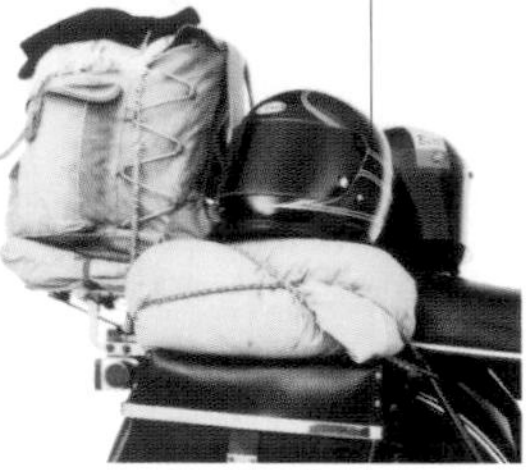

der Gepäckträger
carrier

die Kleidung | clothing

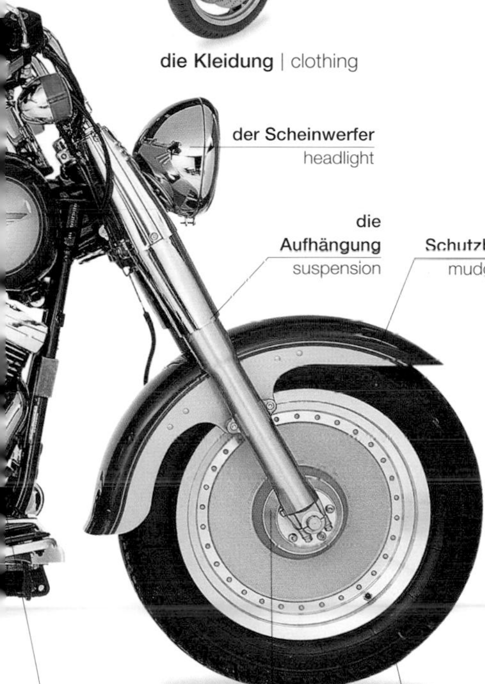

die Typen • types

die Rennmaschine | racing bike

der Tourer | tourer

das Geländemotorrad | dirt bike

der Roller | scooter

das Fahrrad • bicycle

das Tandem
tandem

das Rennrad
racing bike

das Mountainbike
mountain bike

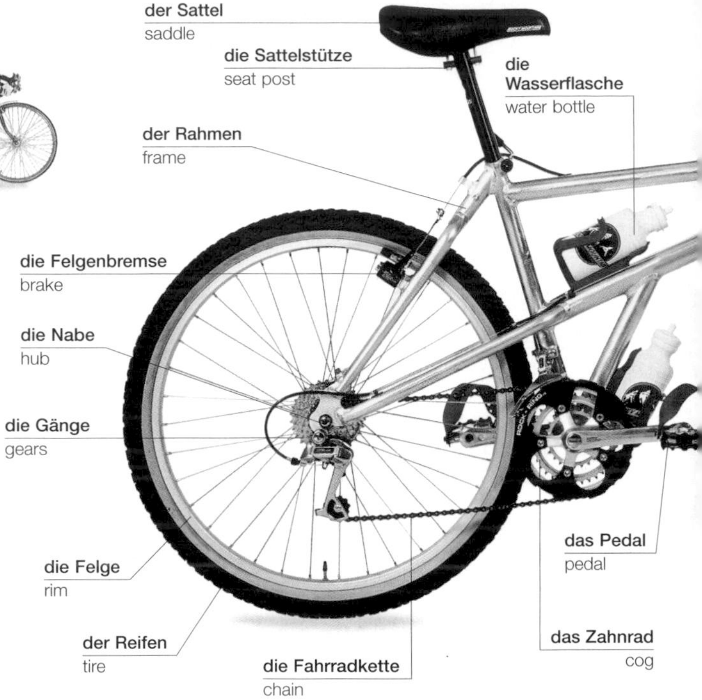

das Tourenfahrrad
touring bike

das Straßenrad
road bike

der Fahrradweg | bike lane

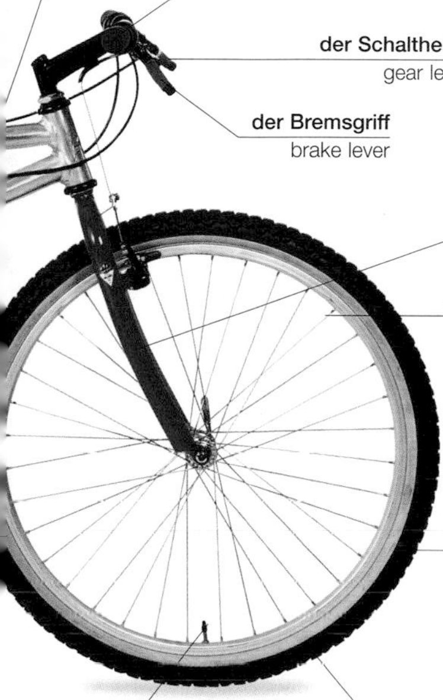

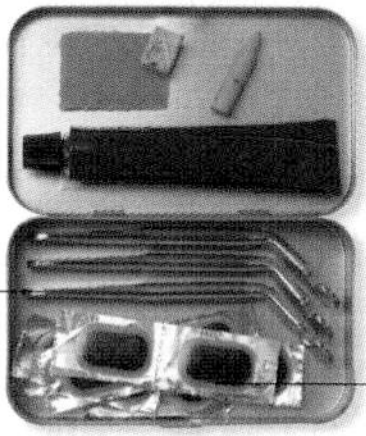

der Reparaturkasten | repair kit

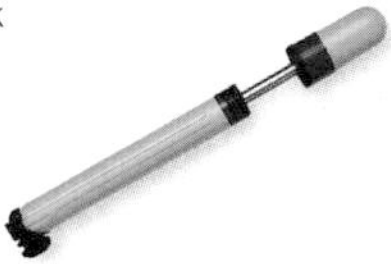

die Luftpumpe
pump

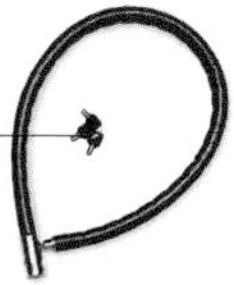

das Fahrradschloss
lock

der Schlauch
inner tube

der Kindersitz
child seat

Vokabular • vocabulary

das Rücklicht rear light	**die Stützräder** training wheels	**das Kabel** cable	**der Korb** basket	**der Riemen** toe strap	**bremsen** brake (v)
die Fahrradlampe headlight	**der Fahrradständer** kickstand	**die Bremsbacke** brake block	**die Reifenpanne** flat tire	**der Rennbügel** toe clip	**schalten** change gears (v)
der Rückstrahler reflector	**der Fahrradständer** bike rack	**das Kettenzahnrad** sprocket	**der Dynamo** dynamo	**treten** pedal (v)	**Rad fahren** cycle (v)

der Zug • train

der Bahnhof | train station

die Zugtypen • types of train

die Dampflokomotive
steam train

die Diesellokomotive | diesel train

die Elektrolokomotive
electric train

der Hochgeschwindigkeitszug
high-speed train

die Einschienenbahn
monorail

die U-Bahn
subway

die Straßenbahn
tram

der Güterzug
freight train

das Abteil
compartment

die Eingangssperre
ticket gates

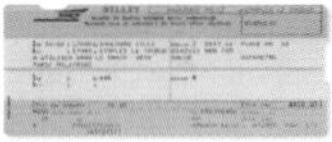

die Fahrkarte
ticket

der Speisewagen | dining car

die Bahnhofshalle | concourse

das Schlafabteil
sleeping compartment

Vokabular • vocabulary

das Bahnnetz
railroad network

der Intercity
express train

die Stoßzeit
rush hour

der U-Bahnplan
subway map

die Verspätung
delay

der Fahrpreis
fare

der Fahrkartenschalter
ticket office

der Schaffner
ticket inspector

umsteigen
transfer (v)

die stromführende Schiene
live rail

das Signal
signal

die Notbremse
emergency lever

das Flugzeug • aircraft

das Verkehrsflugzeug • airliner

die Kabine • cabin

der Heißluftballon
hot-air balloon

das Ultraleichtflugzeug
ultralight

das Segelflugzeug
glider

der Doppeldecker
biplane

der Propeller
propeller

das Leichtflugzeug
light aircraft

das Wasserflugzeug
seaplane

der Privatjet
private jet

die Rakete
missile

das Jagdflugzeug
fighter plane

das Rotorblatt
rotor blade

der Hubschrauber
helicopter

der Bomber
bomber

Vokabular • vocabulary

der Pilot
pilot

starten
take off (v)

landen
land (v)

die Economyclass
economy class

das Handgepäck
carry-on luggage

der Kopilot
copilot

fliegen
fly (v)

die Höhe
altitude

die Businessclass
business class

der Sicherheitsgurt
seat belt

der Flughafen • airport

Vokabular • vocabulary

das Gepäckband
baggage carousel

der Auslandsflug
international flight

der Inlandsflug
domestic flight

die Flugverbindung
connection

die Flugnummer
flight number

die Einwanderung
immigration

der Zoll
customs

das Übergepäck
excess baggage

die Start- und Landebahn
runway

die Sicherheitsvorkehrungen
security

die Gepäckröntgenmaschine
X-ray machine

der Urlaubsprospekt
travel brochure

der Urlaub
vacation

einen Flug buchen
book a flight (v)

einchecken
check in (v)

der Kontrollturm
control tower

das Handgepäck
carry-on luggage

das Gepäck
luggage

der Kofferkuli
cart

der Abfertigungsschalter
check-in desk

das Visum
visa

der Pass | passport

die Passkontrolle
passport control

die Bordkarte
boarding pass

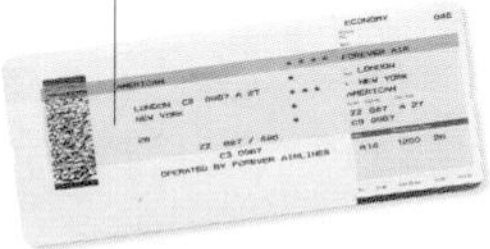

das Flugticket
ticket

die Gatenummer
gate number

die Abflughalle
departure lounge

das Reiseziel
destination

die Ankunft
arrivals

der Abflug
departures

die Fluginformationsanzeige
information screen

der Duty-free-Shop
duty-free shop

die Gepäckausgabe
baggage claim

der Taxistand
taxi stand

der Autoverleih
car rental

das Schiff • ship

der Ozeandampfer
ocean liner

die Kommandobrücke
bridge

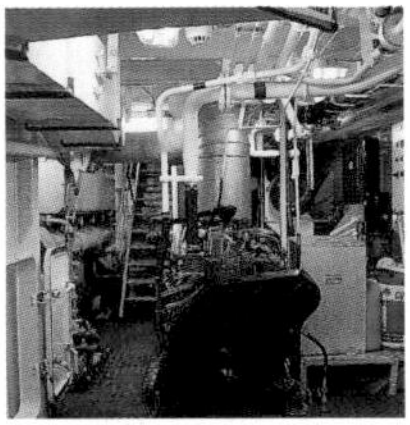

der Maschinenraum
engine room

die Kabine
cabin

die Kombüse
galley

Vokabular • vocabulary

das Dock
dock

der Hafen
port

die Landungsbrücke
gangway

der Anker
anchor

der Poller
bollard

die Ankerwinde
windlass

der Kapitän
captain

das Rennboot
speedboat

das Ruderboot
rowboat

das Kanu
canoe

andere Schiffe • other ships

die Fähre
ferry

das Schlauchboot
inflatable dinghy

das Tragflügelboot
hydrofoil

die Jacht
yacht

der Katamaran
catamaran

der Schleppdampfer
tugboat

das Luftkissenboot
hovercraft

das Containerschiff
container ship

das Segelboot
sailboat

das Frachtschiff
freighter

der Öltanker
oil tanker

der Flugzeugträger
aircraft carrier

das Kriegsschiff
battleship

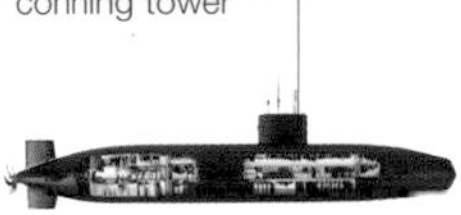

das U-Boot
submarine

der Hafen • port

das Warenlager
warehouse

der Kran
crane

der Gabelstapler
forklift

die Zufahrtßsstraße
access road

das Zollamt
customs house

das Dock
dock

der Kai
quay

die Fracht
cargo

der Container
container

der Containerhafen | container port

der Fährterminal
ferry terminal

die Fähre
ferry

der Fahrkartenschalter
ticket office

der Passagier
passenger

der Passagierhafen | passenger port

das Netz
net

das Fischerboot
fishing boat

die Verankerung
mooring

der Jachthafen
marina

der Fischereihafen
fishing port

der Hafen
harbor

der Pier
pier

der Landungssteg
jetty

die Werft
shipyard

die Laterne
lamp

der Leuchtturm
lighthouse

die Boje
buoy

Vokabular • vocabulary

die Küstenwache coast guard	**festmachen** moor (v)	**an Bord gehen** board (v)
der Hafenmeister harbor master	**anlegen** dock (v)	**von Bord gehen** disembark (v)
das Trockendock dry dock	**den Anker werfen** drop anchor (v)	**auslaufen** set sail (v)

ULTRA
3
DUNLOP
DDH
4
DUNLOP
MOLITOR
TOUR
EDITION
1
ProStaff
4
GOLF CLUB
4
TOP-FLITE
HOT XL
ProStaff
4
RAM TOUR
1
MAXFLI
DISTANCE
TOP-FLITE
STRATA
3

der Sport
sports

der Football • football

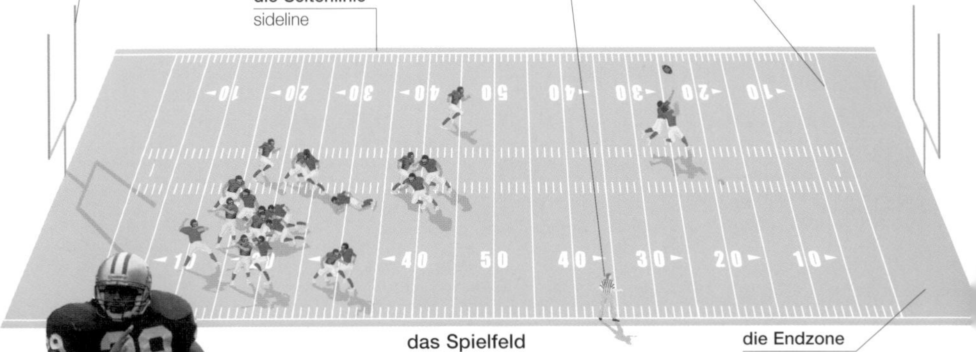

der Footballspieler
football player

angreifen
tackle (v)

den Ball abgeben
pass (v)

fangen
catch (v)

Vokabular • vocabulary

die Auszeit
time out

das unsichere Fangen des Balls
fumble

die Mannschaft
team

der Angriff
attack

die Verteidigung
defense

der Spielstand
score

der Cheerleader
cheerleader

der Touchdown
touchdown

Wie ist der Stand?
What is the score?

Wer gewinnt?
Who is winning?

das Rugby • rugby

das Spielfeld | rugby field

werfen
throw (v)

kicken
kick (v)

den Ball abgeben
pass (v)

angreifen
tackle (v)

der Versuch
try

das offene Gedränge | ruck

das Gedränge | scrum

der Fußball • soccer

der Fußball
soccer ball

der Dress
soccer uniform

der Fußballspieler
soccer player

der Mittelstürmer
forward

der Torwart
goalkeeper

der Schiedsrichter
referee

der Mittelkreis
center circle

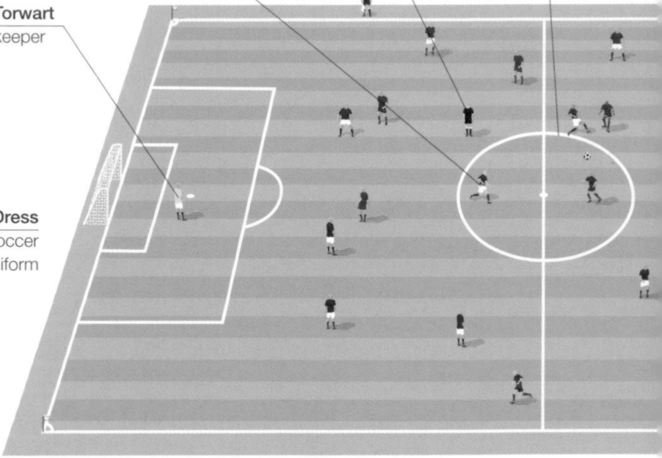

das Fußballfeld
soccer field

der Torpfosten
goalpost

die Querlatte
crossbar

das Tornetz
net

das Tor | goal

dribbeln | dribble (v)

köpfen
head (v)

die Mauer
wall

der Freistoß | free kick

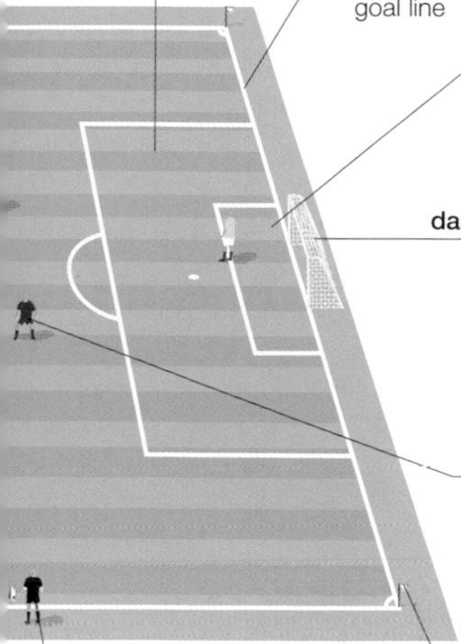

der Einwurf
throw-in

kicken
kick (v)

den Ball abgeben
pass (v)

schießen
shoot (v)

halten
save (v)

angreifen
tackle (v)

Vokabular • vocabulary

das Stadion
stadium

der Elfmeter
penalty

ein Tor schießen
score a goal (v)

das Foul
foul

der Eckball
corner

die rote Karte
red card

die gelbe Karte
yellow card

das Abseits
offside

der Platzverweis
send off

die Liga
league

die Halbzeit
halftime

das Unentschieden
tie

die Verlängerung
extra time

der Ersatzspieler
substitute

die Auswechslung
substitution

das Hockey • hockey

das Eishockey • ice hockey

der Eishockeyspieler | ice hockey player

das Feldhockey • field hockey

Schlittschuh laufen
skate (v)

schlagen
hit (v)

das Kricket • cricket

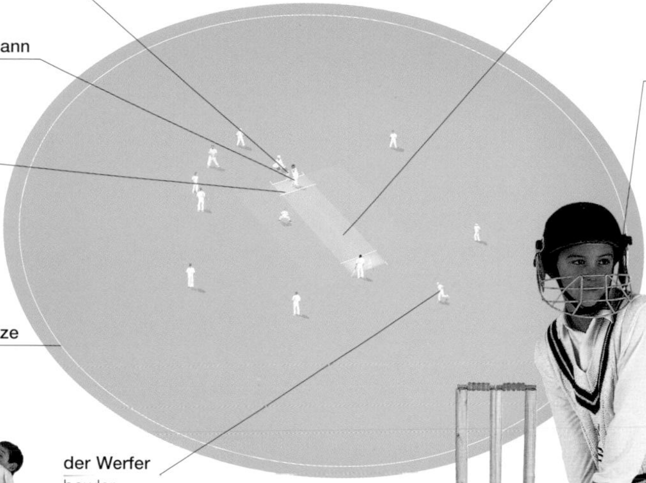

der Kricketspieler
cricketer

werfen
bowl (v)

schlagen
bat (v)

fangen
field (v)

der Torwart
wicket-keeper

Vokabular • vocabulary

ausscheiden out	die Anzeigetafel scoreboard	der Schiedsrichter umpire

der Basketball • basketball

der Basketballspieler | basketball player

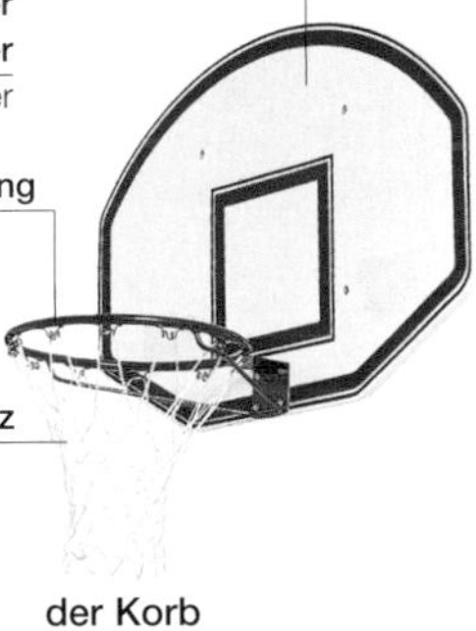

der Korb
basket

Vokabular • vocabulary

der Pass pass	**der Einwurf** throw-in
das Foul foul	**aus** out of bounds
der Rebound rebound	**der Sprungball** jump ball

die Aktionen • actions

werfen
throw (v)

fangen
catch (v)

zielen
shoot (v)

springen
jump (v)

decken
mark (v)

blocken
block (v)

aufspringen lassen
dribble (v)

einen Dunk spielen
dunk (v)

der Volleyball • volleyball

blocken
block (v)

das Netz
net

baggern
dig (v)

der Schiedsrichter
referee

der Knieschützer
knee support

das Spielfeld | court

der Baseball • baseball

das Spielfeld • field

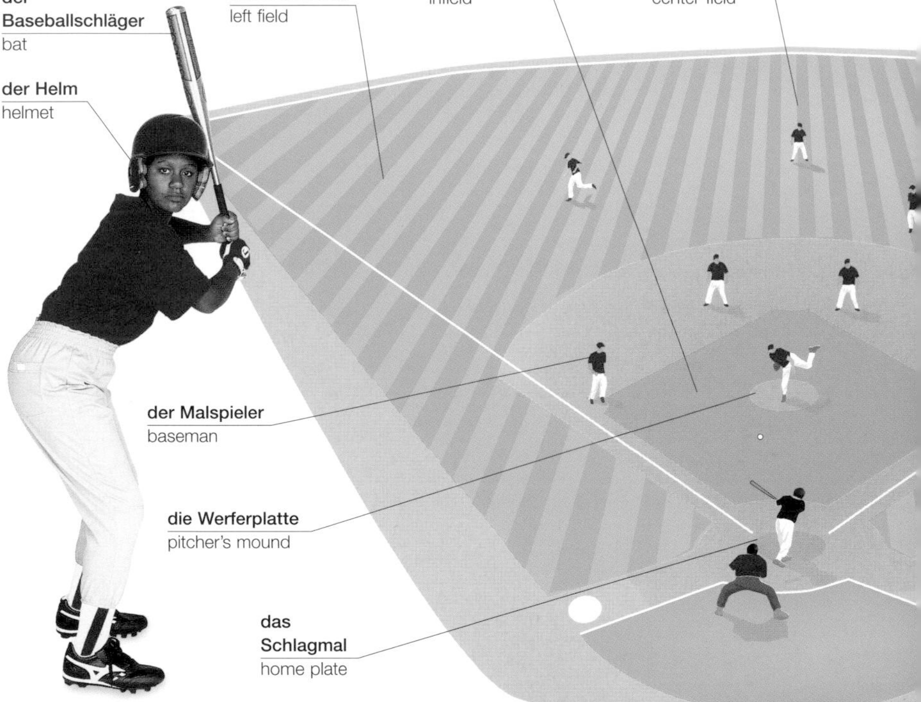

der Schlagmann | batter

Vokabular • vocabulary

das Inning inning	**aus** out	**der Schlagfehler** strike
der Lauf run	**in Sicherheit** safe	**der ungültige Schlag** foul ball

der Handschuh
glove

die Schutzmaske
mask

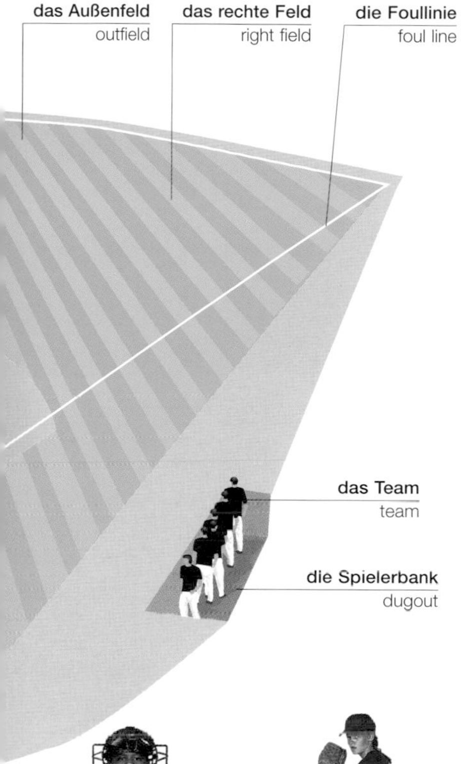

der Fänger
catcher

der Werfer
pitcher

die Aktionen • actions

werfen | throw (v)

fangen | catch (v)

rennen
run (v)

als Fänger spielen
field (v)

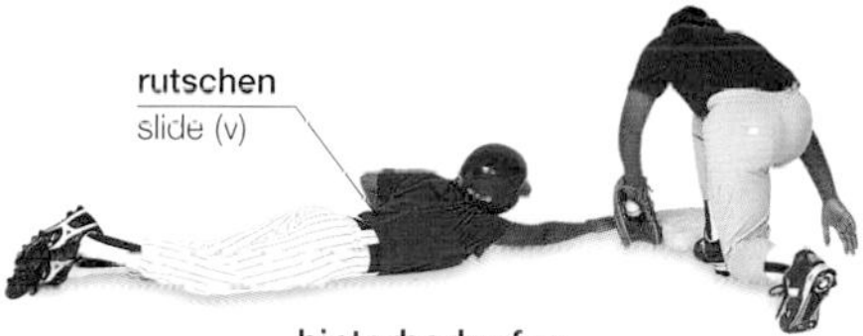

hinterherlaufen
tag (v)

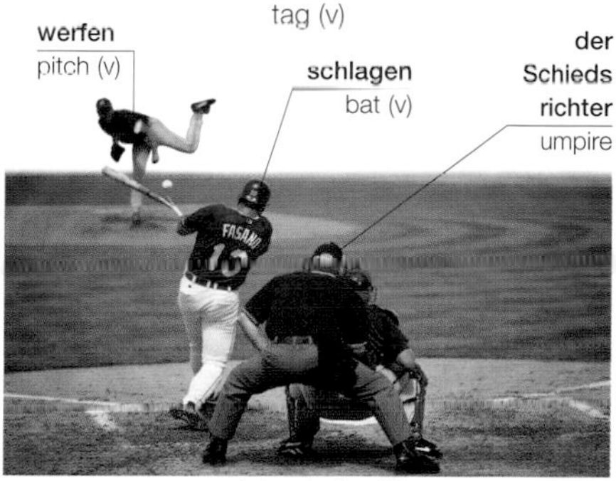

spielen | play (v)

das Tennis • tennis

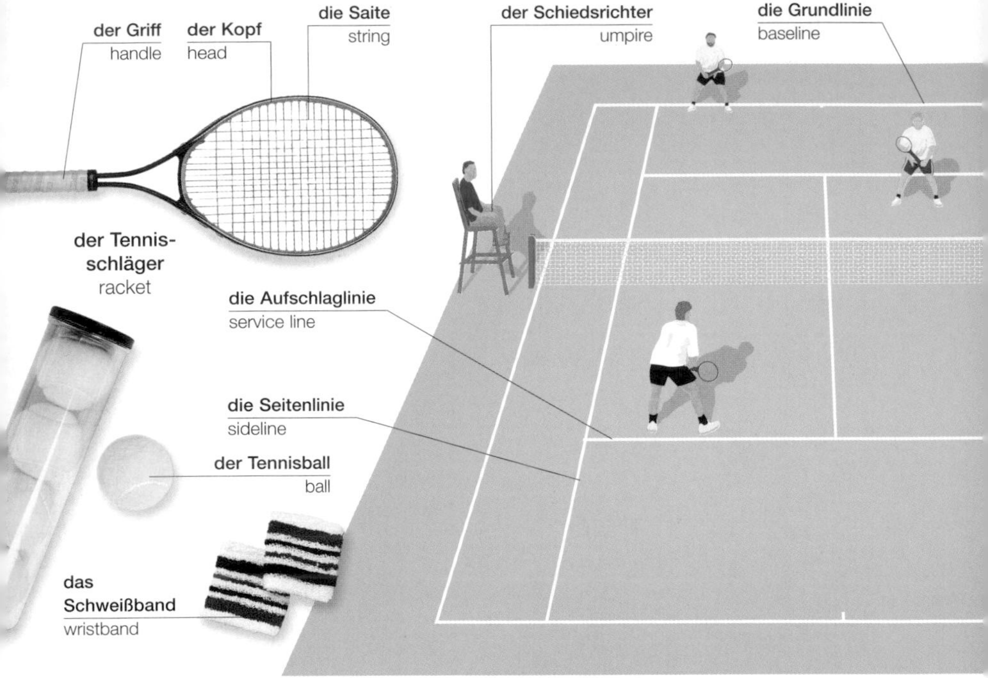

der Tennisplatz | tennis court

Vokabular • vocabulary

das Einzel singles	**der Satz** set	**der Einstand** deuce	**der Fehler** fault	**der Slice** slice	**der Spin** spin
das Doppel doubles	**das Match** match	**der Vorteil** advantage	**das Ass** ace	**Netz!** let!	**der Linienrichter** linesman
das Spiel game	**der Tiebreak** tiebreaker	**null** love	**der Stoppball** dropshot	**der Ballwechsel** rally	**die Meisterschaft** championship

der Tennisspieler
player

die Schläge • strokes

der Aufschlag
serve

der Volley
volley

der Return
return

der Lob
lob

die Vorhand
forehand

die Rückhand
backhand

die Schlägerspiele • racket games

das Badminton
badminton

das Tischtennis
table tennis

das Squash
squash

das Racquetball
racquetball

das Golf • golf

die Golfspielerin | golfer

das Klubhaus | clubhouse

die Ausrüstung • equipment

der Golfball
golf ball

das Tee
tee

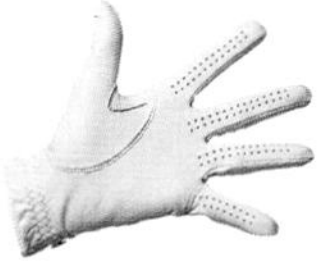

der Handschuh
glove

die Golftasche
golf bag

der Trolley
bag cart

die Spikes
spikes

der Golfschuh
golf shoe

die Aktionen • actions

vom Abschlag spielen
tee off (v)

driven
drive (v)

einlochen
putt (v)

chippen
chip (v)

die Golfschläger • golf clubs

das Holz
wood

der Putter
putter

das Eisen
iron

das Wedge
wedge

Vokabular • vocabulary

das Par
par

über Par
over par

das Golfturnier
tournament

der Caddie
caddy

der Schlag
stroke

die Spielbahn
line of play

unter Par
under par

das Hole-in-One
hole in one

das Handicap
handicap

die Zuschauer
spectators

der Übungsschwung
practice swing

der Durchschwung
backswing

die Leichtathletik • track and field

der Sportplatz
field

das Diskuswerfen
discus

das Kugelstoßen
shotput

das Speerwerfen
javelin

Vokabular • vocabulary

das Rennen race	**der Rekord** record	**das Fotofinish** photo finish	**der Stabhochsprung** pole vault
die Zeit time	**einen Rekord brechen** break a record (v)	**der Marathon** marathon	**die persönliche Bestleistung** personal best

die Stoppuhr
stopwatch

der Stab
baton

der Staffellauf
relay race

die Latte
crossbar

der Hochsprung
high jump

der Weitsprung
long jump

der Hürdenlauf
hurdles

das Turnen • gymnastics

das Pferd
horse

der Sprung
vault

das Sprungbrett
springboard

der Salto
somersault

die Matte
mat

das Bodenturnen
floor exercises

die Turnerin
gymnast

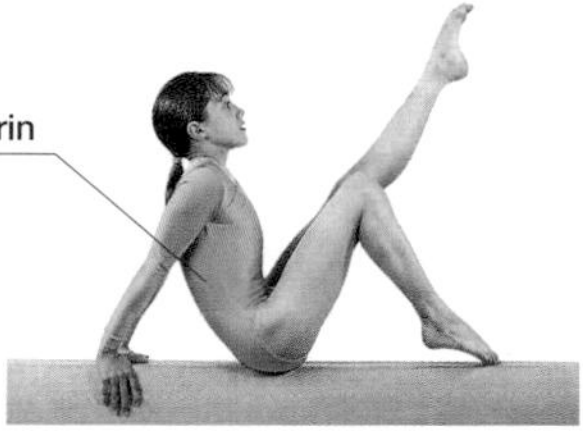

der Schwebebalken
beam

das Rad
cartwheel

das Gymnastikband
ribbon

die rhythmische Gymnastik
rhythmic gymnastics

Vokabular • vocabulary

das Reck horizontal bar	**der Stufenbarren** asymmetric bars	**die Ringe** rings	**die Medaillen** medals	**das Silber** silver
der Barren parallel bars	**das Seitpferd** pommel horse	**das Siegerpodium** podium	**das Gold** gold	**die Bronze** bronze

der Kampfsport • combat sports

das Taekwondo
tae kwon do

das Karate
karate

das Judo
judo

das Aikido
aikido

das Kendo
kendo

das Kung-Fu
kung fu

das Kickboxen
kickboxing

das Ringen
wrestling

das Boxen
boxing

die Techniken • actions

das Fallen
fall

der Griff
hold

der Wurf
throw

das Fesseln
pin

der Seitfußstoß
kick

der Stoß
punch

der Angriff
strike

der Sprung
jump

der Block
block

der Hieb
chop

Vokabular • vocabulary

der Boxring boxing ring	**die Runde** round	**die Faust** fist	**der schwarze Gürtel** black belt	**die Capoeira** capoeira
die Boxhandschuhe boxing gloves	**der Kampf** bout	**der Knock-out** knockout	**die Selbstverteidigung** self-defense	**das Sumo** sumo wrestling
der Mundschutz mouth guard	**das Sparring** sparring	**der Sandsack** punching bag	**die Kampfsportarten** martial arts	**das Thai-Chi** tai chi

der Schwimmsport • swimming

die Ausrüstung • equipment

der Schwimmflügel
water wings

die Nasenklemme
nose clip

die Schwimmbrille
goggles

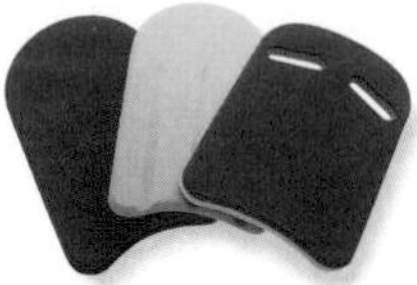

das Schwimmfloß
kickboard

der Badeanzug
swimsuit

die Bahn
lane

das Wasser
water

der Startblock
starting block

das Schwimmbecken
swimming pool

die Badekappe
swimming cap

die Badehose
trunks

der Schwimmer | swimmer

das Sprungbrett
diving board

der Springer
diver

springen | dive (v)

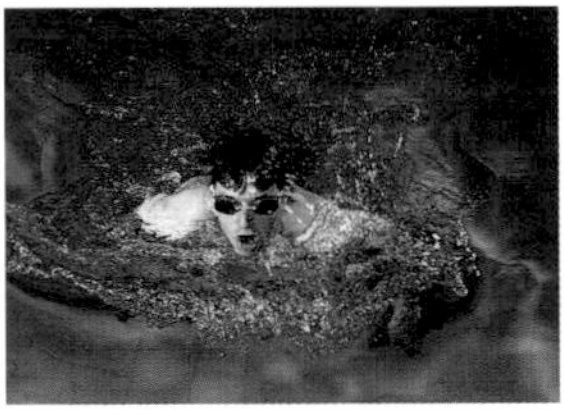

schwimmen | swim (v)

die Wende | turn

die Schwimmstile • styles

das Kraulen
front crawl

das Brustschwimmen
breaststroke

der Zug
stroke

das Rückenschwimmen | backstroke

der Stoß
kick

der Schmetterling | butterfly

das Tauchen • scuba diving

die Druckluftflasche
air cylinder

der Taucheranzug
wetsuit

die Tauchermaske
mask

die Schwimmflosse
fin

der Lungenautomat
regulator

der Bleigürtel
weight belt

der Schnorchel
snorkel

Vokabular • vocabulary

der Sprung dive	**Wasser treten** tread water (v)	**das tiefe Ende** deep end	**der Wasserball** water polo	**das flache Ende** shallow end	**der Krampf** cramp
der Turmsprung high dive	**der Startsprung** racing dive	**die Schließfächer** lockers	**der Bademeister** lifeguard	**das Synchronschwimmen** synchronized swimming	**ertrinken** drown (v)

der Segelsport • sailing

der Kompass
compass

der Anker
anchor

die Klampe
cleat

das Seitendeck
sidedeck

die Pinne
tiller

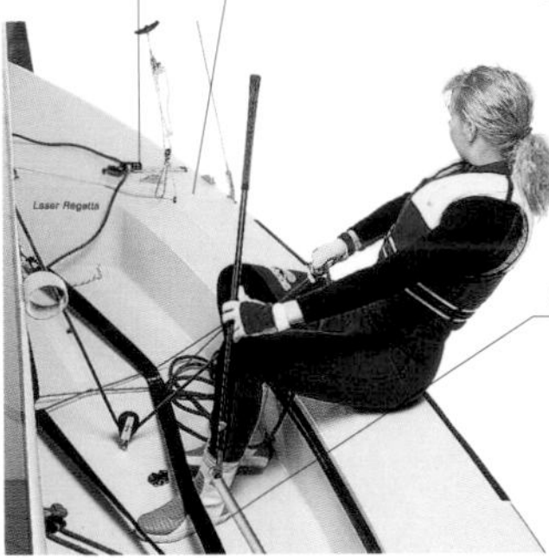

navigieren | navigate (v)

der Mast
mast

die Takelung
rigging

das Großsegel
mainsail

die Fock
headsail

der Baum
boom

der Bug
bow

das Heck
stern

der Rumpf
hull

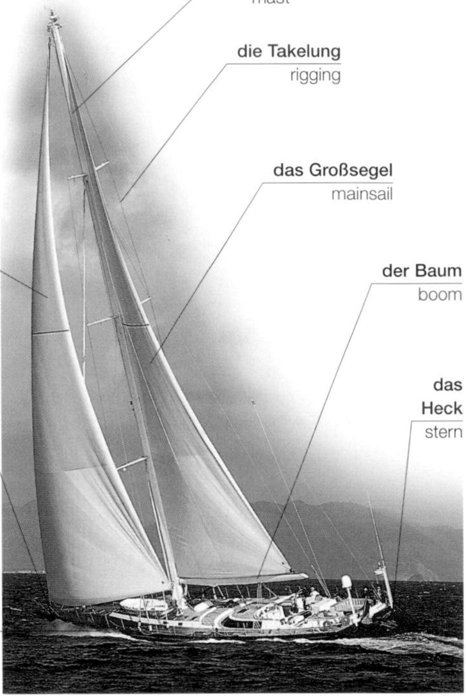

die Segeljacht | yacht

die Sicherheit • safety

die Leuchtrakete
flare

der Rettungsring
life buoy

die Schwimmweste
life jacket

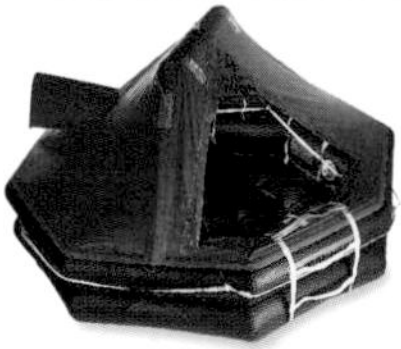

das Rettungsboot
life raft

der Wassersport • watersports

der Ruderer
rower

das Ruder
oar

rudern | row (v)

das Kajak
kayak

das Paddel
paddle

Kajakfahren
kayaking

das Segel
sail

der Windsurfer
windsurfer

das Surfbrett
board

die Fußschlaufe
footstrap

das Windsurfing | windsurfing

das Surfbrett
surfboard

das Wellenreiten
surfing

der Wasserski
ski

das Wasserski
waterskiing

der Motorbootsport
speedboating

das Rafting
rafting

das Jetskifahren
jet skiing

Vokabular • vocabulary

der Surfer surfer	**die Crew** crew	**der Wind** wind	**die Brandung** surf	**die Schot** sheet	**das Schwert** centerboard
der Wasserskifahrer waterskier	**kreuzen** tack (v)	**die Welle** wave	**das Wildwasser** rapids	**das Ruder** rudder	**kentern** capsize (v)

der Reitsport • horseback riding

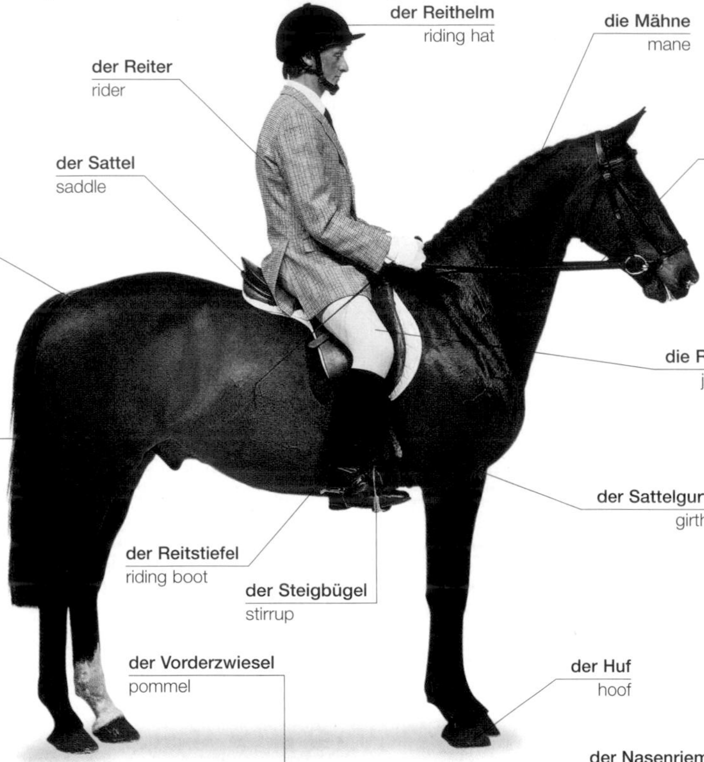

das Hufeisen
horseshoe

der Damensattel
sidesaddle

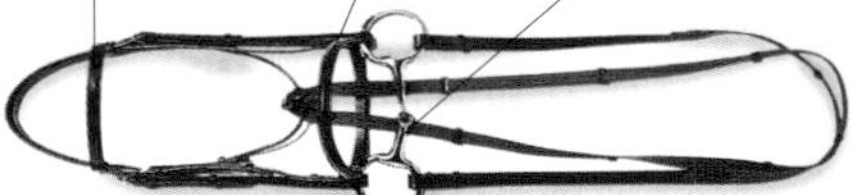

das Zaumzeug | bridle

die Reitgerte | riding crop

die Veranstaltungen • events

das Pferderennen
horse race

das Jagdrennen
steeplechase

das Trabrennen
harness race

das Rodeo
rodeo

das Springreiten
showjumping

das Zweispännerrennen
carriage race

das Wanderreiten
trail riding

das Dressurreiten
dressage

das Polo
polo

Vokabular • vocabulary

der Schritt walk	**der Kanter** canter	**der Sprung** jump	**das Halfter** halter	**die Koppel** paddock	**das Flachrennen** flat race
der Trab trot	**der Galopp** gallop	**der Stallbursche** groom	**der Pferdestall** stable	**der Turnierplatz** arena	**die Rennbahn** racecourse

der Angelsport • fishing

das Gewicht | sinker

der Angelhaken
fishhook

der Köder | bait

der Kescher
landing net

die Pose
float

der Köderhaken
lure

die Fliege
fly

der Spinnerkasten
tackle box

der Setzkescher
keep net

der Angler | angler

die Fischfangarten • types of fishing

das Süßwasserangeln
freshwater fishing

das Fliegenangeln
fly fishing

das Sportangeln
sport fishing

die Hochseefischerei
deep sea fishing

das Brandungsangeln
surfcasting

die Aktivitäten • activities

auswerfen
cast (v)

fangen
catch (v)

einholen
reel in (v)

mit dem Netz fangen
net (v)

loslassen
release (v)

Vokabular • vocabulary

ködern bait (v)	**die Angelgeräte** tackle	**die Regenhaut** rain gear	**der Angelschein** fishing license	**der Fischkorb** creel
anbeißen bite (v)	**die Rolle** spool	**die Stake** pole	**die Seefischerei** marine fishing	**das Speerfischen** spearfishing

der Skisport • skiing

die Disziplinen • events

der Abfahrtslauf
downhill skiing

der Slalom
slalom

der Skisprung
ski jump

der Langlauf
cross-country skiing

der Wintersport • winter sports

das Eisklettern
ice climbing

das Eislaufen
ice-skating

der Eiskunstlauf
figure skating

das Snowboarding
snowboarding

der Bobsport
bobsled

das Rennrodeln
luge

das Schneemobil
snowmobile

das Schlittenfahren
sledding

Vokabular • vocabulary

die alpine Kombination
alpine skiing

der Riesenslalom
giant slalom

abseits der Piste
off-piste

das Curling
curling

das Hundeschlittenfahren
dogsledding

das Eisschnelllauf
speed skating

das Biathlon
biathlon

die Lawine
avalanche

die anderen Sportarten • other sports

das Segelflugzeug
glider

das Segelfliegen
gliding

der Drachen
hang-glider

das Drachenfliegen
hang-gliding

das Seil
rope

das Klettern
rock climbing

der Fallschirm
parachute

das Fallschirmspringen
parachuting

das Gleitschirmfliegen
paragliding

das Fallschirmspringen
skydiving

das Abseilen
rappelling

das Bungeejumping
bungee jumping

das Rallyefahren
rally driving

der Rennsport
auto racing

das Motocross
motocross

das Motorradrennen
motorcycle racing

das Skateboard-fahren
skateboarding

das Inlineskaten
inline skating

das Lacrosse
lacrosse

das Fechten
fencing

das Bowling
bowling

das Bogenschießen
archery

das Scheibenschießen
target shooting

das Poolbillard
pool

das Snooker
snooker

die Fitness • fitness

das Trainingsrad
exercise bike

die Gewichte
free weights

die Stange
bar

das Fitnessgerät
gym machine

die Bank
bench

das Fitnesscenter | gym

die Rudermaschine
rowing machine

das Laufband
treadmill

die Langlaufmaschine
elliptical trainer

die private Fitness-trainerin
personal trainer

die Tretmaschine
stair machine

das Schwimmbecken
swimming pool

die Sauna
sauna

die Übungen • exercises

das Strecken
stretch

der Ausfallschritt
lunge

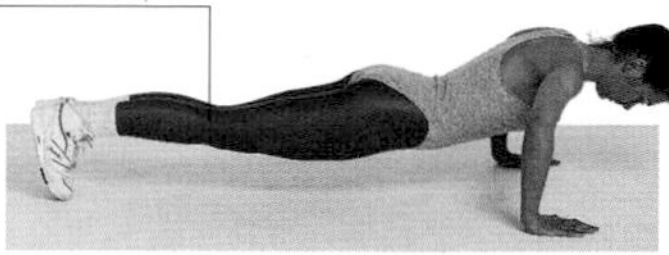

der Liegestütz
push-up

die Kniebeuge
squat

das Rumpfheben
sit-up

die Bizepsübung
bicep curl

der Beinstütz
leg press

die Brustübung
chest press

das Krafttraining
weight training

das Jogging
jogging

das Pilates
Pilates

Vokabular • vocabulary

trainieren
train (v)

sich aufwärmen
warm up (v)

beugen
flex (v)

auf der Stelle joggen
jog in place (v)

ausstrecken
extend (v)

hochziehen
pull up (v)

die Boxgymnastik
boxercise

das Zirkeltraining
circuit training

das Seilspringen
jumping rope

die Freizeit
leisure

das Theater • theater

die Bühne | stage

die Bestuhlung | seating

Vokabular • vocabulary

das Theaterstück
play

die Besetzung
cast

der Schauspieler
actor

die Schauspielerin
actress

der Produzent
producer

der Prospekt
backdrop

das Rollenheft
script

der Regisseur
director

die Premiere
opening night

die Pause
intermission

das Programm
program

der Orchester graben
orchestra pit

das Konzert
concert

das Musical
musical

das Theaterkostüm
costume

das Ballett
ballet

die Oper
opera

Vokabular • vocabulary

der Platzanweiser
usher

die klassische Musik
classical music

die Noten
musical score

der Soundtrack
soundtrack

applaudieren
applaud (v)

die Zugabe
encore

Ich möchte zwei Karten für die Aufführung heute Abend.
I'd like two tickets for tonight's performance.

Um wie viel Uhr beginnt die Aufführung?
What time does it start?

das Kino • movies

das Popcorn
popcorn

das Foyer
lobby

die Kasse
box office

das Plakat
poster

der Kinosaal
movie theater

die Leinwand
screen

Vokabular • vocabulary

die Komödie
comedy

der Thriller
thriller

der Horrorfilm
horror movie

der Western
Western

der Liebesfilm
romance

der Science-Fiction-Film
science fiction movie

der Abenteuerfilm
adventure movie

der Zeichentrickfilm
animated movie

das Orchester • orchestra

die Saiteninstrumente • strings

das Klavier | piano

die Notation | notation

Vokabular • vocabulary

die Ouvertüre
overture

die Sonate
sonata

die Tonhöhe
pitch

das Kreuz
sharp

der Taktstrich
bar

die Tonleiter
scale

die Symphonie
symphony

die Musikinstrumente
instruments

das Pausenzeichen
rest

das B
flat

das Auflösungszeichen
natural

der Taktstock
baton

die Holzblasinstrumente • woodwind

die Pikkoloflöte
piccolo

die Querflöte
flute

die Oboe
oboe

das Englischhorn
English horn

die Klarinette
clarinet

die Bassklarinette
bass clarinet

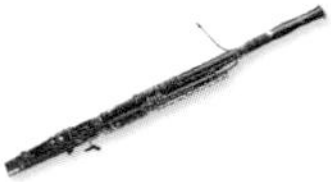

das Fagott
bassoon

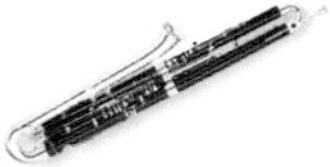

das Kontrafagott
double bassoon

das Saxofon
saxophone

die Schlaginstrumente • percussion

die Kesselpauke
kettledrum

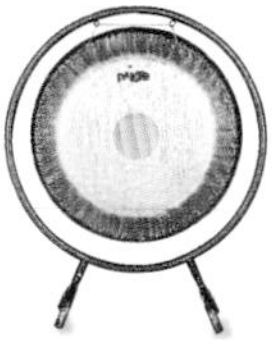

der Gong
gong

das Vibrafon
vibraphone

das Fußpedal
foot pedal

die Bongos
bongos

die kleine Trommel
snare drum

das Becken
cymbals

das Tamburin
tambourine

der Triangel
triangle

die Maracas
maracas

die Blechblasinstrumente • brass

die Trompete
trumpet

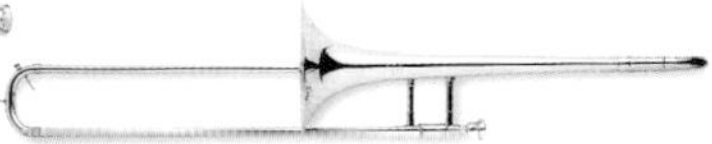

die Posaune
trombone

das Horn
French horn

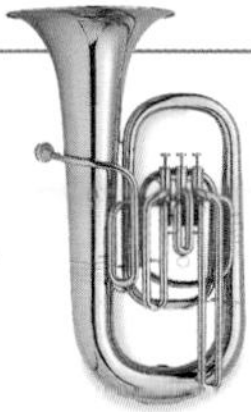

die Tuba
tuba

das Konzert • concert

das Rockkonzert | rock concert

die Instrumente • instruments

die Bassgitarre
bass guitar

das Keyboard
keyboard

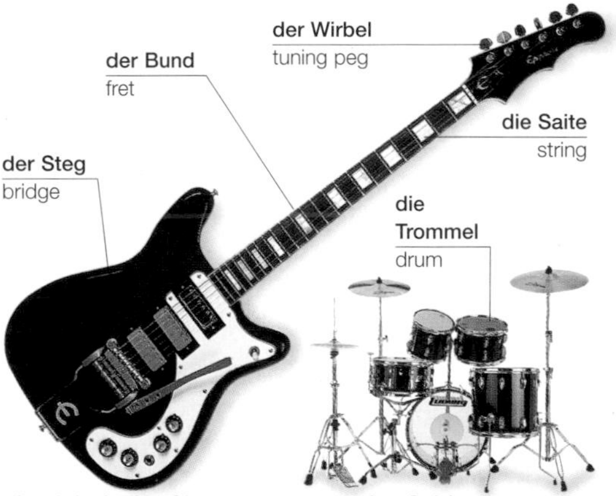

die elektrische Gitarre
electric guitar

das Schlagzeug
drum kit

die Musikstile • musical styles

der Jazz
jazz

der Blues
blues

der Punk
punk

der Folk
folk music

die Popmusik
pop

die Tanzmusik
dance

der Rap
rap

das Heavy Metal
heavy metal

die klassische Musik
classical music

Vokabular • vocabulary

das Lied	**der Text**	**die Melodie**	**der Beat**	**der Reggae**	**die Countrymusik**	**der Scheinwerfer**
song	lyrics	melody	beat	reggae	country	spotlight

die Besichtigungstour • sightseeing

der Tourist
tourist

die Touristenattraktion | tourist attraction

die Route
itinerary

mit offenem Oberdeck
open-top

der Stadtrundfahrtbus | tour bus

der Fremdenführer
tour guide

die Führung
guided tour

die Figur
figurine

die Andenken
souvenirs

Vokabular • vocabulary

geöffnet open	**der Film** film	**der Camcorder** camcorder	**links** left	**Wo ist...?** Where is ...?
geschlossen closed	**die Batterien** batteries	**die Kamera** camera	**rechts** right	**Ich habe mich verlaufen.** I'm lost.
das Eintrittsgeld entrance fee	**der Reiseführer** guidebook	**die Richtungsangaben** directions	**geradeaus** straight ahead	**Können Sie mir sagen, wie ich nach...komme?** Can you tell me the way to ...?

die Sehenswürdigkeiten • attractions

das Gemälde
painting

das Ausstellungsstück
exhibit

die Kunstgalerie
art gallery

das Monument
monument

die Ausstellung
exhibition

das Museum
museum

die berühmte Ruine
famous ruin

das historische Gebäude
historic building

das Kasino
casino

der Park
gardens

der Nationalpark
national park

die Information • information

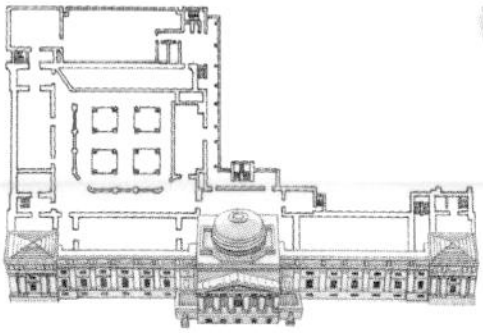

der Grundriss
floor plan

der Stadtplan
map

die Zeiten
times

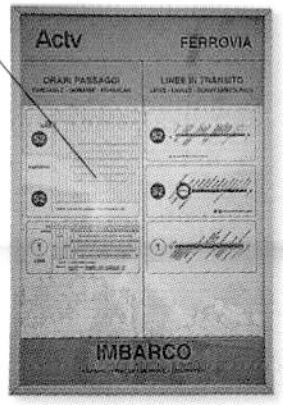

der Fahrplan
schedule

die Touristeninformation
tourist information

die Aktivitäten im Freien • outdoor activities

der Fußweg
footpath

die Sonnenuhr
sundial

das Café
café

der Park | park

das Gras
grass

die Bank
bench

die Gartenanlagen
formal gardens

die achterbahn
roller coaster

der Jahrmarkt
fairground

der Vergnügungspark
theme park

der Safaripark
safari park

der Zoo
zoo

die Aktivitäten • activites

das Radfahren
cycling

das Jogging
jogging

das Skateboardfahren
skateboarding

das Inlinerfahren
rollerblading

die vogelbeobachtung
bird-watching

der Reitweg
bridle path

das Reiten
horseback riding

das Wandern
hiking

der Pick-nickkorb
hamper

das Picknick
picnic

der Spielplatz • playground

der Sandkasten
sandbox

das Planschbecken
wading pool

die Schaukel
swing

das Klettergerüst
climbing frame

die Wippe | seesaw

die Rutsche
slide

der Strand • beach

sonnenbaden | sunbathe (v)

der Rettungsturm
lifeguard tower

der Windschutz
windbreak

die Promenade
boardwalk

der Liegestuhl
deck chair

die Sonnenbrille
sunglasses

der Sonnenhut
sun hat

die Sonnenmilch
suntan lotion

der Sonnenblocker
sunblock

der Wasserball
beach ball

der Schwimmreifen
inflatable ring

das Strandtuch
beach towel

das Camping • camping

Vokabular • vocabulary

zelten
camp (v)

Zeltplätze frei
sites available

voll
full

die Campingplatzverwaltung
site manager's office

der Zeltplatz
site

die Zeltstange
tent pole

das Faltbett
camp bed

ein Zelt aufschlagen
pitch a tent (v)

die Picknickbank
picnic bench

die Hängematte
hammock

das Wohnmobil
camper van

der Anhänger
trailer

die Holzkohle
charcoal

der Feueranzünder
firelighter

ein Feuer machen
light a fire (v)

das Lagerfeuer
campfire

das Gestänge
frame

der Rucksack
backpack

die Wasserflasche
water bottle

der Zeltboden
ground sheet

die Thermosflasche
vacuum flask

das Zelt
tent

der Insektenspray
insect repellent

die Taschenlampe
flashlight

das Moskitonetz
mosquito net

die Thermowäsche
thermal underwear

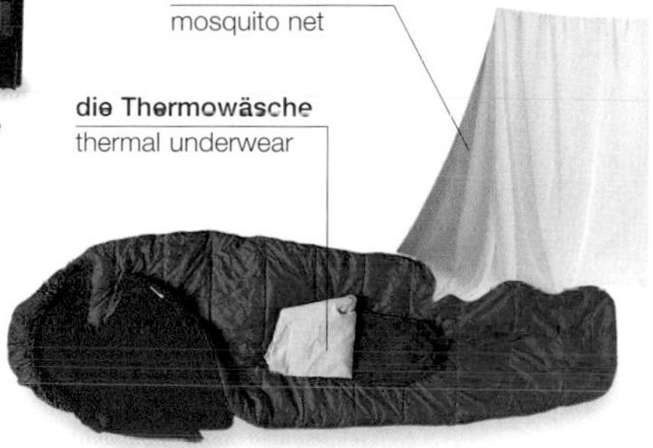

der Schlafsack
sleeping bag

die Wanderschuhe
hiking boots

die Regenhaut
rain gear

der Gasbrenner
camping stove

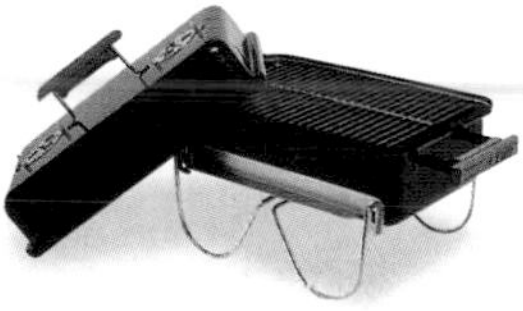

der Grill
barbecue grill

die Schlafmatte
sleeping mat

die Luftmatratze | air mattress

die Unterhaltungselektronik • home entertainment

das Digitalradio
digital radio

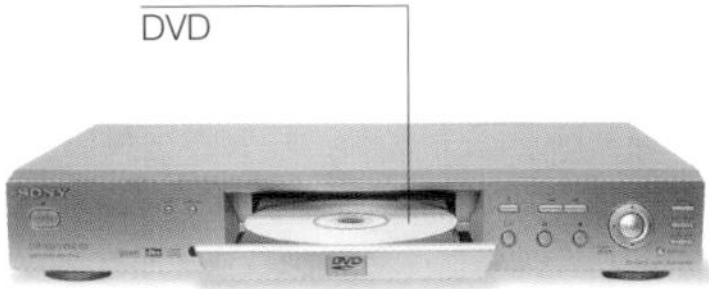

der DVD-Spieler
DVD player

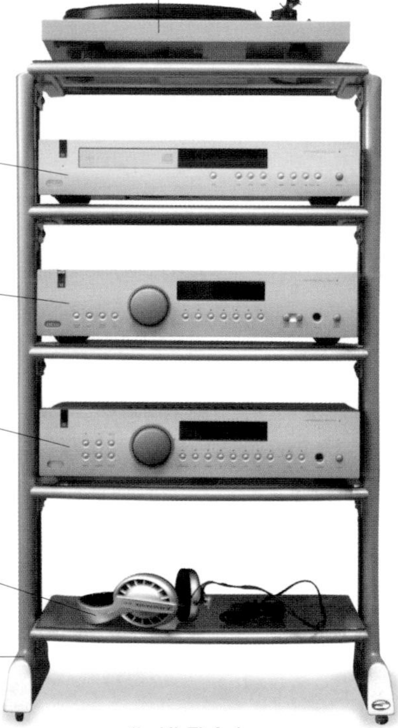

die Hi-Fi-Anlage
stereo system

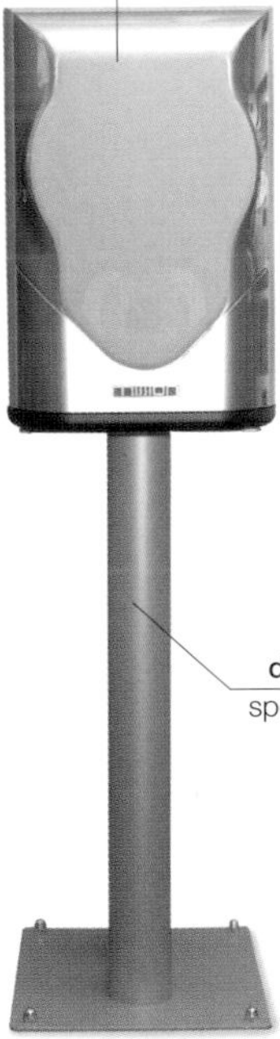

die Digitale Box
DTV converter box

der Camcorder
camcorder

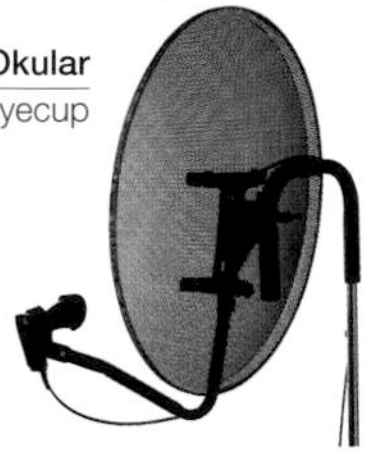

die Satellitenschüssel
satellite dish

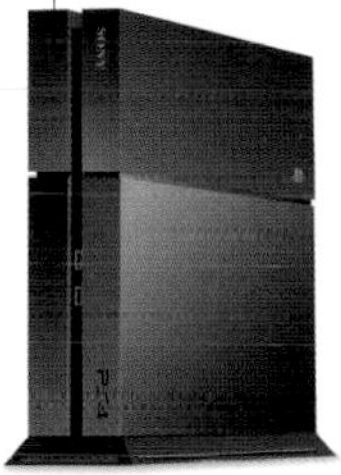

das Videospiel | video game

die Fernbedienung
remote control

Vokabular • vocabulary

die CD
CD

die Kassette
cassette tape

der Kassettenrekorder
cassette player

der Spielfilm
feature film

die Werbung
advertisement

der Pay-Kanal
pay-per-view channel

das Streaming
streaming

WLAN
Wi-Fi

das Kabelfernsehen
cable television

das Programm
program

den Kanal wechseln
change channel (v)

hochauflösend
high-definition

digital
digital

fernsehen
watch television (v)

den Fernseher einschalten
turn on the television (v)

stereo
stereo

das Radio einstellen
tune the radio (v)

den Fernseher abschalten
turn off the television (v)

die Fotografie • photography

der Auslöser
shutter release

der Blendenregler
aperture dial

die Linse
lens

die Spiegelreflexkamera | SLR camera

der Filter
filter

die Schutzkappe
lens cap

der Elektronenblitz
flash gun

der Belichtungsmesser
light meter

das Wechselobjektiv
zoom lens

das Stativ
tripod

die Fotoapparattypen • types of camera

die Polaroidkamera
Polaroid camera

der Blitz
flash

die Digitalkamera
digital camera

das Kamerahandy
camera phone

die Einwegkamera
disposable camera

fotografieren • photograph (v)

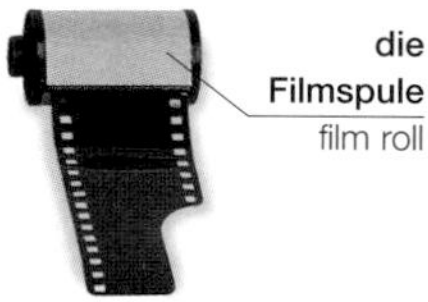

der Film
film

einstellen
focus (v)

entwickeln
develop (v)

das Negativ
negative

das Foto | photograph

das Fotoalbum
photo album

der Fotorahmen
picture frame

die Probleme • problems

unterbelichtet
underexposed

überbelichtet
overexposed

unscharf
out of focus

die Roten Augen
red eye

Vokabular • vocabulary

der Bildsucher
viewfinder

die Kameratasche
camera case

die Belichtung
exposure

die Dunkelkammer
darkroom

der Abzug
print

matt
matte

hochglanz
gloss

die Vergrößerung
enlargement

Könnten Sie diesen Film entwickeln lassen?
I'd like this film processed.

die Spiele • games

das Schach
chess

das Damespiel
checkers

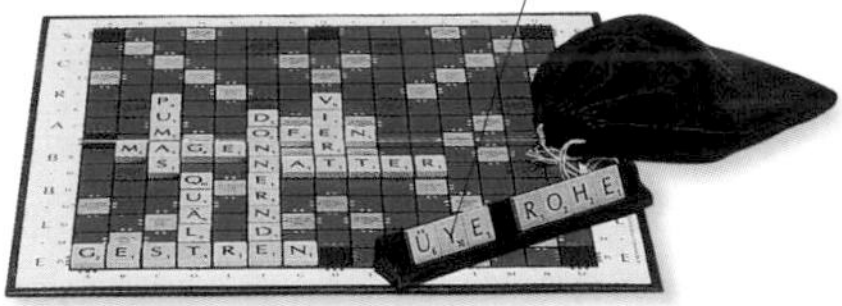

das Scrabble
Scrabble

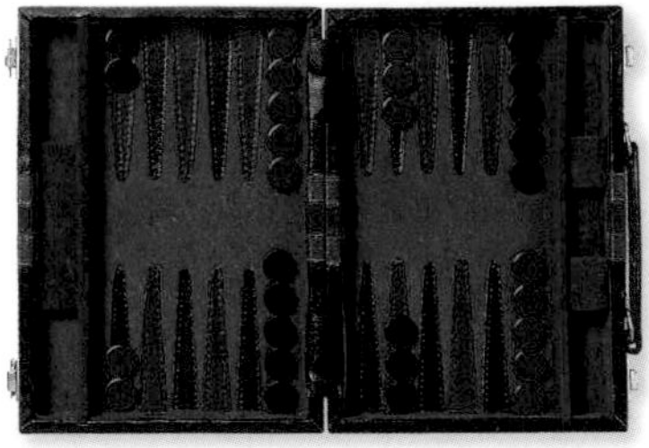

das Backgammon | backgammon

die Brettspiele | board games

das Briefmarkensammeln
stamp collecting

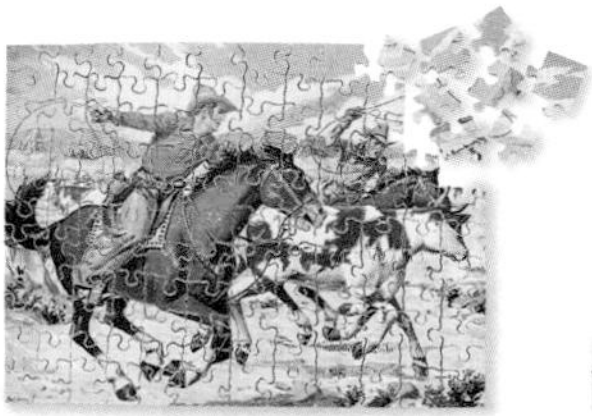

das Puzzle
jigsaw puzzle

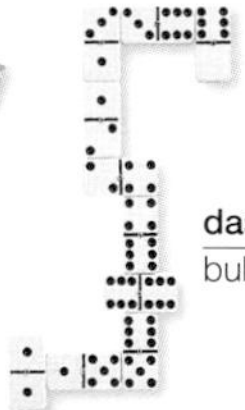

das Domino
dominoes

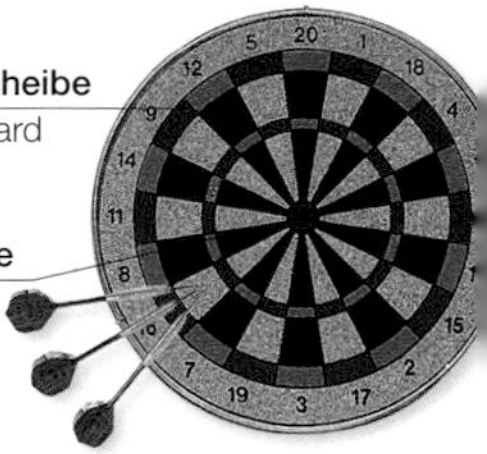

die Dartscheibe
dartboard

das Bull's Eye
bullseye

das Darts
darts

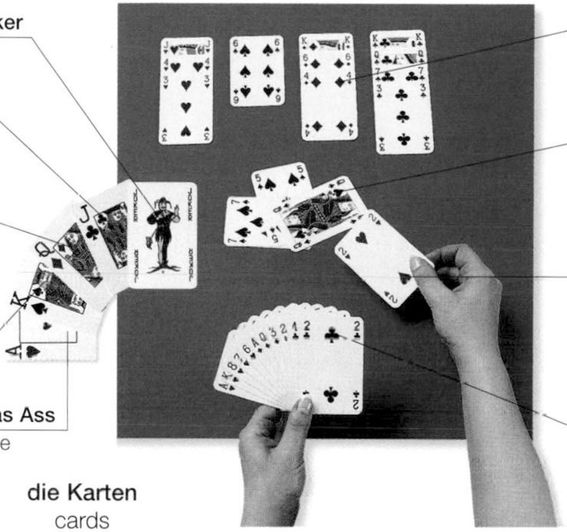

der Joker
joker

der Bube
jack

die Dame
queen

der König
king

das Ass
ace

das Karo
diamond

das Pik
spade

das Herz
heart

das Kreuz
club

die Karten
cards

mischen | shuffle (v)

geben | deal (v)

Vokabular • vocabulary

der Zug move	**gewinnen** win (v)	**der Verlierer** loser	**das Bridge** bridge	**der Punkt** point	**Wer ist dran?** Whose turn is it?
spielen play (v)	**der Gewinner** winner	**das Spiel** game	**das Poker** poker	**die Farbe** suit	**Du bist dran.** It's your move.
der Spieler player	**verlieren** lose (v)	**die Wette** bet	**das Kartenspiel** deck of cards	**das Spielergebnis** score	**Würfle.** Roll the dice.

das Kunsthandwerk 1 • arts and crafts 1

die Malerei | painting

die Farben • colors

rot
red

blau
blue

gelb
yellow

grün
green

orange
orange

lila
purple

weiß
white

schwarz
black

grau
gray

rosa
pink

braun
brown

indigoblau
indigo

die Farben • paints

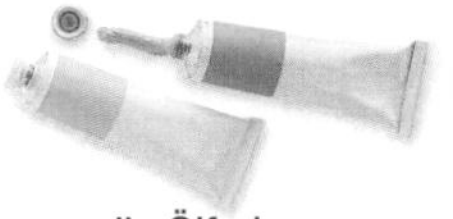
die Ölfarben
oil paint

die Aquarellfarbe
watercolor paint

die Pastellstifte
pastels

die Acrylfarbe
acrylic paint

die Plakatfarbe
poster paint

andere Kunstfertigkeiten • other crafts

der Skizzenblock
sketch pad

die Skizze
sketch

der Bleistift
pencil

der Kohlestift
charcoal

das Zeichnen | drawing

die Druck farbe
ink

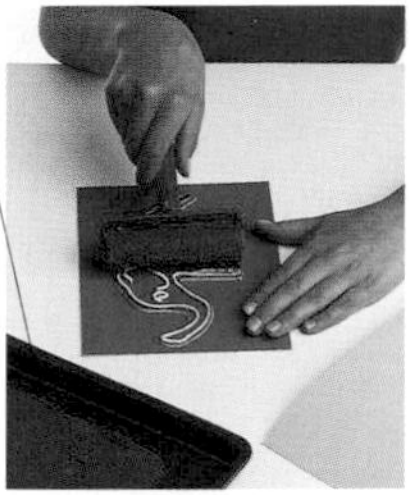

das Drucken
printing

das Gravieren
engraving

der Stein
stone

der Schlegel
mallet

die Bildhauerei
sculpting

der Stechbeitel
chisel

das Holz
wood

die Holzarbeit
woodworking

das Modellierholz
modeling tool

die Töpferscheibe
potter's wheel

der Ton
clay

die Töpferei
pottery

die Pappe
cardboard

der Klebstoff
glue

die Collage | collage

die Juwelierarbeit
jewelry-making

das Pappmaschee
papier-mâché

das Origami
origami

der Modellbau
model-making

das Kunsthandwerk 2 • arts and crafts 2

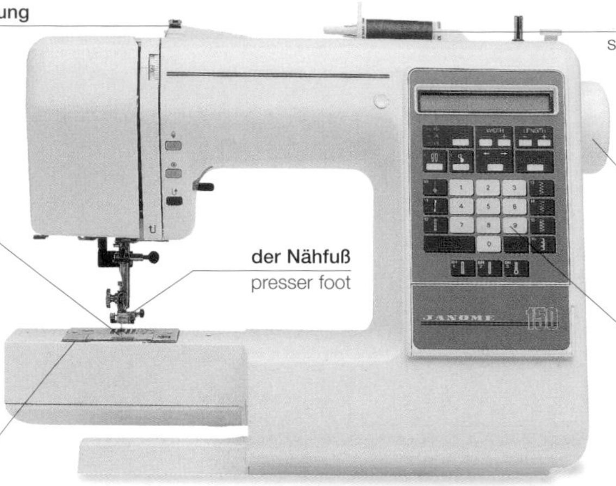

die Fadenführung
thread guide

der Spuler
spool of thread

die Nadel
needle

das Handrad
balance wheel

der Nähfuß
presser foot

die Stichwahltaste
stitch selector

die Stichplatte
needle plate

die Nähmaschine | sewing machine

die Schere
scissors

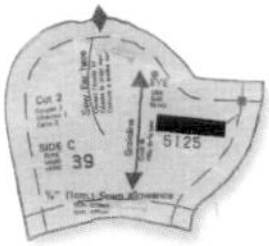

das Schnittmuster
pattern

das Nadelkissen
pincushion

die Stecknadel
pin

der Nähkorb | sewing basket

das Zentimetermaß
tape measure

der Stoff
material

das Garn
thread

die Spule
bobbin

die Öse
eye

der Haken
hook

der Fingerhut
thimble

die Schneiderkreide
tailor's chalk

die Schneiderpuppe
tailor's dummy

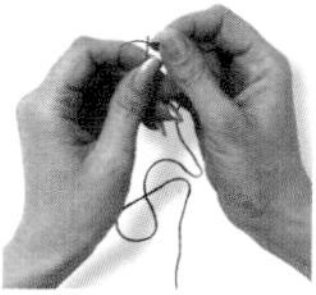

einfädeln
thread (v)

nähen
sew (v)

stopfen
darn (v)

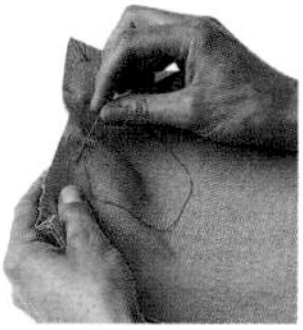

heften
tack (v)

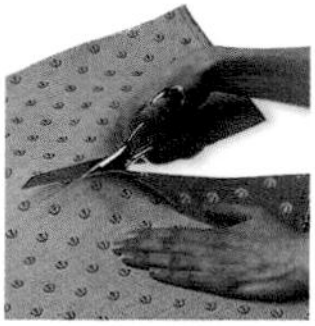

schneiden
cut (v)

die Tapisserie
needlepoint

die Stickerei
embroidery

das Häkeln
crochet

das Makramee
macramé

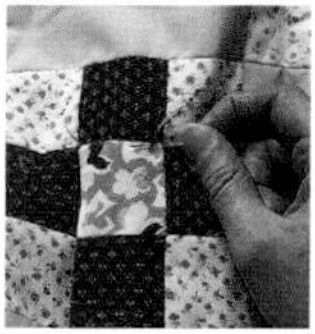

das Patchwork
patchwork

das Wattieren
quilting

die Spitzenklöppelei
lace-making

die Weberei
weaving

das Stricken | knitting

der Strang | skein

Vokabular • vocabulary

auftrennen
unpick (v)

der Stoff
fabric

die Baumwolle
cotton

das Leinen
linen

das Polyester
polyester

das Nylon
nylon

die Seide
silk

der Modedesigner
designer

die Mode
fashion

der Reißverschluss
zipper

die Umwelt
environment

der Weltraum • space

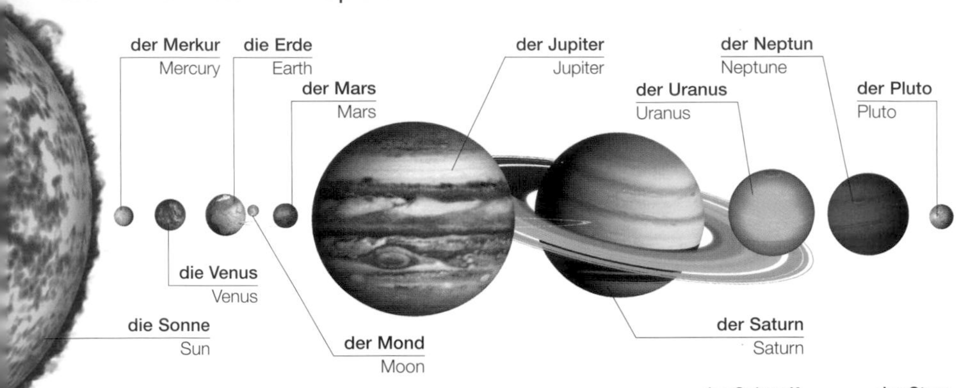

das Sonnensystem | solar system

die Galaxie
galaxy

der Nebelfleck
nebula

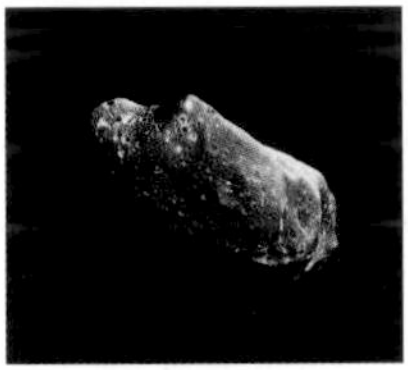

der Asteroid
asteroid

der Komet
comet

vokabular • vocabulary

der Planet planet	**das Universum** universe	**der Vollmond** full moon
der Meteor meteor	**die Umlaufbahn** orbit	**der Neumond** new moon
die Schwerkraft gravity	**das schwarze Loch** black hole	**die Mondsichel** crescent moon

die Finsternis | eclipse

die Raumforschung • space exploration

die Raumfähre
space shuttle

der Beschleuniger
booster

die Abschussrampe
launch pad

der Start
launch

der Raumanzug
space suit

der Astronaut | astronaut

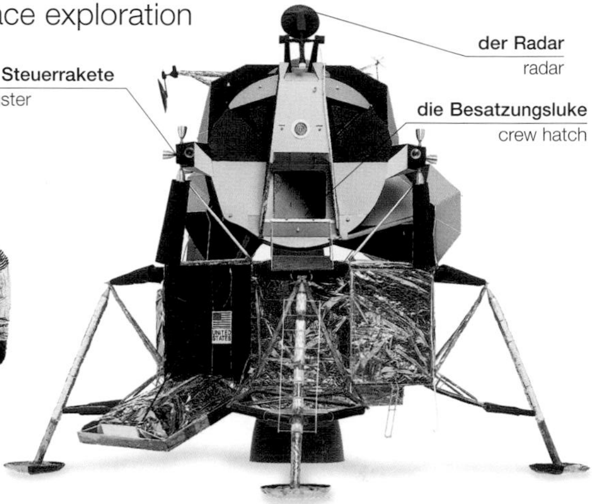

die Steuerrakete
thruster

der Radar
radar

die Besatzungsluke
crew hatch

die Mondfähre | lunar module

der Satellit
satellite

die Raumstation
space station

die Astronomie • astronomy

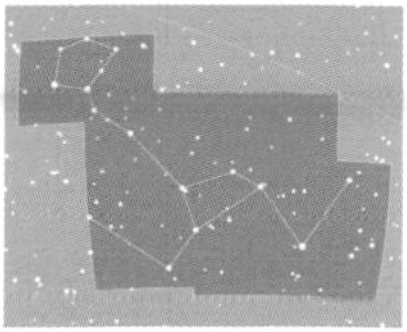

das Sternbild
constellation

das Fernglas
binoculars

das Teleskop
telescope

das Stativ
tripod

die Erde • Earth

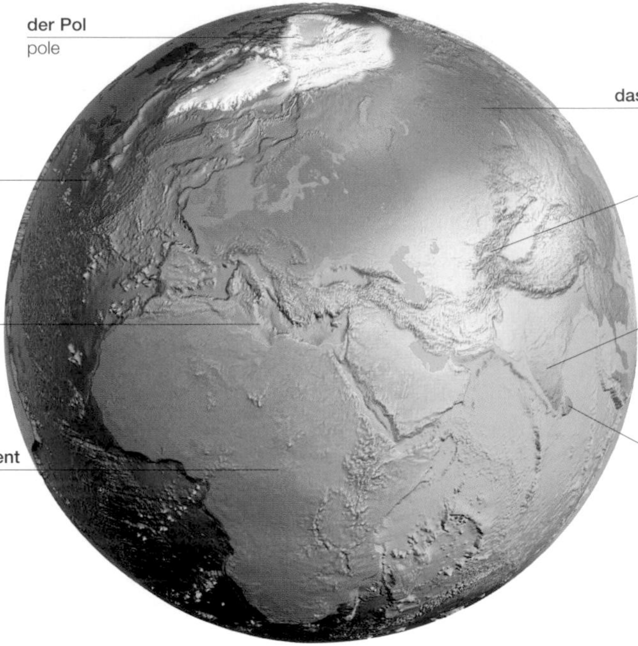

der Planet | planet

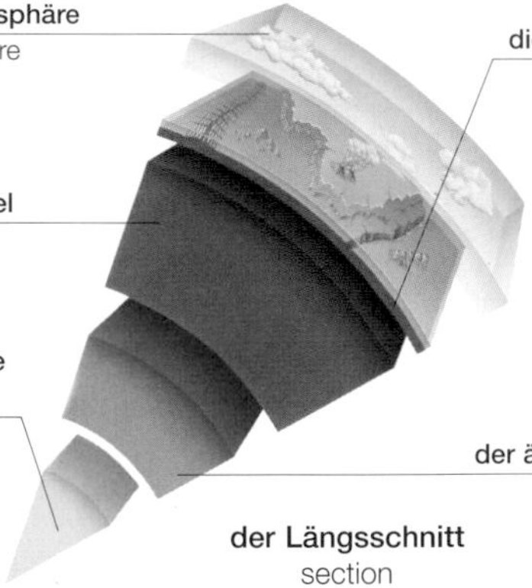

der Längsschnitt
section

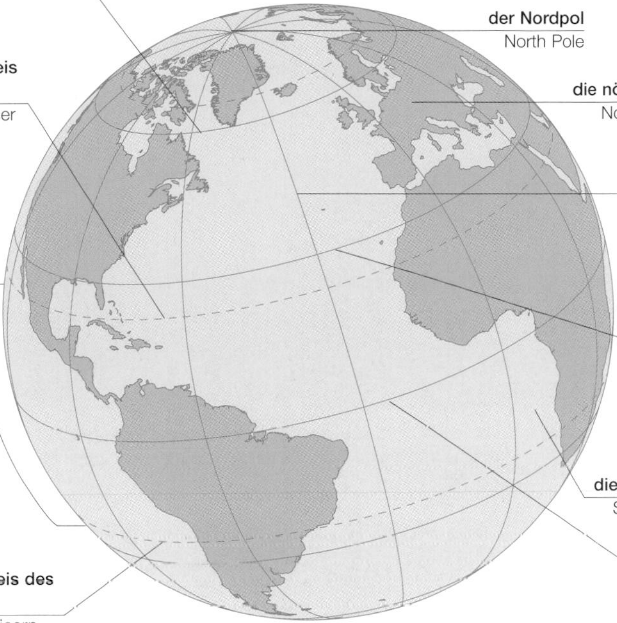

die Erdzonen | zones

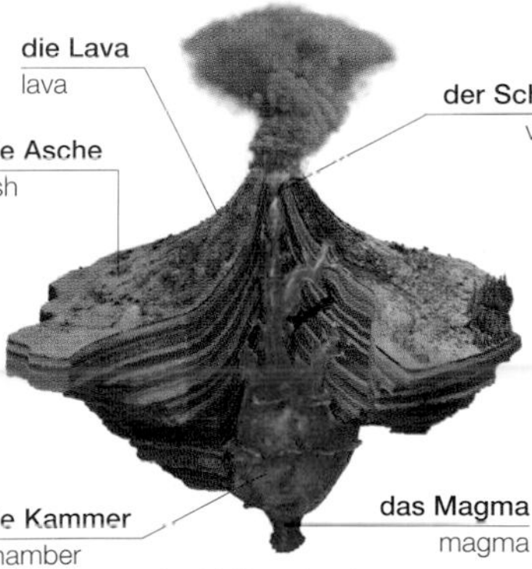

der Vulkan | volcano

der Krater | crater

Vokabular • vocabulary

das Erdbeben
earthquake

die Platte
plate

ausbrechen
erupt (v)

das Beben
tremor

die Landschaft • landscape

der Gletscher
glacier

das Tal | valley

der Hügel
hill

das Plateau
plateau

die Schlucht
gorge

die Höhle
cave

die Ebene | plain

die Wüste | desert

der Wald | forest

der Wald | woods

der Regenwald
rain forest

der Sumpf
swamp

die Wiese
meadow

das Grasland
grassland

der Wasserfall
waterfall

der Bach
stream

der See
lake

der Geysir
geyser

die Küste
coast

die Klippe
cliff

das Korallenriff
coral reef

die Flussmündung
estuary

das Wetter • weather

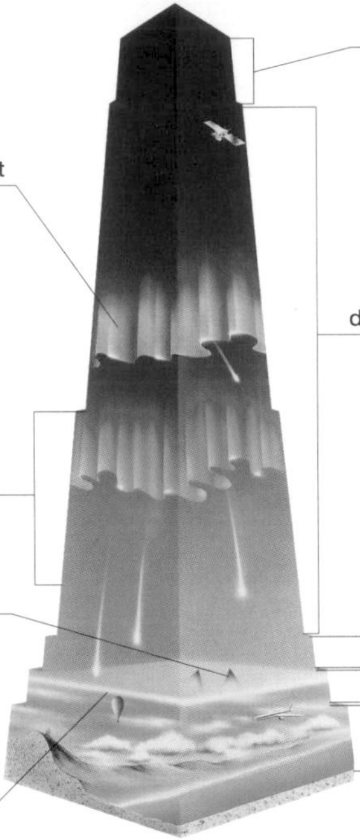

die Atmosphäre | atmosphere

der Sonnenschein
sunshine

der Wind
wind

Vokabular • vocabulary

der Schneeregen sleet	**der Schauer** shower	**heiß** hot	**trocken** dry	**windig** windy	**Mir ist heiß/kalt.** I'm hot/cold.
der Hagel hail	**sonnig** sunny	**kalt** cold	**nass** wet	**der Sturm** gale	**Es regnet.** It's raining.
der Donner thunder	**bewölkt** cloudy	**warm** warm	**feucht** humid	**die Temperatur** temperature	**Es sind…Grad.** It's … degrees.

die Wolke
cloud

der Regen
rain

der Blitz
lightning

das Gewitter
storm

der feine Nebel
mist

der dichte Nebel
fog

der Regenbogen
rainbow

der Schnee
snow

der Raureif
frost

der Eiszapfen
icicle

das Eis
ice

der Frost
freeze

der Hurrikan
hurricane

der Tornado
tornado

der Monsun
monsoon

die Überschwemmung
flood

das Gestein • rocks

eruptiv • igneous

der Granit
granite

der Obsidian
obsidian

der Basalt
basalt

der Bimsstein
pumice

sedimentär • sedimentary

der Sandstein
sandstone

der Kalkstein
limestone

die Kreide
chalk

der Feuerstein
flint

das Konglomerat
conglomerate

die Kohle
coal

metamorph • metamorphic

der Schiefer
slate

der Glimmerschiefer
schist

der Gneis
gneiss

der Marmor
marble

die Schmucksteine • gems

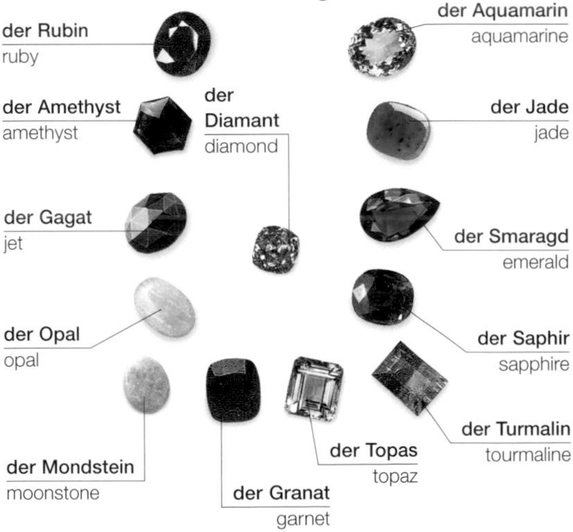

die Mineralien • minerals

der Quarz
quartz

der Glimmer
mica

der Schwefel
sulfur

der Hämatit
hematite

der Kalzit
calcite

der Malachit
malachite

der Türkis
turquoise

der Onyx
onyx

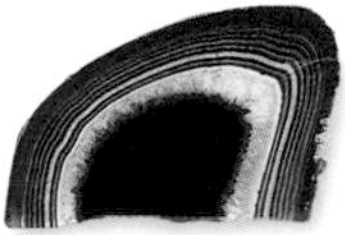

der Achat
agate

der Graphit
graphite

die Metalle • metals

das Gold
gold

das Silber
silver

das Platin
platinum

das Nickel
nickel

das Eisen
iron

das Kupfer
copper

das Zinn
tin

das Aluminium
aluminum

das Quecksilber
mercury

das Zink
zinc

die Tiere 1 • animals 1

die Säugetiere • mammals

das Kaninchen
rabbit

der Hamster
hamster

die Maus
mouse

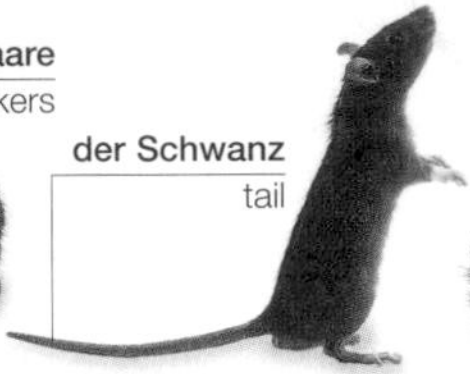

die Ratte
rat

der Igel
hedgehog

das Eichhörnchen
squirrel

die Fledermaus
bat

der Waschbär
raccoon

der Fuchs
fox

der Wolf
wolf

der Hund
dog

die Katze
cat

der Otter
otter

die Robbe
seal

der Seelöwe
sea lion

das Walross
walrus

der Wal
whale

der Delfin
dolphin

der Hirsch
deer

das Zebra
zebra

die Giraffe
giraffe

das Kamel
camel

das Nilpferd
hippopotamus

der Elefant
elephant

das Nashorn
rhinoceros

der Tiger
tiger

der Löwe
lion

der Affe
monkey

der Gorilla
gorilla

der Koalabär
koala

das Känguru
kangaroo

der Bär
bear

der Eisbär
polar bear

der Pandabär
panda

die Tiere 2 • animals 2

die Vögel • birds

der Kanarienvogel
canary

der Spatz
sparrow

der Kolibri
hummingbird

die Schwalbe
swallow

die Krähe
crow

die Taube
pigeon

der Specht
woodpecker

der Falke
falcon

die Eule
owl

die Möwe
gull

der Adler
eagle

der Pelikan
pelican

der Flamingo
flamingo

der Storch
stork

der Kranich
crane

der Pinguin
penguin

der Strauß
ostrich

die Gans | goose

der Schwan
swan

der Pfau
peacock

der Fasan
pheasant

der Truthahn
turkey

der Kakadu
cockatoo

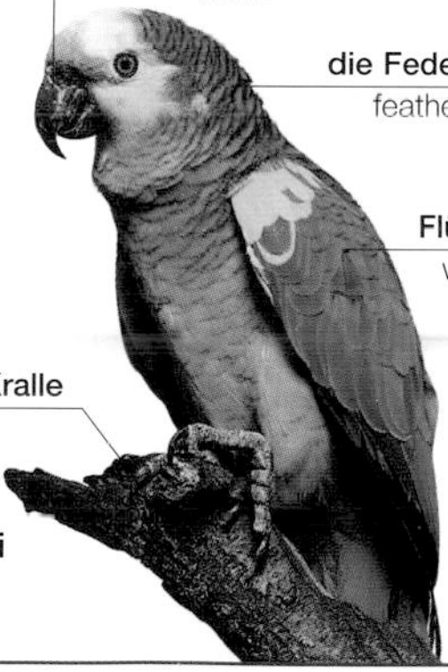

der Papagei
parrot

die Reptilien • reptiles

der Alligator
alligator

die Eidechse
lizard

der Leguan
iguana

die Wasserschildkröte
turtle

die Schildkröte
tortoise

die Schlange
snake

das Krokodil
crocodile

die Tiere 3 • animals 3

die Amphibien • amphibians

der Frosch
frog

die Kröte
toad

die Kaulquappe
tadpole

der Salamander
salamander

die Fische • fish

die Muräne
eel

der Hai
shark

das Seepferd
sea horse

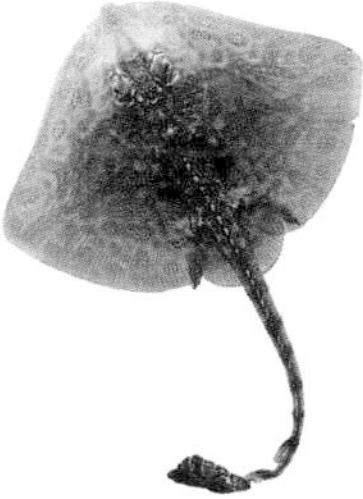

der Glattrochen
skate

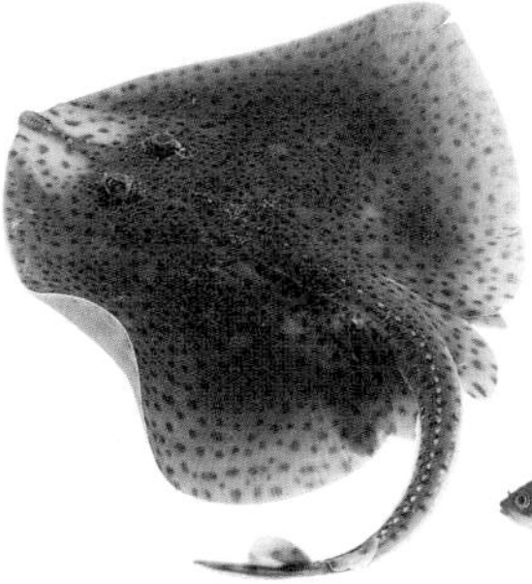

der Rochen
ray

der Goldfisch
goldfish

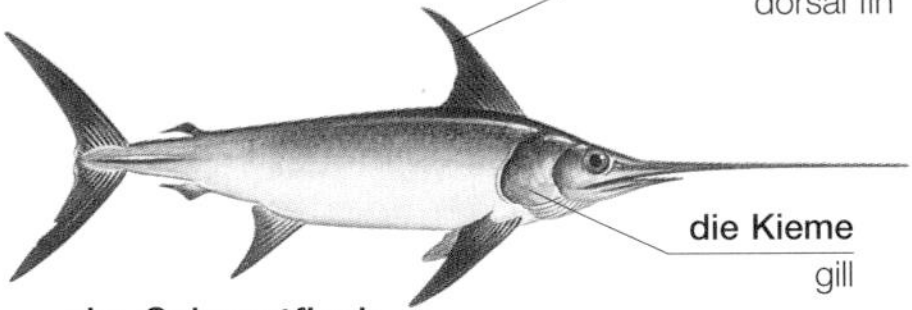

der Schwertfisch
swordfish

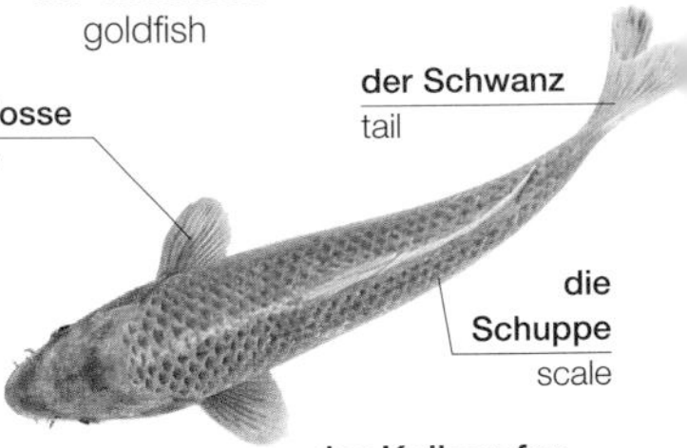

der Koikarpfen
koi carp

die Wirbellosen • invertebrates

die Ameise
ant

die Termite
termite

die Biene
bee

die Wespe
wasp

der Käfer
beetle

die Kakerlake
cockroach

der Nachtfalter
moth

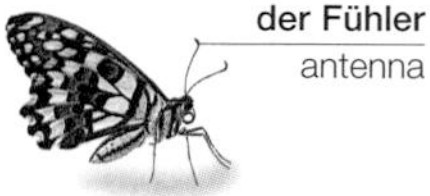

der Schmetterling
butterfly

der Kokon
cocoon

die Raupe
caterpillar

die Grille
cricket

die Heuschrecke
grasshopper

die Gottesanbeterin
praying mantis

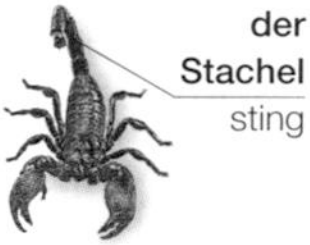

der Skorpion
scorpion

der Tausendfüßer
centipede

die Libelle
dragonfly

die Fliege
fly

die Stechmücke
mosquito

der Marienkäfer
ladybug

die Spinne
spider

die Nacktschnecke
slug

die Schnecke
snail

der Wurm
worm

der Seestern
starfish

die Muschel
mussel

der Krebs
crab

der Hummer
lobster

der Krake
octopus

der Tintenfisch
squid

die Qualle
jellyfish

die Pflanzen • plants

der Baum • tree

die Eiche
oak

die Weide
willow

die Pappel
poplar

der Eukalyptus
eucalyptus

die Lärche
larch

die Buche
beech

die Birke
birch

die Kiefer
pine

die Zeder
cedar

der Ahorn
maple

die Ulme
elm

die Linde
lime

die Stechpalme
holly

die Palme
palm

die blühende Pflanze • flowering plant

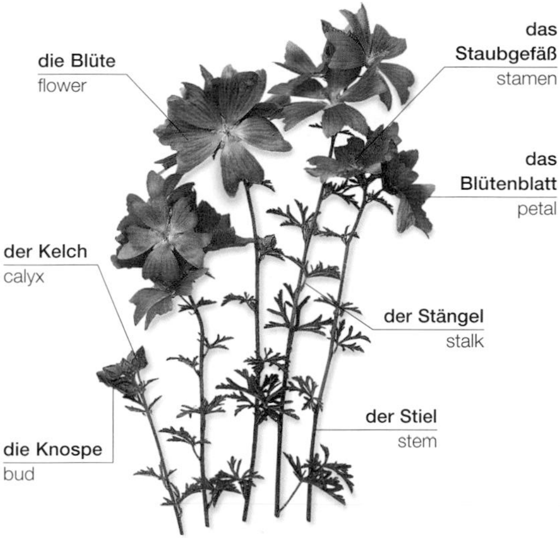

der Hahnenfuß
buttercup

das Gänseblümchen
daisy

die Distel
thistle

der Löwenzahn
dandelion

das Heidekraut
heather

der Klatschmohn
poppy

der Fingerhut
foxglove

das Geißblatt
honeysuckle

die Sonnenblume
sunflower

der Klee
clover

die Sternhyazinthen
bluebells

die Schlüsselblume
primrose

die Lupinen
lupines

die Nessel
nettle

die Innenstadt • city

die Gebäude • buildings

das Rathaus
town hall

die Bibliothek
library

das Kino
movie theater

das Theater
theater

die Universität
university

die Schule
school

der Wolkenkratzer
skyscraper

die Gebiete • areas

das Industriegebiet
industrial park

die Innenstadt
city

die Vorstadt
suburb

das Dorf
village

Vokabular • vocabulary

die Fußgängerzone pedestrian zone	**die Seitenstraße** side street	**der Kanalschacht** manhole	**der Rinnstein** gutter	**die Kirche** church
die Allee avenue	**der Platz** square	**die Bushaltestelle** bus stop	**die Fabrik** factory	**der Kanal** drain

die Architektur • architecture

die Gebäude und Strukturen • buildings and structures

der Wolkenkratzer
skyscraper

die Burg
castle

die Kirche
church

die Moschee
mosque

der Tempel
temple

die Synagoge
synagogue

der Staudamm
dam

die Brücke
bridge

die Kathedrale | cathedral

die Baustile • styles

gotisch
Gothic

der Architrav
architrave

Renaissance
Renaissance

barock
Baroque

der Bogen
arch

der Fries
frieze

der Strebepfeiler
buttress

der Chor
choir

Rokoko
Rococo

das Giebeldreieck
pediment

klassizistisch
Neoclassical

der Jugendstil
Art Nouveau

Art-déco
Art Deco

die Information
reference

die Uhrzeit • time

der Minutenzeiger
minute hand

der Stundenzeiger
hour hand

die Uhr
clock

Vokabular • vocabulary

die Stunde hour	**jetzt** now	**zwanzig Minuten** twenty minutes
die Minute minute	**später** later	**vierzig Minuten** forty minutes
die Sekunde second	**eine halbe stunde** half an hour	**eine Viertelstunde** a quarter of an hour

Wie spät ist es?
What time is it?

Es ist drei Uhr.
It's three o'clock.

fünf nach eins
five past one

zehn nach eins
ten past one

Viertel nach eins
quarter past one

zwanzig nach eins
twenty past one

der Sekundenzeiger
second hand

fünf vor halb zwei
twenty-five past one

ein Uhr dreißig
one thirty

fünf nach halb zwei
twenty-five to two

zwanzig vor zwei
twenty to two

Viertel vor zwei
quarter to two

zehn vor zwei
ten to two

fünf vor zwei
five to two

zwei Uhr
two o'clock

die Nacht und der Tag • night and day

die Mitternacht
midnight

der Sonnenaufgang
sunrise

die Morgendämmerung
dawn

der Morgen
morning

der Sonnenuntergang
sunset

der Mittag
noon

die Abenddämmerung
dusk

der Abend
evening

der Nachmittag
afternoon

Vokabular • vocabulary

früh
early

pünktlich
on time

spät
late

Du bist früh.
You're early.

Du hast dich verspätet.
You're late.

Ich werde bald dort sein.
I'll be there soon.

Sei bitte pünktlich.
Please be on time.

Bis später.
I'll see you later.

Wann fängt es an?
What time does it start?

Wann ist es zu Ende?
What time does it end?

Wie lange dauert es?
How long will it last?

Es ist schon spät.
It's getting late.

der Kalender • calendar

der Monat
month

das Jahr
year

Januar
January

2017

der Tag
day

Montag	**Dienstag**	**Mittwoch**	**Donnerstag**	**Freitag**	**Samstag**	**Sonntag**
Monday	Tuesday	Wednesday	Thursday	Friday	Saturday	Sunday
1	2	3	4	5	6	7
8	9	10	11	12	13	14
15	16	17	18	19	20	21

der Werktag
workday

die Woche
week

das Datum
date

gestern
yesterday

heute
today

morgen
tomorrow

das Wochenende
weekend

Vokabular • vocabulary

Januar
January

Februar
February

März
March

April
April

Mai
May

Juni
June

Juli
July

August
August

September
September

Oktober
October

November
November

Dezember
December

die Jahre • years

1900 **neunzehnhundert** • nineteen hundred

1901 **neunzehnhunderteins** • nineteen hundred and one

1910 **neunzehnhundertzehn** • nineteen ten

2000 **zweitausend** • two thousand

2001 **zweitausendeins** • two thousand and one

die Jahreszeiten • seasons

der Frühling
spring

der Sommer
summer

der Herbst
fall

der Winter
winter

Vokabular • vocabulary

das Jahrhundert
century

das Jahrzehnt
decade

das Jahrtausend
millennium

vierzehn Tage
two weeks

diese Woche
this week

letzte Woche
last week

nächste Woche
next week

vorgestern
the day before yesterday

übermorgen
the day after tomorrow

wöchentlich
weekly

monatlich
monthly

jährlich
annual

Welches Datum haben wir heute?
What's the date today?

Heute ist der siebte Februar zweitausendsiebzehn.
It's February seventh, two thousand seventeen.

die Zahlen • numbers

0	**null** • zero
1	**eins** • one
2	**zwei** • two
3	**drei** • three
4	**vier** • four
5	**fünf** • five
6	**sechs** • six
7	**sieben** • seven
8	**acht** • eight
9	**neun** • nine
10	**zehn** • ten
11	**elf** • eleven
12	**zwölf** • twelve
13	**dreizehn** • thirteen
14	**vierzehn** • fourteen
15	**fünfzehn** • fifteen
16	**sechzehn** • sixteen
17	**siebzehn** • seventeen
18	**achtzehn** • eighteen
19	**neunzehn** • nineteen
20	**zwanzig** • twenty
21	**einundzwanzig** • twenty-one
22	**zweiundzwanzig** • twenty-two
30	**dreißig** • thirty
40	**vierzig** • forty
50	**fünfzig** • fifty
60	**sechzig** • sixty
70	**siebzig** • seventy
80	**achtzig** • eighty
90	**neunzig** • ninety
100	**hundert** • one hundred
110	**hundertzehn** • one hundred and ten
200	**zweihundert** • two hundred
300	**dreihundert** • three hundred
400	**vierhundert** • four hundred
500	**fünfhundert** • five hundred
600	**sechshundert** • six hundred
700	**siebenhundert** • seven hundred
800	**achthundert** • eight hundred
900	**neunhundert** • nine hundred

1,000	**tausend** • one thousand
10,000	**zehntausend** • ten thousand
20,000	**zwanzigtausend** • twenty thousand
50,000	**fünfzigtausend** • fifty thousand
55,500	**fünfundfünfzigtausendfünfhundert** • fifty-five thousand five hundred
100,000	**hunderttausend** • one hundred thousand
1,000,000	**eine Million** • one million
1,000,000,000	**eine Milliarde** • one billion

erster first

zweiter second

dritter third

vierter • fourth

fünfter • fifth

sechster • sixth

siebter • seventh

achter • eighth

neunter • ninth

zehnter • tenth

elfter • eleventh

zwölfter • twelfth

dreizehnter • thirteenth

vierzehnter • fourteenth

fünfzehnter • fifteenth

sechzehnter • sixteenth

siebzehnter • seventeenth

achtzehnter • eighteenth

neunzehnter • nineteenth

zwanzigster • twentieth

einundzwanzigster • twenty-first

zweiundzwanzigster • twenty-second

dreiundzwanzigster • twenty-third

dreißigster • thirtieth

vierzigster • fortieth

fünfzigster • fiftieth

sechzigster • sixtieth

siebzigster • seventieth

achtzigster • eightieth

neunzigster • ninetieth

hundertster • (one) hundredth

die Maße und Gewichte • weights and measures

die Fläche • area

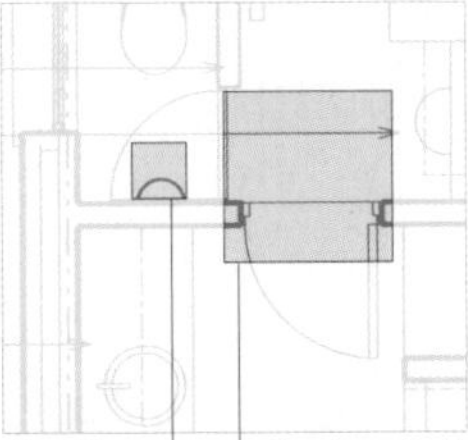

die Entfernung • distance

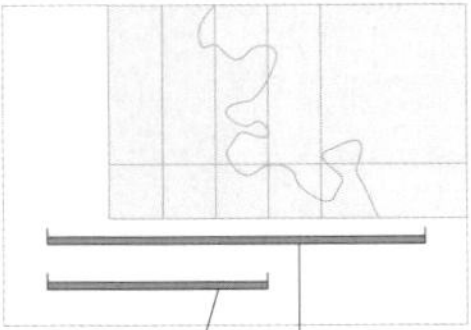

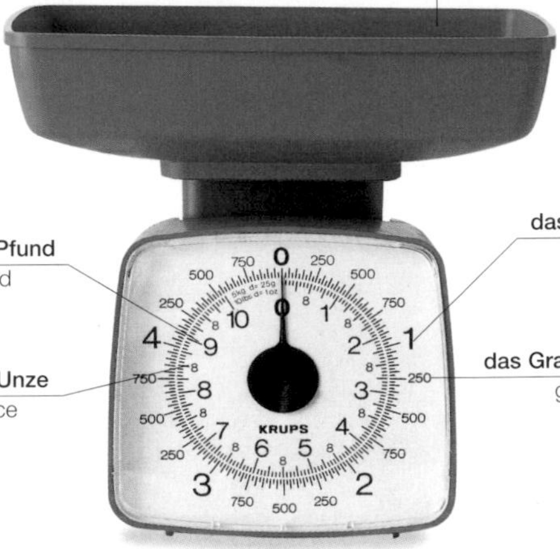

die Waage | scale

Vokabular • vocabulary

das Yard yard	**die Tonne** ton	**messen** measure (v)
der Meter meter	**das Milligramm** milligram	**wiegen** weigh (v)

die Länge • length

das Fassungsvermögen • capacity

der halbe Liter
half-liter

das Pint
pint

das Volumen
volume

der Milliliter
milliliter

der Messbecher
measuring cup

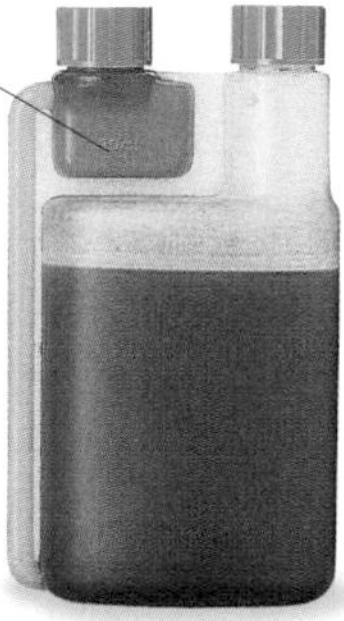

das Flüssigkeitsmaß
liquid measure

Vokabular • vocabulary

die Gallone
gallon

das Quart
quart

der Liter
liter

der Behälter • container

die Tüte
carton

das Päckchen
packet

die Flasche
bottle

der Beutel
bag

die Dose | tub

das Glas | jar

die Dose
can

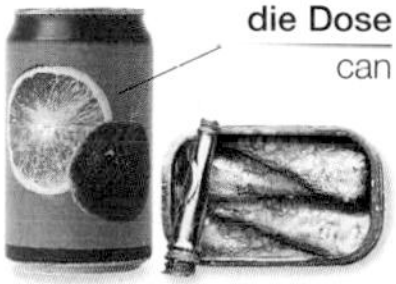

die Dose | tin

der Sprühbehälter
spray bottle

das Stück
bar

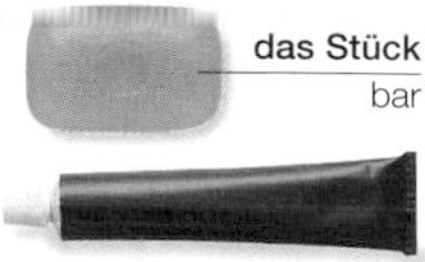

die Tube
tube

die Rolle
roll

das Päckchen
pack

die Sprühdose
spray can

die Weltkarte • world map

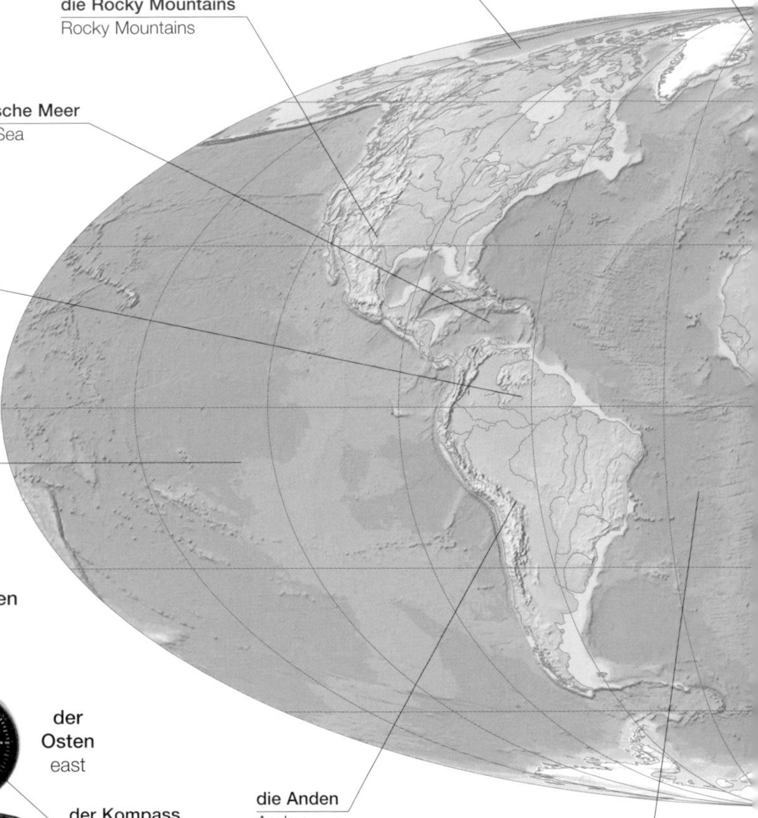

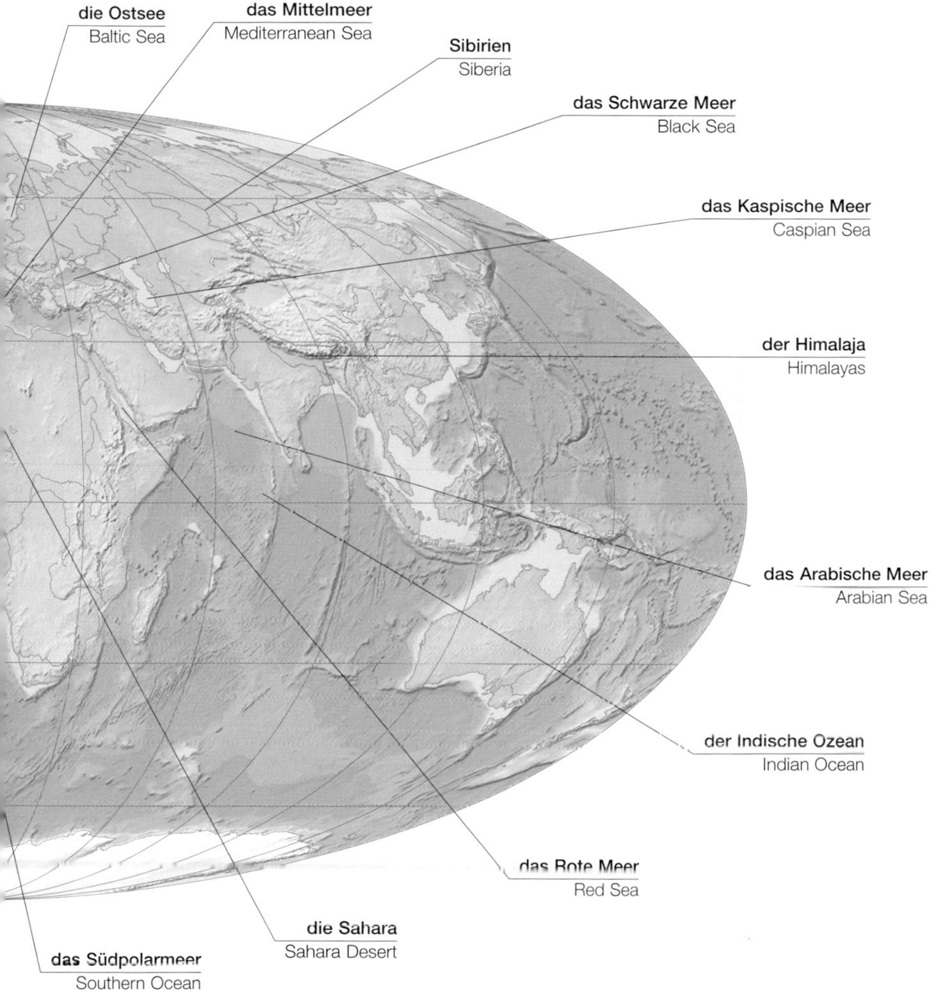
die Ostsee
Baltic Sea
das Mittelmeer
Mediterranean Sea
Sibirien
Siberia
das Schwarze Meer
Black Sea
das Kaspische Meer
Caspian Sea
der Himalaja
Himalayas
das Arabische Meer
Arabian Sea
der Indische Ozean
Indian Ocean
das Rote Meer
Red Sea
die Sahara
Sahara Desert
das Südpolarmeer
Southern Ocean

Nord- und Mittelamerika • North and Central America

Barbados • Barbados

Kanada • Canada

Costa Rica • Costa Rica

Kuba • Cuba

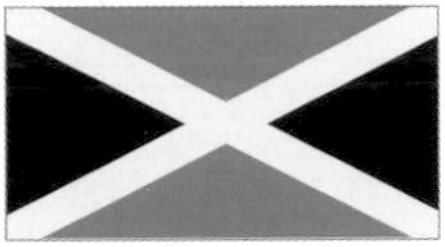

Jamaika • Jamaica

Mexiko • Mexico

Panama • Panama

Trinidad und Tobago • Trinidad and Tobago

die Vereinigten Staaten • United States of America

Alaska • Alaska

Antigua und Barbuda • Antigua and Barbuda

die Bahamas • Bahamas

Barbados • Barbados

Belize • Belize

Costa Rica • Costa Rica

Dominica • Dominica

die Dominikanische Republik • Dominican Republic

El Salvador • El Salvador

Grenada • Grenada

Grönland • Greenland

Guatemala • Guatemala

Haiti • Haiti

Hawaii • Hawaii

Honduras • Honduras

Jamaika • Jamaica

Kanada • Canada

Kuba • Cuba

Mexiko • Mexico

Nicaragua • Nicaragua

Panama • Panama

Puerto Rico • Puerto Rico

Saint Kitts und Nevis • St. Kitts and Nevis

Saint Lucia • St. Lucia

Saint Vincent und die Grenadinen • St. Vincent and The Grenadines

Trinidad und Tobago • Trinidad and Tobago

die Vereinigten Staaten • United States of America

Südamerika • South America

Argentinien • Argentina

Bolivien • Bolivia

Brasilien • Brazil

Chile • Chile

Kolumbien • Colombia

Ecuador • Ecuador

Peru • Peru

Uruguay • Uruguay

Venezuela • Venezuela

Argentinien • Argentina
Bolivien • Bolivia
Brasilien • Brazil
Chile • Chile
Ecuador • Ecuador
die Falkland-Inseln • Falkland Islands
Französisch-Guayana • French Guiana
die Galapagos-Inslen • Galápagos Islands
Guyana • Guyana
Kolumbien • Colombia
Paraguay • Paraguay
Peru • Peru
Suriname • Suriname
Uruguay • Uruguay
Venezuela • Venezuela

Vokabular • vocabulary

der Staat state

das Land country

die Nation nation

der Konti-nent continent

die Kolonie colony

die Provinz province

das Territorium territory

das Fürstentum principality

die Zone zone

die Region region

der Bezirk district

die Haupt-stadt capital

Europa • Europe

Frankreich • France

Deutschland • Germany

Italien • Italy

Polen • Poland

Portugal • Portugal

Spanien • Spain

Albanien • Albania

Andorra • Andorra

die Balearen • Balearic Islands

Belgien • Belgium

Bosnien und Herzegowina • Bosnia and Herzegovina

Bulgarien • Bulgaria

Dänemark • Denmark

Deutschland • Germany

Estland • Estonia

Finnland • Finland

Frankreich • France

Griechenland • Greece

Irland • Ireland

Island • Iceland

Italien • Italy

Lettland • Latvia

Liechtenstein • Liechtenstein

Litauen • Lithuania

Luxemburg • Luxembourg

Kaliningrad • Kaliningrad

Korsika • Corsica

Kosovo • Kosovo

Kroatien • Croatia

Malta • Malta

Mazedonien • Macedonia

Moldawien • Moldova

Monaco • Monaco

Montenegro • Montenegro

die Niederlande • Netherlands

Norwegen • Norway

Österreich • Austria

Polen • Poland

Portugal • Portugal

Rumänien • Romania

die Russische Föderation • Russian Federation

San Marino • San Marino

Sardinien• Sardinia

Schweden • Sweden

die Schweiz • Switzerland

Serbien • Serbia

Sizilien • Sicily

die Slowakei • Slovakia

Slowenien • Slovenia

Spanien • Spain

die Tschechische Republik • Czech Republic

die Ukraine • Ukraine

Ungarn • Hungary

die Vatikanstadt • Vatican City

das Vereinigte Königreich • United Kingdom

Weißrussland • Belarus

Afrika • Africa

Ägypten • Egypt

Äthiopien • Ethiopia

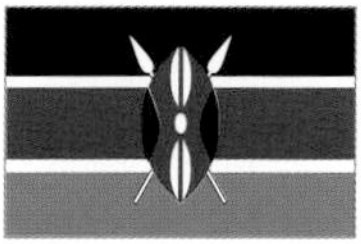

Kenia • Kenya

Nigeria • Nigeria

Südafrika • South Africa

Uganda • Uganda

Algerien • Algeria

Ägypten • Egypt

Angola • Angola

Äquatorialguinea • Equatorial Guinea

Äthiopien • Ethiopia

Benin • Benin

Botsuana • Botswana

Burkina Faso • Burkina Faso

Burundi • Burundi

die Demokratische Republik Kongo • Democratic Republic of the Congo

Dschibuti • Djibouti

Elfenbeinküste • Ivory Coast

Eritrea • Eritrea

Gabun • Gabon

Gambia • Gam bia

Ghana • Ghana

Guinea • Guinea

Guinea-Bissau • Guinea-Bissau

Kabinda • Cabinda

Kamerun • Cameroon

Kenia • Kenya

die Komoren • Comoros

Kongo • Congo

Lesotho • Lesotho

Liberia • Liberia

Libyen • Libya

Madagaskar • Madagascar

Malawi • Malawi

Mali • Mali

Marokko • Morocco

Mauretanien • Mauritania

Mauritius • Mauritius

Mosambik • Mozambique

Namibia • Namibia

Niger • Niger

Nigeria • Nigeria

Ruanda • Rwanda

Sambia • Zambia

São Tomé und Príncipe • São Tomé and Principe

Senegal • Senegal

Sierra Leone • Sierra Leone

Simbabwe • Zimbabwe

Somalia • Somalia

Südafrika • South Africa

der Sudan • Sudan

Südsudan • South Sudan

Swasiland • Swaziland

Tansania • Tanzania

Togo • Togo

Tschad • Chad

Tunesien • Tunisia

Uganda • Uganda

Westsahara • Western Sahara

die Zentralafrikanische Republik • Central African Republic

Asien • Asia

Bangladesch • Bangladesh

China • China

Indien • India

Japan • Japan

Jordanien • Jordan

die Philippinen • Philippines

Südkorea • South Korea

Thailand • Thailand

die Türkei • Turkey

Afghanistan • Afghanistan

Armenien • Armenia

Aserbaidschan • Azerbaijan

Bahrain • Bahrain

Bangladesch • Bangladesh

Bhutan • Bhutan

Brunei • Brunei

China • China

Fidschi • Fiji

Georgien • Georgia

Indien • India

Indonesien • Indonesia

der Irak • Iraq

der Iran • Iran

Israel • Israel

Japan • Japan

der Jemen • Yemen

Jordanien • Jordan

Kambodscha • Cambodia

Kasachstan • Kazakhstan

Katar • Qatar

Kirgisistan • Kyrgyzstan

Kuwait • Kuwait

Laos • Laos

der Libanon • Lebanon

Malaysia • Malaysia

die Malediven • Maldives

die Mongolei • Mongolia

Myanmar (Birma) • Myanmar (Burma)

Nepal • Nepal

Nordkorea • North Korea

Oman • Oman

Pakistan • Pakistan

Papua-Neuguinea • Papua New Guinea

die Philippinen • Philippines

die Salomonen • Solomon Islands

Saudi-Arabien • Saudi Arabia

Singapur • Singapore

Sri Lanka • Sri Lanka

Südkorea • South Korea

Syrien • Syria

Tadschikistan • Tajikistan

Thailand • Thailand

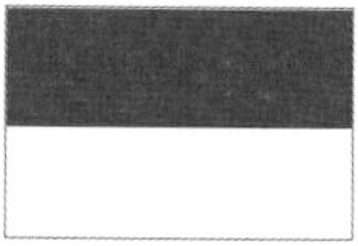

Indonesien • Indonesia

Saudi-Arabien •
Saudi Arabia

Vietnam • Vietnam

Timor-Leste • East Timor

die Türkei • Turkey

Turkmenistan • Turkmenistan

Usbekistan • Uzbekistan

Vanuatu • Vanuatu

Vereinigte Arabische Emirate •
United Arab Emirates

Vietnam • Vietnam

Zypern • Cyprus

Australien und Ozeanien • Australasia

Australien • Australia

Neuseeland • New Zealand

Australien • Australia

Neuseeland • New Zealand

Tasmanien • Tasmania

Partikeln und Antonyme • particles and antonyms

zu, nach	to	**von, aus**	from
über	over	**unter**	under
vor	in front of	**hinter**	behind
auf	onto	**in**	into
in	in	**aus**	out
über	above	**unter**	below
innerhalb	inside	**außerhalb**	outside
hinauf	up	**hinunter**	down
an, bei	at	**jenseits**	beyond
durch	through	**um**	around
auf	on top of	**neben**	beside
zwischen	between	**gegenüber**	opposite
nahe	near	**weit**	far
hier	here	**dort**	there

für	for	**zu**	toward
entlang	along	**über**	across
mit	with	**ohne**	without
vor	before	**nach**	after
bis	by	**bis**	until
früh	early	**spät**	late
jetzt	now	**später**	later
immer	always	**nie**	never
oft	often	**selten**	rarely
gestern	yesterday	**morgen**	tomorrow
erste	first	**letzte**	last
jede	every	**etwas**	some
gegen	about	**genau**	exactly
ein wenig	a little	**viel**	a lot

groß large	**klein** small	**heiß** hot	**kalt** cold
breit wide	**schmal** narrow	**offen** open	**geschlossen** closed
groß tall	**kurz** short	**voll** full	**leer** empty
hoch high	**niedrig** low	**neu** new	**alt** old
dick thick	**dünn** thin	**hell** light	**dunkel** dark
leicht light	**schwer** heavy	**leicht** easy	**schwierig** difficult
hart hard	**weich** soft	**frei** free	**besetzt** occupied
nass wet	**trocken** dry	**stark** strong	**schwach** weak
gut good	**schlecht** bad	**dick** fat	**dünn** thin
schnell fast	**langsam** slow	**jung** young	**alt** old
richtig correct	**falsch** wrong	**besser** better	**schlechter** worse
sauber clean	**schmutzig** dirty	**schwarz** black	**weiß** white
schön beautiful	**hässlich** ugly	**interessant** interesting	**langweilig** boring
teuer expensive	**billig** cheap	**krank** sick	**wohl** well
leise quiet	**laut** noisy	**der Anfang** beginning	**das Ende** end

praktische Redewendungen • useful phrases

wesentliche Redewendungen • essential phrases

Ja
Yes

Nein
No

Vielleicht
Maybe

Bitte
Please

Danke
Thank you

Bitte sehr
You're welcome

Entschuldigung
Excuse me

Es tut mir Leid
I'm sorry

Nicht
Don't

Okay
OK

In Ordnung
That's fine

Das ist richtig
That's correct

Das ist falsch
That's wrong

Begrüßungen • greetings

Guten Tag
Hello

Auf Wiedersehen
Goodbye

Guten Morgen
Good morning

Guten Tag
Good afternoon

Guten Abend
Good evening

Gute Nacht
Good night

Wie geht es Ihnen?
How are you?

Ich heiße...
My name is ...

Wie heißen Sie?
What is your name?

Wie heißt er/sie?
What is his/her name?

Darf ich...vorstellen
May I introduce ...

Das ist...
This is ...

Angenehm
Pleased to meet you

Bis später
See you later

Schilder • signs

Touristen-Information
Tourist information

Eingang
Entrance

Ausgang
Exit

Notausgang
Emergency exit

Drücken
Push

Lebensgefahr
Danger

Rauchen verboten
No smoking

Außer Betrieb
Out of order

Öffnungszeiten
Opening times

Eintritt frei
Free admission

Reduziert
Reduced

Ausverkauf
Sale

Bitte anklopfen
Knock before entering

Betreten des Rasens verboten
Keep off the grass

Hilfe • help

Können Sie mir helfen?
Can you help me?

Ich verstehe nicht
I don't understand

Ich weiß nicht
I don't know

Sprechen Sie Englisch?
Do you speak English?

Ich spreche Englisch
I speak English

Sprechen Sie bitte langsamer
Please speak more slowly

Schreiben Sie es bitte für mich auf
Please write it down for me

Ich habe... verloren
I have lost...

Richtungsangaben • directions

Ich habe mich verlaufen
I am lost

Wo ist der/die/das…?
Where is the …?

Wo ist der/die/das nächste…?
Where is the nearest …?

Wo sind die Toiletten?
Where is the restroom?

Wie komme ich nach…?
How do I get to …?

Nach rechts
To the right

Nach links
To the left

Geradeaus
Straight ahead

Wie weit ist…?
How far is …?

die Verkehrsschilder • road signs

Langsam fahren
Slow down

Achtung
Caution

Keine Zufahrt
Do not enter

Umleitung
Detour

Rechts fahren
Keep right

Autobahn
Freeway

Parkverbot
No parking

Sackgasse
Dead end

Einbahnstraße
One-way street

Vorfahrt gewähren
Yield

Anlieger frei
Residents only

Baustelle
Roadwork

gefährliche Kurve
Dangerous curve

Unterkunft • accommodation

Ich habe ein Zimmer reserviert
I have a reservation

Wo ist das esszimmer?
Where is the dining room?

Wann gibt es Frühstück?
What time is breakfast?

Ich bin um…Uhr wieder da
I'll be back at … o'clock

Ich reise morgen ab
I'm leaving tomorrow

Essen und Trinken • eating and drinking

Zum Wohl!
Cheers!

Es ist köstlich/ scheußlich
It's delicious/awful

Ich trinke/rauche nicht
I don't drink/smoke

Ich esse kein Fleisch
I don't eat meat

Nichts mehr, danke
No more for me, thank you

Könnte ich noch etwas mehr haben?
May I have some more?

Wir möchten bitte zahlen?
May we have the check?

Ich hätte gerne eine Quittung
Can I have a receipt?

der Raucherbereich
Smoking area

die Gesundheit • health

Ich fühle mich nicht wohl
I don't feel well

Mir ist schlecht
I feel sick

Wird er/sie sich wieder erholen?
Will he/she be all right?

Es tut hier weh
It hurts here

Ich habe Fieber
I have a fever

Ich bin im…Monat schwanger
I'm … months pregnant

Ich brauche ein Rezept für…
I need a prescription for …

Ich nehme normalerweise…
I normally take …

Ich bin allergisch gegen…
I'm allergic to …

deutsch

Deutsches register • German index

A

Abdeckband *n* 83
Abdecktuch *n* 83
Abend *m* 305
Abenddämmerung *f* 305
Abendessen *n* 64
Abendkleid *n* 34
Abendmenü *n* 152
Abenteuerfilm *m* 255
Abfahrtslauf *m* 247
Abfalleimer *m* 61
Abfallentsorgung *f* 61
Abfallsortiereinheit *f* 61
Abfertigungsschalter *m* 213
Abflug *m* 213
Abflughalle *f* 213
Abfluss *m* 61, 72
Abflussrohr *n* 61
Abführmittel *n* 109
abheben 99
Abhebungsformular *n* 96
Abisolierzange *f* 81
Abkühlgitter *n* 69
Ablage für Ausgänge *f* 172
Ablage für Eingänge *f* 172
Ablass hahn *m* 61
Ableger *m* 91
Abmessungen *f* 165
Absatz *m* 37
Abschlag *m* 232
abschleppen *f* 195
Abschleppwagen *m* 203
Abschürfung *f* 46
Abschussrampe *f* 281
Abseilen *n* 248
abseits der Piste 247
Absender *m* 98
Absperrhahn *m* 61
Abspielen *n* 269
Abteil *n* 209
Abteilungen *f* 49
Abtropfbrett *n* 67
Abzeichen *n* 189
abziehen 82
Abzug *m* 271
Accessoires *f* 36
Achat *m* 289
Achillessehne *f* 16
Achse *f* 205
Achselhöhle *f* 13
acht 308
Achteck *n* 164
achter 309
Achterbahn *f* 262
Achterdeck *n* 214
achthundert 308
achtzehn 308
achtzehnter 309
achtzig 308
achtzigster 309
Ackerbaubetrieb *m* 183
Ackerland *n* 182
Acrylfarbe *f* 274
Adamsapfel *m* 19
addieren 165
Adler *m* 292
Adresse *f* 98
Adzukibohnen *f* 131
Affe *m* 291
Afghanistan 318
Afrika 317
After-Sun-Lotion *f* 108
Ägypten 317
Ahorn *m* 296
Ahornsirup *m* 134
Aikido *n* 236
Airbag *m* 201
akademische Grad *m* 169
Akazie *f* 110
Akku *m* 78
Akkuschrauber *m* 78
Aktenordner *m* 173
Aktenschrank *m* 172
Aktentasche *f* 37
Aktenvernichter *m* 172
Aktien *f* 97
Aktienpreis *m* 97
Aktionen *f* 227, 229, 233
Aktivitäten *f* 162, 245, 263
Aktivitäten im Freien *f* 262
Akupressur *f* 55
Akupunktur *f* 55
à la carte 152
Alarmanlage *f* 58
Alaska 314
Albanien 316
Algerien 317
alkoholfreie Getränk *n* 154
alkoholfreien Getränke *f* 144
alkoholischen Getränke *f* 145
Allee *f* 299
Allergie *f* 44
Alligator *m* 293
Alpenpflanze *f* 87
alpine Kombination *f* 247
als Fänger spielen 229
Alternativtherapien *f* 54
Aluminium *n* 289
Amazonien 312
ambulante Patient *m* 48
Ameise *f* 295
Amethyst *m* 288
Amniozentese *f* 52
Ampère *n* 60
Amphibien *f* 294
analog 179
Ananas *f* 128
Ananassaft *m* 149
Anästhesist *m* 48
Anbau *m* 58
anbeißen 245
an Bord gehen 217
anbraten 67
anbringen 82
Anden *f* 312
Andenken *f* 260
andere Geschäfte *n* 114
andere Kunstfertigkeiten *f* 275
anderen Sportarten *f* 248
andere Schiffe *n* 215
Andorra 316
Angebot *n* 174
Angebote *f* 106
Angeklagte *m* 180, 181
Angelgeräte *f* 245
Angelhaken *m* 244
Angelrute *f* 244
Angelschein *m* 245
Angelsport *m* 244
angemacht 159
angereicherte Mehl *n* 139
Angler *m* 244
Angola 317
angreifen 220, 221, 223
Angriff *m* 220, 237
Angriffszone *f* 224
Anhang *m* 177
Anhänger *m* 36, 266
Anker *m* 214, 240
Ankerwinde *f* 214
Anklage *f* 94, 180
Ankunft *f* 213
anlegen 217
Anorak *m* 31, 33
Anprobe *f* 104
Anreden *f* 23
Anrufbeantworter *m* 99
Anspielkreis *m* 224
Anspitzer *m* 163
anstreichen 83
Antifalten- 41
Antigua und Barbuda 314
antihaftbeschichtet 69
Antiquitätenladen *m* 114
Antiseptikum *n* 47
Antwort *f* 163
antworten 163
Anwaltsbüro *n* 180
Anwendung *f* 176
Anzeige *f* 94
Anzeigetafel *f* 104, 225
Anzug *m* 32
Aperitif *m* 153
Apfel *m* 126
Apfelsaft *m* 149
Apfelstecher *m* 68
Apfelwein *m* 145
Apfelweinessig *m* 135
Apotheker *m* 108
Apothekerin *f* 189
App *f* 99
applaudieren 255
Aprikose *f* 126
April 306
Aquamarin *m* 288
Aquarellfarbe *f* 274
Äquator *m* 283
Äquatorialguinea 317
Arabische Meer *n* 313
arbeit *f* 172
Arbeitgeberin *f* 24
Arbeitnehmer *m* 24
Arbeitsessen *n* 175
Arbeitsfläche *f* 66
Architekt *m* 190
architektonische Garten *m* 84
Architektur *f* 300
Architrav *m* 301
Argentinien 315
Arithmetik *f* 165
Arm *m* 13
Armaturenbrett *n* 201
Armaturen *f* 201
Armband *n* 36
Armbanduhr f 36
ärmellos 34
Ärmel *m* 34
Armenien 318
Armen Ritter *f* 157
Armlehne *f* 210
Armstütze *f* 200
Aromatherapie *f* 55
aromatisch 130
aromatisierte Öl *n* 134
Art-déco 301
Arterie *f* 19
Artischocke *f* 124
Arzneiausgabe *f* 108
Arzt *m* 45, 189
Asche *f* 283
Aschenbecher *m* 150
Aserbaidschan 318
Asien 318
Asphalt *m* 187
Ass *n* 230, 273
Assistentin *f* 24
assistierte Entbindung *f* 53
Ast *m* 296
Asteroid *m* 280
Asthma *n* 44
Astigmatismus *m* 51
Astronaut *m* 281
Astronomie *f* 281
Atemloch *n* 290
ätherischen Öle *f* 55
Äthiopien 317
Atlantische Ozean *m* 312
Atmosphäre *f* 282, 286
Atmung *f* 47
Atmungssystem *n* 19
Atrium *n* 104
Aubergine *f* 125
auf der Stelle joggen 251
aufgebracht 25
aufgehen 139
aufgenommen 48
Aufhängung *f* 203, 205
Auflaufform *f* 69
Auflaufförmchen *n* 69
auflockern 91
Auflösungs zeichen *n* 256
Aufnahme *f* 269
Aufsatz *m* 163
Aufschlag *m* 231
aufschlagen 231
Aufschlaglinie *f* 230
Aufschnitt *m* 118, 143
aufspringen lassen 227
aufstehen 71
auftauen 67
auftrennen 277
aufwachen 71
aufwärmen 154
Auge *n* 14, 51
Augenbohnen *f* 131
Augenbraue *f* 14, 51
Augenbrauenstift *m* 40
Augenheilkunde *f* 49
Augenoptiker *m* 51
August 306
aus 226, 228
aus Freilandhaltung 118
ausblasen 141
ausbrechen 283
Ausfahrt *f* 194
Ausfallschritt *m* 251
Ausgang *m* 210
Ausgehen *n* 75
Auskunft *f* 99, 168
ausländische Währung *f* 97
Auslandsflug *m* 212
Auslass *m* 61
auslaufen 217
Auslegerkorb *m* 95
Ausleger *m* 95
Ausleihe *f* 168
ausleihen 168
Auslöser *m* 270
Auspuff *m* 203
Auspuffrohr *n* 204
Auspufftopf *m* 203, 204
ausputzen 91

ausrollen 67
Ausrüstung *f* 165, 233, 238
Aussage *f* 180
ausscheiden 225
Aussellungsstück *n* 261
Außenbordmotor *m* 215
Außenfeld *n* 229
äussere erscheinung *f* 30
Äußere *n* 198
äußere Kern *m* 282
ausspülen 38
Ausstellung *f* 261
ausstrecken 251
Auster *f* 121
Australien 319
Australien und Ozeanien 319
auswärts essen 148
auswerfen 245
Auszeit *f* 220
Auto *n* 198, 200, 202
Autobahn *f* 194
Automatiktür *f* 196
Autostereoanlage *f* 201
Autotür *f* 198
Autounfall *m* 203
Autoverleih *m* 213
Autowaschanlage *f* 199
Avocado *f* 128
Ayurveda *n* 55

B

Baby *n* 23, 30
Babyflasche *f* 75
Babyhandschuhe *f* 30
Babyphon *n* 75
Babyprodukte *f* 107
Babyschuhe *f* 30
Babytasche *f* 75
Babytrage *f* 75
Babywanne *f* 74
Bach *m* 285
backen 67, 138
Backenzahn *m* 50
Bäcker *m* 139
Bäckerei *f* 114, 138
Backgammon *n* 272
Backofen *m* 66
Backpflaume *f* 129
Backpinsel *m* 69
Backwaren *f* 107
Badeanzug *m* 238, 265
Badehose *f* 238
Badekanne *f* 238
Bademantel *m* 32, 73
Badematte *f* 72
Bademeister *m* 239
baden 72
Badetuch *n* 73
Badewanne *f* 72
Badezimmer *n* 72
Badminton *n* 231
Bagel *m* 139
Bagger *m* 187
baggern 227
Baguette *n* 138
Bahamas *f* 314
Bahn *f* 234, 238
Bahnhof *m* 208
Bahnhofshalle *f* 209
Bahnnetz *n* 209
Bahnsteig *m* 208
Bahrain 318
Baiser *n* 140
Balearen *f* 316
Balken *m* 186
Balkon *m* 59, 254
Ball *m* 75
Ballen *m* 15, 184
Ballerina m 37
Ballett *n* 255
Ballettröckchen *n* 191
Balljunge *m* 231
Ballwechsel *m* 230
Bambus *m* 86, 122
Banane *f* 128
Band *n* 17
Band *n* 27, 111, 141
Bandage *f* 47
Bangladesch 318
Bank *f* 96, 250, 262
Bankgebühr *f* 96
Bar *f* 150, 152
Bär *m* 291
Barbados 314
Barhocker *m* 150
Barkeeper *m* 150, 191
Bar-Mizwa *f* 26
barock 301
Barren *m* 235
Bart *m* 39
Basalt *m* 288
Baseball *m* 228
Baseballschläger *m* 228
Basilikum *n* 133
Basisstation *f* 99
Basketball *m* 226
Basketballspieler *m* 226
Bassgitarre *f* 258
Bassklarinette *f* 257
Bassschlüssel *m* 256
Batterie *f* 167, 202
Batterien *f* 260
Bau *m* 186
Bauarbeiter *m* 186
Bauch *m* 12
Bauchmuskeln *f* 16
Bauchspeicheldrüse *f* 18
bauen 186
Bauer *m* 182, 272
Bauerngarten *m* 84
Bauernhaus *n* 182
Bauernhof *m* 182, 184
Bauholz *n* 187
Baum *m* 86, 240, 296
Baumwolle *f* 184, 277
Baustein *m* 187
Baustelle *f* 186
Baustile *f* 301
Beat *m* 259
Beben *n* 283
Becher *m* 65
Becherglas *n* 167
Becken *n* 17, 61, 257
Bedienung inbegriffen 152
Beere *f* 296
Beerenobst *n* 127
Befestigungen *f* 89
Befruchtung *f* 20
begeistert 25
Begräbnis *n* 26
Behälter *m* 311
Behandlungslampe *f* 50
Behandlungsschürze *f* 50
Behindertenparkplatz *m* 195
Beil *n* 95
Beilage *f* 153
Beilagenteller *m* 65
Bein *n* 12, 64, 119
Beinstütz *m* 251
Beize *f* 79
Bekannte *m* 24
belegte Brot *n* 155
Beleuchtung *f* 178
Belgien 316
Belichtung *f* 271
Belichtungsmesser *m* 270
Belize 314
Benin 317
Benzin *n* 199
Benzinpreis *m* 199
Benzintank *m* 203
Berater *m* 55
Berg *m* 284
Bericht *m* 174
Berufe *f* 188, 190
Berufung *f* 181
Beruhigungsmittel *n* 109
berühmte Ruine *f* 261
Besatzungsluke *f* 281
Beschleuniger *m* 281
beschneiden 91
Besen *m* 77
besetzt 99
Besetzung *f* 254
Besichtigungstour *f* 260
besorgt 25
Besteck *n* 64, 65
bestellen 153
Bestuhlung *f* 254
Besuchszeiten *f* 48
Betonmischmaschine *f* 186
Betrag *m* 96
Betrieb für Milchproduktion *m* 183
Bett *n* 70
Bettcouch *f* 63
Bettdecke *f* 71
Bettlaken *n* 71
Bett machen *n* 71
Bettwäsche *f* 71
Bettzeug *n* 74
beugen 251
Beutel *m* 291, 311
bewässern 183
Beweismittel *n* 181
bewölkt 286
bewusstlos 47
bezahlen 153
Beziehungen *f* 24
Bezirk *m* 315
Bhutan 318
Biathlon *n* 247
Bibliothek *f* 168, 299
Bibliothekar *m* 190
Bibliothekarin *f* 168
Bidet *n* 72
Biene *f* 295
Bier *n* 145, 151
Bifokal- 51
Bikini *m* 264
Bilderrahmen *m* 63
Bildhauer *m* 191
Bildhauerei *f* 275
Bildschirm *m* 97, 172, 176, 269
Bildschirm-hintergrund *m* 177
Bildsucher *m* 271
Bildtelefon *n* 99
Bimsstein *m* 73, 288
Binse *f* 86
Bio-Abfall *m* 61
biodynamisch 91
Biologie *f* 162
biologisch 122
biologisch kontrolliert 118
Birke *f* 296
Birne *f* 126
Biskuitform *f* 69
Biskuittörtchen *n* 140
Biss *m* 46
bitter 124
Bizeps *m* 16
Bizepsübung *f* 251
Blase *f* 20, 46
Blatt *n* 122, 296
Blätter *f* 110
blau 274
blaue Fleck *m* 46
Blauschim melkäse *m* 136
Blazer *m* 33
Blechblasinstrumente *f* 257
bleifrei 199
Bleigürtel *m* 239
Bleistift *m* 163, 275
Blendenregler *m* 270
Blinddarm *m* 18
Blinker *m* 198, 204
Blitz *m* 270, 287
Block *m* 237
blocken 227
blond 39
Blues *m* 259
blühende Pflanze *f* 297
Blumen *f* 110
Blumenampel *f* 84
Blumenarrangements *f* 111
Blumenbeet *n* 85, 90
Blumengeschäft *n* 110
Blumengirlande *f* 111
Blumenkohl *m* 124
Blumenstrauß *m* 111
Blumentopf *m* 89
Blumenvase *f* 111
Bluse *f* 34
Blutdruck *m* 44
Blüte *f* 297
Blütenblatt *n* 297
Blutung *f* 46
Bluntuntersuchung *f* 48
Blutwurst *f* 157
Bobsport *m* 247
Bockshornklee *m* 132
Boden *m* 85
Bodendecker *m* 87
Bodenturnen *n* 235
Bogen *m* 85, 164, 249, 301
Bogenschießen *n* 249
Bohnen *f* 144
bohren 79
Bohrer *f* 80
Bohrer *m* 50, 78
Bohrfutte *n* 78
Bohrwinde *f* 78
Boiler *m* 61
Boje *f* 217
Bolivien 315
Bomber *m* 211
Bonbons *f* 113
Bongos *f* 257
Bordkarte *f* 213
Bordsteinkante *f* 298
Börse *f* 97
Börsenmakler *m* 97
Bosnien und Herzegowina 316
Botsuana 317
Boutique *f* 115
Bowling *n* 249
Bowlingkugel *f* 249
Boxen *n* 236
Boxershorts *f* 33
Boxgymnastik *f* 251
Boxhandschuhe *f* 237
Boxring *m* 237
Brand *m* 95
Brandteig *m* 140
Brandung *f* 241
Brandungsangeln *n* 245
Brandwunde *f* 46
Brasilien 315
braten 67
Braten *m* 130
bratfertige Huhn *n* 119
Bratfisch mit Pommes frites *m* 155
Bratpfanne *f* 69
Bratsche *f* 256
Brauenbürstchen *n* 40
braun 274
braunen Linsen *f* 131
Brause *f* 89
Breite *f* 165

Breitengrad *m* 283
Bremsbacke *f* 207
Bremse *f* 200, 204
bremsen 207
Bremsflüssigkeits-behälter *m* 202
Bremsgriff *m* 207
Bremspedal *n* 205
Brenner *m* 67
Brettspiele *f* 272
Bridge *n* 273
Brie *m* 142
Brief *m* 98
Briefpapier *n* 173
Brieffreund *m* 24
Briefkasten *m* 58, 99
Briefmarke *f* 98
Briefmarken *f* 112
Briefmarkensammeln *n* 273
Brieftasche *f* 37
Briefträger *m* 98, 190
Briefumschlag *m* 173
Brille *f* 51
Brillengestell *n* 51
Brioche *f* 157
Brokkoli *m* 123
Brombeere *f* 127
Bronze *f* 235
Brosche *f* 36
Broschüren *f* 96
Brot *n* 138, 157
Brot backen 138
Brötchen *n* 139, 143, 155
Brotfrucht *f* 124
Brotmesser *n* 68
Brotschneider *m* 139
browsen 177
Browser *m* 177
Bruch *m* 165
Brücke *f* 300
Bruder *m* 22
Brühe *f* 158
Brunei 319
brünett 39
Brunnenkresse *f* 123
Brust *f* 12, 119
Brustbein *n* 17
Brustflosse *f* 294
Brustkorb *m* 17
Brustmuskel *m* 16
Brustpumpe *f* 53
Brustschwimmen *n* 239
Brustübung *f* 251
Brustwarze *f* 12
Brustwirbel *f* 17
Brutkasten *m* 53
Bube *m* 273
Bubikopf *m* 39
Buch *n* 168
Buche *f* 296
Bücherregal *n* 63, 168
Buchhalter *m* 97
Buchhaltung *f* 175
Buchladen *m* 115
buchstabieren 162
Buffet *n* 152
Bug *m* 210, 214, 240
Bügelbrett *n* 76
Bügeleisen *n* 76
bügeln 76
Bugfahrwerk *m* 210
Buggy *m* 232
Bühne *f* 254
Bühnenbild *n* 254
Bukett *n* 35
Bulgarien 316
Bullauge *n* 214
Bull's Eye *n* 273
Bund *m* 258
Bungalow *m* 58
Bungeejumping *n* 248
Bunker *m* 232
Bunsenbrenner *m* 166
bunte Mischung *f* 113
Buntstift *m* 163
Burg *f* 300
Bürgersteig *m* 298
Burggraben *m* 300
Burkina Faso 317
Büro *n* 24, 172, 174
Büroausstattung *f* 172
Bürobedarf *m* 173
Bürogebäude *m* 298
Büroklammer *f* 173
bürsten 38, 50
Burundi 317
Bus *m* 196
Busbahnhof *m* 197
Busfahrer *m* 190
Bushaltestelle *f* 197, 299
Businessclass *f* 211
Büstenhalter *m* 35
Bustier *n* 35
Bustypen *f* 196
Butter *f* 137, 156
Buttermilch *f* 137
Butternusskürbis *m* 125
Bytes *f* 176

C

Cabrio *n* 199
Café *n* 148, 262
Cafetière *f* 65
Camcorder *m* 260, 269
Camembert *m* 142
Campari *m* 145
Camping *n* 266
Campingplatz *m* 266
Campingplatzver-waltung *f* 266
Campus *m* 168
Cappuccino *m* 148
Cashewnuss *f* 129
Cashewnüsse *f* 151
CD *f* 269
CD-Spieler *m* 268
Cello *n* 256
Champagner *m* 145
Chassis *n* 203
Check-up *m* 50
Cheddar *m* 142
Cheerleader *m* 220
Chef *m* 24
Chemie *f* 162
Chickenburger *m* 155
Chicorée *m* 122
Chile 315
Chili *m* 132
China 318
chippen 233
Chips *f* 113
Chiropraktik *f* 54
Chirurg *m* 48
Chirurgie *f* 49
Chor *m* 301
Chorizo *f* 143
Chrysantheme *f* 110
Chutney *n* 135
Cockpit *n* 210
Cocktail *m* 151
Cocktailrührer *m* 150
Cocktailshaker *m* 150
Cola *f* 144
Collage *f* 275
Comicheft *n* 112
Computer *m* 176
Container *m* 216
Containerhafen *m* 216
Containerschiff *n* 215
Controller *m* 269
Costa Rica 314
Couchtisch *m* 62
Countrymusik *f* 259
Cousin *m* 22
Capoeira *f* 237
Creme *f* 109
Crêpes *f* 155
Crew *f* 241
Croissant *n* 156
CT-Bild *n* 48
Curling *n* 247
Curry *n* 158
Currypulver *n* 132

D

Dach *n* 58, 203
Dachboden *m* 58
Dachgarten *m* 84
Dachgepäckträger *m* 198
Dachsparren *m* 186
Dachvorsprung *m* 58
Dachziegel *m* 58, 187
Dame *f* 272, 273
Damenbinde *f* 108
Damenkleidung *f* 34
Damenoberbekleidung *f* 105
Damensattel *m* 242
Damenschneiderin *f* 191
Damenwäsche *f* 105
Damespiel *n* 272
Dammschnitt *m* 52
dämpfen 67
Dampflokomotive *f* 208
Dänemark 316
Darlehen *n* 96
Darts *n* 273
Dartscheibe *f* 273
Datei *f* 177
Dattel *f* 129
Datum *n* 306
Dauerwelle *f* 39
Daumen *m* 15
Deck *n* 214
Deckanstrich *m* 83
Decke *f* 62, 71, 74
Deckel *m* 61, 66, 69
decken 227
Dekoration *f* 141
Delfin *m* 290
Deltamuskel *m* 16
Demokratische Republik Kongo *f* 317
den Anker werfen 217
den Ball abgeben 220, 221, 223
den Fernseher abschalten 269
den Fernseher einschalten 269
den Kanal wechseln 269
den Tisch decken 64
den Vorsitz führen 174
den Wecker stellen 71
Deo *n* 73
Deos *f* 108
Dermatologie *f* 49
Designer *m* 191
Desinfektionsmittel *n* 51
Desinfektionstuch *n* 47
Desktop *m* 177
Dessertwagen *m* 152
Deutschland 316
Dezember 306
Diagonale *f* 164
Diamant *m* 288
Diaphragma *n* 21
dichte Nebel *m* 287
Dichtung *f* 61
Dickdarm *m* 18
dicke Bohne *f* 122
Diele *f* 59
Dienstag *m* 306
Dienstleistungen *f* 94, 101
Diesel *m* 199
Diesellokomotive *f* 208
diese Woche 307
digital 179, 269
Digitale Box *f* 269
Digitalkamera *f* 270
Digitalprojektor *m* 163
Digitalradio *n* 268
Dill *m* 133
Dioptrie *f* 51
Diplom *n* 169
Dirigent *m* 256
Diskuswerfen *n* 234
diskutieren 163
Dissertation *f* 169
Distel *f* 297
Disziplinen *f* 247
dividieren 165
Diwali *n* 27
DJ *m* 179
Dock *n* 214, 216
Dokumentarfilm *m* 178
Dominica 314
Dominikanische Republik *f* 314
Domino *n* 273
Donner *m* 286
Donnerstag *m* 306
Doppel *n* 230
Doppelbett *n* 71
Doppeldecker *m* 196, 211
Doppelhaus *n* 58
doppelt 151
Doppelzimmer *n* 100
Dorf *n* 299
Dörrobst *n* 129, 156
Dose *f* 145, 311
Dosengetränk *n* 154
Dosenöffner *m* 68
Dosierung *f* 109
Dozent *m* 169
Drachen *m* 248
Drachenfliegen *n* 248
Draht *m* 79
Drahtschneider *m* 81
drechseln 79
Drehstuhl *m* 172
Drehzahlmesser *m* 201
drei 308
Dreieck *n* 164
Dreifuß *m* 166
dreihundert 308
Dreipunktlinie *f* 226
dreißig 308
dreißigster 309
dreitürig 200
dreiundzwanzigster 309
dreizehn 308
dreizehnter 309
Dress *m* 222
Dressurreiten *n* 243
dribbeln 222
dritter 309
driven 233
drucken 172
Drucken *n* 275
Drucker *m* 172, 176
Druck farbe *f* 275
Druckknopf *m* 30
Druckluftflasche *f* 239
Drüse *f* 19
Dschibuti 317
Dufflecoat *m* 31
düngen 91
Dünger *m* 91
dunkel 41
Dunkelkammer *f* 271
Dünndarm *m* 18
Dunstabzug *m* 66
Durchfall *m* 44, 109
Durchmesser *m* 164
Durchschwung *m* 233
Dusche *f* 72
duschen 72
Duschen *f* 266
Duschgel *n* 73
Duschkopf *m* 72

Duschtür *f* 72
Duschvorhang *m* 72
Düse *f* 89
Duty-free-Shop *m* 213
DVD *f* 268
DVD-Spieler *m* 268
Dynamo *m* 207

E

Eau de Toilette *n* 41
Ebene *f* 285
EC-Karte *f* 96
Eckfahne *f* 223
Eckzahn *m* 50
Eclair *n* 140
Economyclass *f* 211
Ecuador 315
Edamer *m* 142
Edelstein *m* 36
Ehefrau *f* 22
Ehemann *m* 22
Ei *n* 20
Eiche *f* 296
Eichelkürbis *m* 125
Eichhörnchen *n* 290
eicht zu kochen 130
Eidechse *f* 293
Eier *f* 137
Eierbecher *m* 65, 137
Eierschale *f* 137
Eierstock *m* 20
Eigelb *n* 137, 157
Eigenkapital *n* 97
Eileiter *m* 20
Eimer *m* 77, 82, 265
ein Baby bekommen 26
Einbahnstraße *f* 194, 298
Einbauschrank *m* 71
Einbruchdiebstahl *m* 94
einchecken 212
eine halbe stunde 304
eine Milliarde 309
eine Million 309
einen Dunk spielen *m* 227
einen Flug buchen 212
einen Rekord brechen 234
eine Stelle bekommen 26
eine Viertelstunde 304
einfach 151
einfädeln 277
ein Feuer machen 266
einfrieren 67
Eingang *m* 59
Eingangssperre *f* 209
eingelegt 159
eingemachte Obst *n* 135
einholen 245
einjährig 86
Einkauf *m* 104
Einkaufskorb *m* 106
Einkaufstasche *f* 106
Einkaufswagen *m* 106
Einkaufszentrum *n* 104
Einlagen *f* 53
einlochen 233
einloggen 177
einlösen 97
Einmachglas *n* 135
Einnwickelpapier *n* 111
ein Rad wechseln 203
eins 308
Einsatzpapier *n* 83
Einschienenbahn *f* 208
einschlafen 71
ein Schnaps 151
Einschreiben *n* 98
Einstand *m* 230
einstellen 179, 271
Einstellknopf *m* 167
Einstellung *f* 203
Eintopf *m* 158
eintopfen 91
Eintrittsgeld *n* 260
einundzwanzig 308
einundzwanzigster 309
Einwanderung *f* 212
Einwegkamera *f* 270
Einwegrasierer *m* 73
einweichen 130
Einwurf *m* 223, 226
einzahlen 96
Einzahlungsscheine *f* 96
Einzel *n* 230
Einzelbett *n* 71
Einzelhaus *n* 58
ein Zelt aufschlagen 266
Einzelzimmer *n* 100
Einzugsauftrag *m* 96
Eis *n* 120, 137, 149, 287
Eisbär *m* 291
Eisen *n* 109, 233, 289
Eisenwarenhandlung *f* 114
Eisfach *n* 67
Eisfläche *f* 224
Eishockey *n* 224
Eishockeyspieler *m* 224
Eiskaffee *m* 148
Eisklettern *n* 247
Eiskübel *m* 150
Eiskunstlauf *m* 247
Eislaufen *n* 247
Eisprung *m* 20, 52
Eisschnelllauf *n* 247
Eistee *m* 149
Eis und Zitrone 151
Eiswürfel *m* 151
Eiszange *f* 150
Eiszapfen *m* 287
Eiweiß *n* 137
Ekzem *n* 44
Elefant *m* 291
Elektriker *m* 188
Elektrische Bohrmaschine *f* 78
elektrische Blutdruckmessgerät *n* 45
elektrische Gitarre *f* 258
elektrische Schlag *m* 46
Elektrizität *f* 60
Elektroartikel *f* 105, 107
Elektroauto *n* 199
Elektrolokomotive *f* 208
Elektronenblitz *m* 270
Elektrorasierer *m* 73
elf 308
Elfenbeinküste 317
elfter 309
Ellbogen *m* 13
Elle *f* 17
El Salvado 314
Eltern *f* 23
E-Mail *f* 177
E-Mail-Adresse *f* 177
E-Mail-Konto *n* 177
Embryo *m* 52
emigrieren 26
Empfang *m* 100
empfangen 20
Empfängnis *f* 52
Empfängnisverhütung *f* 21
Empfangsdame *f* 100, 190
Empfangshalle *f* 100
Empfehlungszettel *m* 173
empfindlich 41
Emulsionsfarbe *f* 83
Endivie *f* 123
Endlinie *f* 226
endokrine System *n* 19
Endokrinologie *f* 49
Endzone *f* 220
Energiesparlampe *f* 60
englische Frühstück *n* 157
englische Kuchen *m* 140
englische Senf *m* 135
Englischhorn *n* 257
Enkel *m* 22
Enkelin *f* 22
Enkelkinder *n* 23
Entbindung *f* 52
Entbindungsstation *f* 48, 49
Ente *f* 119, 185
Entenei *n* 137
Entenküken *n* 185
Entfernung *f* 310
entgrätet 121
Enthaarung *f* 41
enthäutet 121
entlassen 48
entschuppt 121
Entspannung *f* 55
Entwässerung *f* 91
entwickeln 271
Entzündungshemmer *m* 109
Epilepsie *f* 44
Erdbeben *n* 283
Erdbeere *f* 127
Erdbeermilchshake *m* 149
Erde *f* 85, 280, 282
Erdgeschoss *n* 104
Erdkruste *f* 282
Erdkunde *f* 162
Erdnuss *f* 129
Erdnussbutter *f* 135
Erdnüsse *f* 151
Erdnussöl *n* 135
Erdung *f* 60
Erdzonen *f* 283
Ereignisse des Lebens *f* 26
Ergänzung *f* 55
Ergebnis *n* 49
erhalten 177
Eritrea 317
Erkältung *f* 44
Ermittlung *f* 94
Erntedankfest *n* 27
ernten 91, 183
Ersatzrad *n* 203
erschrocken 25
erste Etage *f* 104
erste Hilfe *f* 47
Erste-Hilfe-Kasten *m* 47
erster 309
erste Rang *m* 254
ersticken 47
ertrinken 239
eruptiv 288
Erwachsene *m* 23
Erweiterung *f* 52
Esel *m* 185
Espresso *m* 148
Essen *n* 64, 75, 149
Essig *m* 135, 142
Esskastanie *f* 129
Essteller *m* 65
Esszimmer *n* 64
Estland 316
Estragon *m* 133
Eukalyptus *m* 296
Eule *f* 292
Europa 316
Examensarbeit *f* 169
Exosphäre *f* 286
externe Festplatte *f* 176
Extraktion *f* 50
Eyeliner *m* 40

F

Fabrik *f* 299
Fach *n* 100
Facharzt *m* 49
Fachbereich *m* 169
Fächerordner *m* 173
Fachhochschulen *f* 169
Fadenführung *f* 276
Fagott *n* 257
Fahne *f* 221
fahrbare Liege *f* 48
Fähre *f* 215, 216
fahren 195
Fahrer *m* 196
Fahrerkabine *f* 95
Fahrersitz *m* 196
Fahrkarte *f* 209
Fahrkartenschalter *m* 209, 216
Fahrplan *m* 197, 209, 261
Fahrpreis *m* 197, 209
Fahrrad *n* 206
Fahrradhelm *m* 206
Fahrradkette *f* 206
Fahrradlampe *f* 207
Fahrradschloss *n* 207
Fahrradständer *m* 207
Fahrradweg *m* 206
Fahrschein *m* 197
Fahrstuhl *m* 59, 100, 104
Fährterminal *m* 216
Fairway *n* 232
Falke *m* 292
Falkland-Inseln *f* 315
Fallen *n* 237
Fallschirm *m* 248
Fallschirmspringen *n* 248
Faltbett *n* 266
Falte *f* 15
Familie *f* 22
fangen 220, 225, 227, 229, 245
Fänger *m* 229
Fans *f* 258
Farbe *f* 83, 273
Farben *f* 274
Farbton *m* 41
Farbtopf *m* 83
Farn *m* 86
Fasan *m* 119, 293
Faser *f* 127
Fassungsvermögen *n* 311
faul 127
Faust *f* 15, 237
Februar 306
Fechten *n* 249
Feder *f* 163, 293
Federball *m* 231
Federmäppchen *n* 163
Federwaage *f* 166
fegen 77
Fehler *m* 230
Fehlgeburt *f* 52
Feier *f* 140
Feiern *f* 27
Feige *f* 129
Feijoa *f* 128
Feile *f* 81
feine Nebel *m* 287
Feinkost *f* 107, 142
Feld *n* 182, 272
Feldauslinie *f* 221
Feldfrucht *f* 183
Feldfrüchte *f* 184
Feldhockey *n* 224

Felge *f* 206
Felgenbremse *f* 206
Felsen *f* 284
Fenchel *m* 122, 133
Fenchelsamen *f* 133
Feng Shui *n* 55
Fenster *n* 58, 177, 186, 197, 210
Fensterladen *m* 58
Ferkel *n* 185
Fernbedienung *f* 269
Fernglas *n* 281
fernsehen 269
Fernsehserie *f* 178
Fernsehstudio *n* 178
Ferse *f* 13, 15
Fertiggerichte *f* 107
Fesseln *n* 237
fest 124
Feste *f* 27
feste Honig *m* 134
festlichen Kuchen *f* 141
festmachen 217
Festnahme *f* 94
Fett *n* 119
fettarme Sahne *f* 137
fettfrei 137
fettig 39, 41
Fettpflanze *f* 87
feucht 286
Feuchtigkeitscreme *f* 41
Feuchttuch *n* 74
Feueranzünder *m* 266
feuerfest 69
Feuerlöscher *m* 95
Feuermelder *m* 95
Feuerstein *m* 288
Feuertreppe *f* 95
Feuerwache *f* 95
Feuerwehr *f* 95
Feuerwehrleute *f* 95
Feuerwehrmann *m* 189
Feuerzeug *n* 112
Fidschi 319
Fieber *n* 44
Figur *f* 260
Filet *n* 119, 121
filetiert 121
Filialleiter *m* 96
Film *m* 260, 271
Filmspule *f* 271
Filoteig *m* 140
Filter *m* 270
Filterkaffee *m* 148
Filterpapier *n* 167
Finanzberaterin *f* 97
Finger abdruck *m* 94
Fingerhut *m* 276, 297
Fingernagel *m* 15
Finnland 316
Finsternis *f* 280
Firma *f* 175
Fisch *m* 107, 120
Fische *f* 294
Fischer *m* 189
Fischerboot *n* 217
Fischereihafen *m* 217
Fischfangarten *f* 245
Fischgeschäft *n* 114, 120
Fischhändlerin *f* 188
Fischkorb *m* 245
Fischzucht *f* 183
Fitness *f* 250
Fitnesscenter *n* 250
Fitnessgerät *n* 250
Fitnessraum *m* 101
Flachbildfernseher *m* 269
flache Ende *n* 239
Fläche *f* 165, 310
Flachholzbohre *m* 80
Flachrennen *n* 243
Flachs *m* 184
Flachzange *f* 80
Fladenbrot *n* 139
Flagge *f* 232
Flamingo *m* 292
Flasche *f* 61, 135, 311
Flaschenöffner *m* 68, 150
Flaschenwasser *n* 144
Flauschdecke *f* 74
Fledermaus *f* 290
Fleisch *n* 118, 124
Fleisch und Geflügel *n* 107
Fleischerhaken *m* 118
Fleischklopfer *m* 68
Fleischklöße *f* 158
Fleischsorten *f* 119
Fleischspieß *m* 155
Flicken *m* 207
Fliege *f* 36, 244, 295
fliegen 211
Fliegenangeln *n* 245
Fließhecklimousine *f* 199
Flipchart *n* 174
Florentiner *m* 141
Florett *n* 249
Floristin *f* 188
Flosse *f* 290
Flugbegleiterin *f* 190, 210
Flügel *m* 60, 119, 293
Fluggastbrücke *f* 212
Flughafen *m* 212
Fluginformationsanzeige *f* 213
Flugnummer *f* 212
Flugticket *n* 213
Flugverbindung *f* 212
Flugzeug *n* 210
Flugzeugträger *m* 215
Fluss *m* 284
flüssige Honig *m* 134
Flüssigkeitsmaß *n* 311
Flüssigreiniger *m* 77
Flussmündung *f* 285
Fock *f* 240
Fohlen *n* 185
Föhn *m* 38
föhnen 38
Folk *m* 259
Follikel *m* 20
Football *m* 220
Footballspieler *m* 220
Forelle *f* 120
formell 34
Formen *f* 164
Formschnitt *m* 87
Forschung *f* 169
Fortpflanzung *f* 20
Fortpflanzungsorgane *f* 20
Fortpflanzungssystem *n* 19
Foto *n* 271
Fotoalbum *n* 271
Fotoapparattypen *f* 270
Fotofinish *n* 234
Fotogeschäft *n* 115
Fotograf *m* 191
Fotografie *f* 270
fotografieren 271
Fotorahmen *m* 271
Fötus *m* 52
Foul *n* 226
Foullinie *f* 229
Foyer *n* 255
Fracht *f* 216
Frachtraum *m* 215
Frachtschiff *n* 215
Frage *f* 163
fragen 163
Fraktur *f* 46
Frankreich 316
französischen Bohnen *f* 131
französische Senf *m* 135
Französisch-Guayana 315
Frau *f* 12, 13, 23
Fräulein *f* 23
Freesie *f* 110
freigesprochen 181
Freistoß *m* 222
Freitag *m* 306
Freiwurflinie *f* 226
freizeit *f* 254
Freizeitkleidung *f* 33
Fremdenführer *m* 260
Frequenz *f* 179
Freund *m* 24
Freundin *f* 24
Fries *m* 301
frisch 121, 127, 130
frische Fleisch *n* 142
Frischkäse *m* 136
Friseurin *f* 38
Frisierartikel *f* 38
Frisiersalon *m* 115
Frisiertisch *m* 71
Frisierumhang *m* 38
Frisuren *f* 39
frittiert 159
Frosch *m* 294
Frost *m* 287
Frostschutzmittel *n* 199
fruchtbar 20
Früchtejoghurt *m* 157
Fruchtfleisch *n* 127, 129
Fruchtgummi *m* 113
Fruchtmark *n* 127
Fruchtwasser *n* 52
Fruchtwasser geht ab *n* 52
früh 305
Frühkohl *m* 123
Frühling *m* 307
Frühlingszwiebel *f* 125
Frühstück *n* 64, 156
Frühstücksbuffet *n* 156
Frühstücks speck *m* 157
Frühstückstablett *n* 101
Frühstückstisch *m* 156
Fuchs *m* 290
Fuchsschwanz *m* 81
Fugenkitt *m* 83
Fühler *m* 295
Führerstand *m* 208
Führung *f* 260
füllen 76
Füller *m* 163
Füllung *f* 140, 155
fünf 308
Fünfeck *n* 164
fünfhundert 308
fünfter 309
fünfundfünfzigtausend fünfhundert 309
fünfzehn 308
fünfzehnter 309
fünfzig 308
fünfzigster 309
fünfzigtausend 309
Funkantenne *f* 214
Furche *f* 183
Fürstentum *n* 315
Fuß *m* 12, 15, 310
Fußabtreter *m* 59
Fußball *m* 222
Fußballdress *m* 31
Fußballfeld *n* 222
Fußballschuh *m* 223
Fußballspieler *m* 222
Fußboden *m* 62, 71
Fußende *n* 71
Fußgängerüberweg *m* 195
Fußgängerzone *f* 299
Fußpedal *n* 257
Fußrücken *m* 15
Fußschlaufe *f* 241
Fußsohle *f* 15
Fußweg *m* 262
Futter *n* 32
Futteral *n* 51
füttern 183

G

Gabel *f* 65, 207
Gabelstapler *m* 186, 216
Gabun 317
Gagat *m* 288
gähnen 25
Galapagos-Inslen *f* 315
Galaxie *f* 280
Gallone *f* 311
Galopp *m* 243
galvanisiert 79
Gambia 317
Gang *m* 106, 168, 210, 254
Gänge *f* 153, 206
Gans *f* 119, 293
Gänseblümchen *n* 297
Gänseei *n* 137
ganz 129, 132
Garage *f* 58
Gardine *f* 63
Garn *n* 276
Garnele *f* 121
Garten *m* 84
Garten ornamente *f* 84
Garten stöcke *f* 89
Gartenanlagen *f* 262
Gartenarbeit *f* 90
Gartencenter *n* 115
Gartengeräte *f* 88
Gartenhandschuhe *f* 89
Gartenkorb *m* 88
Gartenkürbis *m* 124
Gartenpflanzen *f* 86
Gartensauerampfer *m* 123
Gartenschere *f* 89
Gartenschlauch *m* 89
Gartentypen *f* 84
Gärtner *m* 188
Gasbrenner *m* 61, 267
Gashebel *m* 204
Gaspedal *n* 200
Gasse *f* 298
Gast *m* 64, 100
Gästebuch *n* 100
Gastgeber *m* 64
Gastgeberin *f* 64
Gatenummer *f* 213
Gaumen *m* 19
Gaze *f* 47
Gebäck *n* 140, 149
gebacken 159
Gebärmutter *f* 20, 52
Gebärmutterhals *m* 20, 52
Gebäude *f* 299
Gebäudereiniger *m* 188
Gebäude und Strukturen *f* 300
geben 273
Gebiete *f* 299
Gebirgskette *f* 282
Gebiss *n* 242
geboren werden 26
gebraten 159
gebratene Hähnchen *n* 155
Gebrauchs- anweisung *f* 109
Gebrauchtwarenhändler *m* 115
Geburt *f* 52, 53

Geburt einleiten f 53
Geburtsgewicht n 53
Geburtshelfer m 52
Geburtstag m 27
Geburtstagsfeier f 27
Geburtstagskerzen f 141
Geburtstagskuchen m 141
Geburtsurkunde f 26
Geburtszange f 53
gedämpft 159
Gedeck n 65, 152
Gedränge n 221
Gefahr f 195
Gefängnis n 181
Gefängniswärter m 181
Gefängniszelle f 181
gefärbt 39
Geflügel n 119
Gefrierfach n 67
Gefrier-Kühlschrank m 67
gefrorene Joghurt m 137
Gefühle f 25
gefüllt 159
gefüllte Olive f 143
Gegner m 236
gegrillt 159
Gehalt n 175
gehen lassen 139
Gehirn n 19
Gehirnerschütterung f 46
Gehrungslade f 81
Geige f 256
Geißblatt n 297
gekochte Ei n 137, 157
gekrümmt 165
Gel n 109
geladen 60
Geländemotorrad n 205
Geländewagen m 199
gelangweilt 25
gelb 274
Gelbwurz f 132
Geld n 97
Geldautomat m 97
Geldwirtschaft f 97
Geleebonbon m 113
Gelenk n 17
gemahlen 132
gemahlene Kaffee m 144
Gemälde n 63, 261, 274
gemischte Salat m 158
Gemüse n 107, 122, 124
Gemüsefach n 67
Gemüsegarten m 85, 182
Gemüsehändler m 188
Gemüseladen m 114
Generation f 23
Generator m 60
geöffnet 260
Geometrie f 165
Georgien 318
Gepäck n 100, 198, 213
Gepäckablage f 209
Gepäckabteilung f 104
Gepäckanhänger m 212
Gepäckausgabe f 213
Gepäckband n 212
Gepäckfach n 196, 210
Gepäckröntgenmaschine f 212
Gepäckträger m 204
gepökelt 118, 143
gerade 165
geradeaus 260
geraspelt 132
geräuchert 118, 121, 143, 159
Gerbera f 110
Gerichtsdiener m 180
Gerichtssaal m 180
Gerichtsstenograf m 181
Gerichtstermin m 180
Gerichtsverfahren n 180
geriebene Käse m 136
geröstet 129
Gerste f 130, 184
Gerüst n 186
gesalzen 121, 129, 137
Gesäß n 13
Gesäßmuskel m 16
gesaubert 121
Geschäft n 175
Geschäftsabkommen n 175
Geschäftsfrau f 175
Geschäftsführer m 175
Geschäftsmann m 175
Geschäftspartnerin f 24
Geschäftsreise f 175
geschält 129
geschälten Garnelen f 120
Geschenk n 27
Geschenkartikelladen m 114
Geschichte f 162
Geschirr n 64, 65
Geschlechtskrankheit f 20
Geschlechtsteile f 12
Geschlechtsverkehr m 20
geschlossen 260
Geschwindigkeitsbegrenzung f 195
Geschworenen f 180
Geschworenen bank f 180
Gesicht n 14
Gesichtsbehandlung f 41
Gesichtscreme f 73
Gesichtsmaske f 41
Gesichtspuder m 40
Gesichts-schutzmaske f 225
Gesicht-wasser n 41
Gesims n 300
gestalten 91
Gestänge n 267
Gestein n 288
Gestell n 166, 174
gestern 306
Gesundheit f 44
Gesundheitsfürsorge f 168
geteilt durch 165
getoastete Sandwich m 149
Getränke f 107, 144, 156
Getreidearten und Hülsenfrüchte f 130
Getreide n 130
Getreideflocken f 107, 130, 156
Getriebe n 202, 204
getrocknet 129, 143, 159
getrockneten Erbsen f 131
Gewächshaus n 85
Geweih n 291
Gewichstange f 251
Gewicht n 166, 244
Gewichte f 250
Gewinnanteile f 97
gewinnen 273
Gewinner m 273
Gewitter n 287
Gewölbe n 15, 300
Gewürze f 132
Gewürzessig m 135
Gewürznelke f 133
Geysir m 285
Ghana 317
Giebel m 300
Giebeldreieck n 301
gießen 67, 90
Gießen n 89
Gießkanne f 89
Gin m 145
Gin Tonic m 151
Gips m 83
Giraffe f 291
Girokonto n 96
Gitarrist m 258
Gitterstäbe f 74
Gladiole f 110
Glanz- 83
Glas- 69
Glas n 51, 134, 152, 311
Gläser f 150
Glasflasche f 166
glasieren 139
Glaskeramik kochfeld n 66
Glasstäbchen m 167
Glaswaren f 65
glatt 39
glätten 39
Glattrochen m 294
gleich 165
Gleichstrom m 60
Gleichung f 165
Gleis n 209
Gleisnummer f 208
Gleitschirmfliegen n 248
Gletscher m 284
Glied n 36
Glimmer m 289
Glimmerschiefer m 288
glücklich 25
Gneis m 288
Gold n 235, 289
Goldbrasse f 120
Goldfisch m 294
Golf n 232
Golfball m 233
Golfplatz m 232
Golfschläger f 233
Golfschuh m 233
Golfspielerin f 232
Golftasche f 233
Golfturnier n 233
Gong m 257
Gorilla m 291
gotisch 301
Gottesanbeterin f 295
GPS-System n 201
graben 90
graduieren 26
Graduierte f 169
Graduierungsfeier f 169
Gramm n 310
Granat m 288
Granatapfel m 128
Granit m 288
Grapefruit f 126
Graphit m 289
Gras n 87, 262
Grasfangsack m 88
Grasland n 285
Gräte f 121
grau 39, 274
Graubrot n 139, 149
graue Star m 51
Gravieren n 275
Greifzange f 167
Grenada 314
Griechenland 316
Grieß m 130
Griff m 36, 88, 230, 237
Griffe f 37
Grill m 267
Grille f 295
grillen 67
Grillpfanne f 69
Grippe f 44
grobe Senf m 135
Grönland 314
Großeltern 23
große Zeh m 15
Großmutter f 22
Großraumlimousine f 199
Großsegel n 240
Großvater m 22
Grübchen n 15
grün 129, 274
Grün n 232
Grundfarbe f 83
Grundfläche f 164
Grundierung f 40, 83
Grundlinie f 230
Grundriss m 261
grüne Bohne f 122
grüne Erbse f 122
grünen Erbsen f 131
grüne Olive f 143
grüne Salat m 158
grüne Tee m 149
Grünkohl m 123
Gruppentherapie f 55
Guatemala 314
Guave f 128
Guinea 317
Guinea-Bissau 317
Gummiband n 173
Gummihöschen n 30
Gummiknüppel m 94
Gummistiefel f 31, 89
Gurke f 125
Gürtel m 32, 36, 236
Gürtelschnalle f 36
Güterzug m 208
gut geschnitten 35
Guyana 315
Gymnastikband n 235
Gymnastikhose f 251
Gynäkologe m 52
Gynäkologie f 49

H

Haar n 14, 38
Haarband n 39
Haarbürste f 38
Haarfärbemittel n 40
Haarfarben f 39
Haargel n 38
Haarglätter m 38
Haarklammer f 38
Haarknoten m 39
Haarreif m 38
Haarspliss m 39
Haarspray n 38
Haarspülung f 38
Hacke f 88
Hackfleisch n 119
Hackmesser n 68
Hafen m 214, 216, 217
Hafenmeister m 217
Hafer m 130
Haferbrei m 157
Haftbefehl m 180
Haftentlassung auf Bewährung f 181
Hagel m 286
Hahn m 61, 185
Hähnchen n 119
Hähnchenstückchen f 155
Hahnenfuß m 297
Hai m 294
Haiti 314
Häkeln n 277
Häkelnadel f 277

Haken *m* 187, 276
halbdunkle Bier *n* 145
halbe Liter *m* 311
halbfeste Käse *m* 136
Halbfettmilch *f* 136
Halbinsel *f* 282
Halbpension *f* 101
Halfter *n* 243
Halloween *n* 27
Hals *m* 12, 258
Halskette *f* 36
Halskrawatte *f* 46
Halspastille *f* 109
Halswirbel *f* 17
Haltegriff *m* 196
Halteknopf *m* 197
halten 223
Halten verboten 195
Haltung *f* 232
Hämatit *m* 289
Hamburger *m* 154, 155
Hamburger mit Pommes frites *m* 154
Hammer *m* 80
hämmern 79
Hamster *m* 290
Hand *f* 13
Hand *n* 15
Handbohrer *m* 81
Handbremse *f* 203
Handfeger *m* 77
Handfläche *f* 15
Handgabel *f* 89
Handgelenk *n* 13, 15
Handgepäck *n* 211, 213
Handicap *n* 233
Handknöchel *m* 15
Handlauf *m* 59
Handrad *n* 276
Handsäge *f* 89
Handschellen *f* 94
Handschuh *m* 224, 228, 233, 236, 246
Handschuhe *f* 36
Handtasche *f* 37
Handtuch *n* 73
Handtücher *f* 73
Handtuchhalter *m* 72
Handy *n* 99
Hang *m* 284
Hängematte *f* 266
Hängeordner *m* 173
Hantel *f* 251
Hardware *f* 176
Harfe *f* 256
harken 90
Harnleiter *m* 21
Harnröhre *f* 20
Harnsystem *n* 19
hart 129
Hartfaserplatte *f* 79
Hartholz *n* 79
Hartkäse *m* 136
Haselnuss *f* 129
Haselnussöl *n* 134
Hauptfahrwerk *n* 210
Hauptgericht *n* 153
Hauptmahlzeit *f* 158
Haupt-stadt *f* 315
Haus *n* 58
Hausanschlüsse *f* 60
Hausapotheke *f* 72
Hausaufgabe *f* 163
Hausbriefkasten *m* 99
Haushaltsraum *m* 76
Haushaltswaage *f* 69
Haushaltswaren *f* 107
Haushaltswäsche *f* 105
Hausschuhe *f* 31
Haustür *f* 58
Haustürlampe *f* 58
Haut *f* 14, 119
Hautausschlag *m* 44
Hautpflege *f* 108
Hawaii 314
Heavy Metal *n* 259
Hebamme *f* 53
Hebel *m* 61, 150
Heck *n* 210, 240
Hecke *f* 85, 90, 182
Heckenschere *f* 89
Hecktür *f* 198
Hefe *f* 138
Heft *n* 163
heften 277
Hefter *m* 173
hegen 91
Heidekraut *n* 297
Heidelbeere *f* 127
Heilbuttfilets *f* 120
Heilkraut *n* 55
Heimwerkstatt *f* 78
heiraten 26
heiß 286
heiße Schokolade *f* 144, 156
heißen Getränke *f* 144
Heißluftballon *m* 211
Heißwasserhahn *m* 72
Heizdecke *f* 71
Heizelement *n* 61
Heizkörper *m* 60
Heizlüfter *m* 60
Heizofen *m* 60
Heizungsregler *m* 201
hell 41
Helm *m* 220, 228
Hemd *n* 33
Hemdchen *n* 30
Henkel *m* 106
Herbizid *n* 183
Herbst *m* 31, 307
Herde *f* 183
Hering *m* 266
Herr *m* 23
Herrenbekleidung *f* 105
Herrenfriseur *m* 39, 188
Herrenkleidung *f* 32
herunterladen 177
Herz *n* 18, 119, 122, 273
Herzinfarkt *m* 44
Herzmuschel *f* 121
Herz und Gefäßsystem *n* 19
Heu *n* 184
Heuschnupfen *m* 44
Heuschrecke *f* 295
heute 306
Hieb *m* 237
hier essen 154
Hi-Fi-Anlage *f* 268
Hilfskoch *m* 152
Himalaja *m* 313
Himbeere *f* 127
Himbeerkonfitüre *f* 134
Hindernis *n* 243
hinterherlaufen 229
Hinterrad *n* 197
Hirsch *m* 291
Hirse *f* 130
historische Gebäude *n* 261
HNO-Abteilung *f* 49
Hobel *m* 81
hobeln 79
hoch 271
hochauflösend 269
hochbinden 91
Hochfrisur *f* 39
Hochgeschwindigkeits-zug *m* 208
hochglanz 271
Hochschule *f* 168
Hochseefischerei *f* 245
Hochsprung *m* 235
Höchsttlade-marke *f* 214
Hochzeit *f* 26, 35
Hochzeitsfeier *f* 26
Hochzeitskleid *n* 35
Hochzeitsreise *f* 26
Hochzeitstag *m* 26
Hochzeitstorte *f* 141
hochziehen 251
Höcker *m* 291
Hockey *n* 224
Hockeyball *m* 224
Hockeyschläger *m* 224
Hoden *m* 21
Hodensack *m* 21
Hof *m* 58, 84, 182
Höhe *f* 165, 211
Höhen leitwerk *n* 210
Höhle *f* 284
Hole-in-One *n* 233
Holz *n* 79, 233, 275
Holzarbeit *f* 275
Holzblasinstrumente *f* 257
Holzbohrer *f* 80
Holzkohle *f* 266
Holzleim *m* 78
Holzlöffel *m* 68
Holzspäne *f* 78
homogenisiert 137
Homöopathie *f* 55
Honduras 314
Hörer *m* 99
Hormon *n* 20
Horn *n* 257, 291
Hornhaut *f* 51
Horrorfilm *m* 255
Hörsaal *m* 169
Hose *f* 32, 34
Hotdog *m* 155
Hotel *n* 100, 264
Hubschrauber *m* 211
Huf *m* 242, 291
Hufeisen *n* 242
Hüfte *f* 12
Hügel *m* 284
Huhn *n* 185
Hühnerei *n* 137
Hühnerfarm *f* 183
Hühnerstall *m* 185
Hülse *f* 130
Hülsenfrüchte *f* 131
Hummer *m* 121, 295
Hund *m* 290
hundert 308
hundertster 309
hunderttausend 309
hundertzehn 308
Hundeschlittenfahren *n* 247
hungrig 64
Hupe *f* 201, 204
Hürdenlauf *m* 235
Hurrikan *m* 287
Husten *m* 44
Hustenmedikament *n* 108
Hut *m* 36
Hüttenkäse *m* 136
Hydrant *m* 95
Hypnotherapie *f* 55
hypoallergen 41
Hypotenuse *f* 164
Hypothek *f* 96

I

Igel *m* 290
Imbissstand *m* 154
Imbissstube *f* 154
immergrün 86
Immobilienmakler *m* 115
Immobilienmaklerin *f* 189
Impfung *f* 45
impotent 20
in den Ruhestand treten 26
Indien 318
indigoblau 274
Indische Ozean *m* 313
Indonesien 319
Industriegebiet *n* 299
Infektion *f* 44
information *f* 304
Information *f* 261
Ingwer *m* 125, 133
Inhalations apparat *m* 44
Inhalierstift *m* 109
Inlandsflug *m* 212
Inlinerfahren *n* 263
Inlineskaten *n* 249
Innenausstattung *f* 200
Innenfeld *n* 228
Innenstadt *f* 298, 299
Innereien *f* 118
innere Kern *m* 282
inneren Organe *f* 18
Inning *n* 228
in Lake 143
in Ohnmacht fallen 25, 44
in Öl 143
in Saft 159
ins Bett gehen 71
Insektenschutzmittel *n* 108
Insektenspray *m* 267
Insel *f* 282
in Sicherheit 228
in Soße 159
Inspektor *m* 94
installieren 177
Instrumente *f* 258
Insulin *n* 109
Intensivstation *f* 48
Intercity *m* 209
Internet *n* 177
Interviewer *m* 179
Ionosphäre *f* 286
Irak *m* 318
Iran *m* 318
Iris *f* 51, 110
Irland 316
Island 316
Isolierband *n* 81
Isolierung *f* 61
Israel 318
Italien 316

J

Jacht *f* 215
Jachthafen *m* 217
Jacke *f* 32, 34
Jade *m* 288
Jagdflugzeug *n* 211
Jagdrennen *n* 243
Jahr *n* 306
Jahre *f* 307
Jahreszeiten *f* 307
Jahrhundert *n* 307
jährlich 307
Jahrmarkt *m* 262
Jahrtausend *n* 307
Jahrzehnt *n* 307
Jakobsmuschel *f* 121
Jalousie *f* 63
Jamaika 314
Jamswurzel *f* 125
Januar 306
Januar *m* 306
Japan 318
jäten 91
Jazz *m* 259
Jeans *f* 31, 33
Jemen *m* 318
Jetskifahren *n* 241
jetzt 304
Jogging *n* 251, 263
Joghurt *m* 137
Johannisbeere *f* 127
Joker *m* 273

Jordanien 318
Journalist *m* 191
Judo *n* 236
Jugendliche *f* 23
Jugendstil *m* 301
Juli 306
Junge *m* 23
Junge *n* 290
Juni 306
Jupiter *m* 280
Juwelier *m* 188
Juwelierarbeit *f* 275
Juweliergeschäft *n* 114

K

Kabel *n* 79, 207
Kabelfernsehen *n* 269
Kabeljau *m* 120
Kabinda 317
Kabine *f* 210, 214
Kabinenlift *m* 246
kacheln 82
Käfer *m* 295
Kaffee *m* 144, 148, 153, 156, 184
Kaffeemaschine *f* 148, 150
Kaffeemilchshake *m* 149
Kaffeetasse *f* 65
kahl 39
Kai *m* 216
Kaiserschnitt *m* 52
Kajak *n* 241
Kajakfahren *n* 241
Kakadu *m* 293
Kakaopulver *n* 148
Kakerlake *f* 295
Kaki *f* 128
Kaktus *m* 87
Kaktusfeige *f* 128
Kalb *n* 185
Kalbfleisch *n* 118
Kalender *m* 306
Kaliningrad 316
Kalk *m* 85
Kalkstein *m* 288
kalt 286
kaltgepresste Öl *n* 135
Kaltwasserhahn *m* 72
Kalzit *m* 289
Kalzium *n* 109
Kambodscha 319
Kamel *n* 291
Kamera *f* 178, 260
Kamerahandy *n* 270
Kamerakran *m* 178
Kameramann *m* 178
Kameratasche *f* 271
Kamerun 317
Kamillentee *m* 149
Kamin *m* 62
Kamm *m* 38
kämmen 38
Kammer *f* 283
Kampf *m* 237
Kampfsport *m* 236
Kampfsportarten *f* 237
Kanada 314
Kanal *m* 178, 299
Kanalschacht *m* 299
Kanarienvogel *m* 292
kandierten Früchte *f* 129
Känguru *n* 291
Kaninchen *n* 118, 290
Kante *f* 246
Kanter *m* 243
Kanu *n* 214
Kapern *f* 143
Kapitalanlage *f* 97
Kapitän *m* 214
Kapsel *f* 109
Kapstachelbeere *f* 128
Kapuze *f* 31
Kapuzenmuskel *m* 16
Karamell *m* 113
Karamellpudding *m* 141
Karate *n* 236
Kardamom *m* 132
Kardanwelle *f* 202
Kardiologie *f* 49
Karibische Meer *n* 312
Karies *f* 50
Karneval *m* 27
Karo *n* 273
Karosserie *f* 202
Karotte *f* 124
Karte *f* 27
Karten *f* 273
Kartenreiter *m* 173
Kartenschlitz *m* 97
Kartenspiel *n* 273
Kartoffel *f* 124
Kartoffelchips *f* 151
Kartoffelstampfer *m* 68
Kasachstan 318
Käse *m* 136, 156
Kasino *n* 261
Kaspische Meer *n* 313
Kasse *f* 106, 150, 255
Kasserolle *f* 69
Kassette *f* 269
Kassettenrekorder *m* 269
Kassierer *m* 96, 106
Katamaran *m* 215
Katar 318
Kathedrale *f* 300
Katheter *m* 53
Kätzchen *n* 290
Katze *f* 290
Katzenauge *n* 204
Kaufhaus *n* 105
Kaugummi *m* 113
Kaulquappe *f* 294
Kaution *f* 181
Kegel *m* 164, 249
Kehldeckel *m* 19
Kehle *f* 19
Kehlkopf *m* 19
Kehrblech *n* 77
Keilriemen *m* 203
Keilschuh *m* 37
keine Einfahrt 195
Keks *m* 113
Kekse *f* 141
Kelch *m* 297
Kelle *f* 187
Kellergeschoss *n* 58
Kellner *m* 148, 152
Kellnerin *f* 191
Kendo *n* 236
Kenia 317
Kenn-marke *f* 94
kentern 241
Kern *m* 122, 127, 128, 129, 130
Kerngehäuse *n* 127
kernlos 127
Kescher *m* 244
Kessel *m* 61
Kesselpauke *f* 257
Ketchup *m* 135
Kette *f* 36
Kettenzahnrad *n* 207
Keule *f* 119
Keyboard *n* 258
Kichererbsen *f* 131
Kickboxen *n* 236
kicken 221, 223
Kiefer *f* 296
Kieferknochen *m* 17
Kiel *m* 214
Kieme *f* 294
Kies *m* 88
Kilogramm *n* 310
Kilometer *m* 310
Kilometerzähler *m* 201
Kind *n* 23, 31
Kinder *n* 23
Kinderabteilung *f* 104
Kinderbett *n* 74
Kinderheilkunde *f* 49
Kinderkleidung *f* 30
Kinderportion *f* 153
Kindersicherung *f* 75
Kindersitz *m* 198, 207
Kinderstation *f* 48
Kinderstuhl *m* 75
Kinderwagen *m* 75
Kinderzimmer *n* 74
Kinn *n* 14
Kino *n* 255, 299
Kinosaal *m* 255
Kipper *m* 187
Kirche *f* 299, 300
Kirgisistan 318
Kirsche *f* 126
Kirschtomate *f* 124
Kissenbezug *m* 71
Kiwi *f* 128
Klammer *f* 166
Klammern *f* 173
Klampe *f* 240
Klappe *f* 179
Klapptisch *m* 210
Klarinette *f* 257
Klasse *f* 163
Klassenzimmer *n* 162
klassische Musik *f* 255, 259
klassizistisch 301
Klatschmohn *m* 297
Klaue *f* 291
Klavier *m* 256
Klebepistole *f* 78
Klebstoff *m* 275
Klee *m* 297
Kleid *n* 31, 34
Kleiderbügel *m* 70
Kleiderschrank *m* 70
Kleidung *f* 205
Kleie *f* 130
Kleinbus *m* 197
kleine Finger *m* 15
kleine Trommel *f* 257
kleine Zeh *m* 15
Kleinkind *n* 30
Kleisterbürste *f* 82
Klementine *f* 126
Klemmbrett *n* 173
Klempner *m* 188
Klettergerüst *n* 263
Klettern *n* 248
Kletterpflanze *f* 87
Klient *m* 180
Klimaanlage *f* 200
Klinge *f* 89
Klingel *f* 197
Klinik *f* 48
Klippe *f* 285
Klitoris *f* 20
Klöppel *m* 277
Klubhaus *n* 232
Klubsandwich *n* 155
Knabbereien *f* 151
Knäckebrot *n* 139, 156
knackig 127
Knebelknopf *m* 31
Kneten 138
Knie *n* 12
Kniebeuge *f* 251
knielang 34
Kniescheibe *f* 17
Knieschützer *m* 205, 227
Kniesehnen strang *m* 16
Knoblauch *m* 125, 132
Knoblauchpresse *f* 68
Knöchel *m* 13, 15
knöchellang 34
Knochen *m* 17, 119
Knochenasche *f* 88
Knock-out *m* 237
Knopf *m* 32
Knopfloch *n* 32
Knorpel *m* 17
Knospe *f* 111, 297
Koalabär *m* 291
Koch *m* 190
köcheln lassen 67
Kochen *n* 67
Köcher *m* 249
Kochfeld *n* 67
Kochmütze *f* 190
Kochtopf *m* 69
Köder *m* 244
Köderhaken *m* 244
ködern 245
Kofferkuli *m* 100, 208, 213
Kofferraum *m* 198
Kohl *m* 123
Kohle *f* 288
Kohlestift *m* 275
Kohlrabi *m* 123
Kohlrübe *f* 125
Koikarpfen *m* 294
Kokon *m* 295
Kokosnuss *f* 129
Kolben *m* 166
Kolibri *m* 292
Kollege *m* 24
Kolonie *f* 315
Kolumbien 315
Kombinationszange *f* 80
Kombiwagen *m* 199
Kombüse *f* 214
Komet *m* 280
Kommandobrücke *f* 214
Kommandoturm *m* 215
Kommode *f* 70
Kommunikation *f* 98
Komödie *f* 255
Komoren *f* 317
Kompass *m* 240, 312
Komposterde *f* 88
Kompost haufen *m* 85
Kondensmilch *f* 136
Konditorcreme *f* 140
Konditorei *f* 114
Kondom *n* 21
Konfitüre *f* 156
Konglomerat *n* 288
Kongo 317
König *m* 272, 273
Konserven *f* 107
Konsultation *f* 45
Kontaktlinsen *f* 51
Kontaktlinsen behälter *m* 51
Kontinent *m* 282, 315
Kontonummer *f* 96
Kontoüberziehung *f* 96
Kontrabass *m* 256
Kontrafagott *n* 257
Kontrollturm *m* 212
Konzert *n* 255, 258
Kopf *m* 12, 19, 112, 230
köpfen 222
Kopfende *n* 70
Kopfhaut *f* 39
Kopfhörer *f* 268
Kopfkissen *n* 70
Kopfschmerzen *f* 44
Kopfschutz *m* 74, 236
Kopfstütze *f* 200
Kopfverletzung *f* 46
kopieren 172
Kopilot *m* 211
Koppel *f* 243
Korallenriff *n* 285
Korb *m* 207, 226
Korbbrett *n* 226
Körbchen *n* 74

Korbring *m* 226
Koriander *m* 133
Korinthe *f* 129
Korken *m* 134
Korkenzieher *m* 150
Körner *f* 131
Körnerbrot *n* 139
Körper *f* 164
Körper *m* 12
Körperlotion *f* 73
Körperpuder *m* 73
Körpersysteme *f* 19
Körperverletzung *f* 94
Korrekturstift *m* 40
Korsett *n* 35
Korsika 316
Kosovo 316
Kotelett *n* 119
Krabbe *f* 121
Kraftstoffanzeige *f* 201
Kraftstofftank *m* 204
Krafttraining *n* 251
Kragen *m* 32
Krähe *f* 292
Krake *m* 121, 295
Kralle *f* 293
Krampf *m* 239
Krämpfe *f* 44
Kran *m* 187, 216
Kranich *m* 292
Krankenhaus *n* 48
Krankenhausstation *f* 48
Kranken schwester *f* 45
Kranken-schwester *f* 48
Krankenschwester *f* 189
Krankenwagen *m* 94
Krankheit *f* 44
Kranz *m* 111
Krater *m* 283
kratzen 77
Kraulen *n* 239
Kraut *n* 86
Kräuter *f* 133, 134
Kräutergarten *m* 84
Kräuterheilkunde *f* 55
Kräuterheilmittel *f* 108
Kräutermischung *f* 132
Kräutertee *m* 149
Kräuter und Gewürze *f* 132
Krawatte *f* 32
Krawattennadel *f* 36
Krebs *m* 121, 295
Kreditkarte *f* 96
Kreide *f* 288
Kreis *m* 164
Kreissäge *f* 78
Kreisverkehr *m* 195
Kreuz *n* 13, 256, 273
Kreuzblume *f* 300
kreuzen 241
Kreuzkümmel *m* 132
Kreuzschlitzschrauben -zieher *m* 80
Kreuzung *f* 194, 298
Kricket *n* 225
Kricketball *m* 225
Kricketspieler *m* 225
Krickettor *n* 225
Kriechpflanze *f* 87
Kriegsschiff *n* 215
Kriminal-beamte *m* 94
Kristalltherapie *f* 55
Kroatien 316
Krokodil *n* 293
Krokodilklemme *f* 167
Krone *f* 50
Kröte *f* 294
Krug *m* 65, 151
Kruste *f* 139
Kuba 314
Küche *f* 66, 152
Kuchen *f* 140
Kuchenbacken *n* 69
Kuchenblech *n* 69
Küchenchef *m* 152
Kuchenform *f* 69
Küchengeräte *f* 66, 68, 105
Küchenmaschine *f* 66
Küchenmesser *n* 68
Küchenregal *n* 66
Küchen schrank *m* 66
Kugel *f* 149, 164
Kugelstoßen *n* 234
Kuh *f* 185
Kühler *m* 202
Kühlmittelbehälter *m* 202
Kühlschrank *m* 67
Kuhmilch *f* 136
Küken *n* 185
Kulisse *f* 254
Kultivator *m* 182
Kümmel *m* 131
Kumquat *f* 126
Kunde *m* 96, 104, 106, 152
Kundendienst *m* 104
Kundendienstabteilung *f* 175
Kundin *f* 38, 175
Kung-Fu *n* 236
Kunst *f* 162
Kunstgalerie *f* 261
Kunstgeschichte *f* 169
Kunsthandlung *f* 115
Kunsthandwerk *n* 274, 276
Kunsthochschule *f* 169
Künstlerin *f* 274
Kupfer *n* 289
Kuppel *f* 300
Kupplung *f* 200, 204
Kürbis *m* 125
Kürbiskern *m* 131
Kurierdienst *m* 99
kurz 32
kurzgebraten 159
Kurzhaarschnitt *m* 39
Kurzsichtigkeit *f* 51
Kurzwaren *f* 105
Kurzwelle *f* 179
Kuscheltier *n* 75
Kuskus *m* 130
Küste *f* 285
Küstenwache *f* 217
Kuwait 318

L

Labor *n* 166
Laborwaage *f* 166
Lächeln *n* 25
lachen 25
Lachs *m* 120
Lack *m* 79, 83
Lacrosse *n* 249
Lacrosseschläger *m* 249
Laden *m* 298
Lagerfeuer *n* 266
Laib *m* 139
Laken *n* 74
Lakritze *f* 113
Laktose *f* 137
Lamm *n* 118, 185
Lampe *f* 62
Lampen *f* 105
Land *n* 282, 315
landen 211
Landschaft *f* 284
Landungsbrücke *f* 214
Landungssteg *m* 217
Landwirt *m* 189
landwirtschaftlichen Betriebe *f* 183
lang 32
Länge *f* 165, 310
Längengrad *m* 283
Langkorn 130
Langlauf *m* 247
Langlaufmaschine *f* 250
Längsschnitt *m* 282
Langwelle *f* 179
Laos 318
Laptop *m* 172, 176
Lärche *f* 296
Lastwagen *m* 194
Lastwagenfahrer *m* 190
Laterne *f* 217
Latte *f* 235
Lätzchen *n* 30
Latzhose *f* 30
Laubbaum *m* 86
Laubrechen *m* 88
Laubsäge *f* 81
Lauch *m* 125
Lauf *m* 228
Laufband *n* 106, 250
Läufer *m* 272
Laufstall *m* 75
Lautsprecher *m* 176, 209, 258
Laut-sprecherbox *f* 268
Lautstärke *f* 179, 269
Lava *f* 283
Lawine *f* 247
Leadsänger *m* 258
Lebensmittel *f* 106
Lebensmittelabteilung *f* 105
Lebensmittelgeschäft *n* 114
Leber *f* 18, 118
Lederanzug *m* 205
Leder schuhe *f* 32
Lederschuh *m* 37
Leerung *f* 98
legen 38
leger 34
Leggings *f* 31
Leguan *m* 293
Lehm *m* 85
Lehne *f* 64
Lehrerin *f* 162, 190
Leichtathletik *f* 234
Leichtathletin *f* 234
Leichtflugzeug *n* 211
Leinen *n* 277
Leinwand *f* 255, 274
Leiste *f* 12
leitende Angestellte *m* 174
Leiter *f* 95, 186
Leitkegel *m* 187
Leitplanke *f* 195
Leitung *f* 60
Leitungswasser *n* 144
Lendensteak *n* 119
Lendenwirbel *f* 17
Lenkrad *n* 201
Lenkstange *f* 207
lernen 163
lernen *n* 162
Leselampe *f* 210
Leserausweis *m* 168
Lesesaal *m* 168
Lesotho 317
Lettland 316
letzte Woche 307
Leuchtrakete *f* 240
Leuchtstreifen *m* 205
Leuchtturm *m* 217
Leukoplast *n* 47
Levkoje *f* 110
Lexikon *n* 163
Libanon *m* 318
Libelle *f* 295
Liberia 317
Libyen 317
Licht *n* 94
Lichtmaschine *f* 203
Lichtschalter *m* 201
Lid *n* 51
Lidschatten *m* 40
Liebesfilm *m* 255
Liechtenstein 316
Lied *n* 259
Lieferung ins Haus *f* 154
Liegestuhl *m* 265
Liegestütz *m* 251
Likör *m* 145
lila 274
Lilie *f* 110
Limonade *f* 144
Limone *f* 126
Limousine *f* 199
Linde *f* 296
Lineal *n* 163, 165
Linien *f* 165
Liniennummer *f* 196
Linienrichter *m* 223, 230
Liniensystem *n* 256
linke Feld *n* 228
links 260
Linkssteuerung *f* 201
Linse *f* 51, 270
Lipgloss *n* 40
Lippe *f* 14
Lippenkonturenstift *m* 40
Lippenpinsel *m* 40
Lippenstift *m* 40
Litauen 316
Liter *m* 311
Literatur *f* 162
Literaturliste *f* 168
Literaturwissenschaft *f* 169
Litschi *f* 128
live 178
Lob *m* 231
Loch *n* 232
Locher *m* 173
Lockenstab *m* 38
lockig 39
Löffel *m* 65
Löffelbiskuits *f* 141
Loganbeere *f* 127
Loge *f* 254
Logo *n* 31
Lohnliste *f* 175
Loin *n* 121
Lokomotive *f* 208
Lorbeerblatt *n* 133
Löschfahrzeug *n* 95
loslassen 245
löslich 109
Lösungsmittel *n* 83
löten 79
Lötkolben *m* 81
Lötzinn *m* 79, 81
Löwe *m* 291
Löwenzahn *m* 123, 297
Luftdüse *f* 210
Luftfilter *m* 202, 204
Luftkissenboot *n* 215
Luftmanschette *f* 45
Luftmatratze *f* 267
Luftpumpe *f* 207
Luftröhre *f* 18
Lunge *f* 18
Lungenautomat *m* 239
Lupinen *f* 297
Lutscher *m* 113
Luxemburg 316
Luzerne *f* 184
lymphatische System *n* 19

M

Macadamianuss *f* 129
Madagaskar 317
Mädchen *f* 23

Magen *m* 18
Magenschmerzen *f* 44
magere Fleisch *n* 118
Magermilch *f* 136
Magister *m* 169
Magma *n* 283
Magnesium *n* 109
Magnet *m* 167
Mähdrescher *m* 182
mähen 90
Mahlzeit *f* 64
Mähne *f* 242, 291
Mai 306
Mais *m* 122, 124, 130, 184
Maisbrot *n* 139
Maiskeimöl *n* 135
Majonäse *f* 135
Majoran *m* 133
Make-up *n* 40
Makramee *n* 277
Makrele *f* 120
mal 165
Malachit *m* 289
Malawi 317
Malaysia 319
Malediven *f* 318
Malerei *f* 274
Malerin *f* 191
Mali 317
Malspieler *m* 228
Malta 316
Malzessig *m* 135
Malzgetränk *n* 144
Manager *m* 174
Manchego *m* 142
Mandarine *f* 126
Mandel *f* 129
Mandeln *f* 151
Mandelöl *n* 134
Mango *f* 128
Mangold *m* 123
Maniküre *f* 41
Maniok *m* 124
Mann *m* 12, 13, 23
männlich 21
Mannschaft *f* 220
Mansardenfenster *n* 58
Manschette *f* 32
Manschettenknopf *m* 36
Mantel *m* 32, 282
Maracas *f* 257
Marathon *m* 234
Margarine *f* 137
Margerite *f* 110
Marienkäfer *m* 295
mariniert 143, 159
Marketingabteilung *f* 175
Markise *f* 148
Markt *m* 115
Marmor *m* 288
Marokko 317
Mars *m* 280
Marshmallow *n* 113
Martini *m* 151
März 306
Marzipan *n* 141
Maschinen *f* 187
Maschinenbau *m* 169
Maschinengewehr *n* 189
Maschinenraum *m* 214
Masern *f* 44
Maske *f* 236, 249
Massage *f* 54
Maß *n* 150, 151
Maße *f* 165
Maße und Gewichte *f* 310
Mast *m* 240
Mastdarm *m* 21
Match *n* 230
Material *n* 187
Materialien *f* 79
Mathematik *f* 162, 164
Matratze *f* 70, 74
matt 83, 271
Matte *f* 54, 235
Mauer *f* 58, 186, 222
Mauerturm *m* 300
Mauerwerk-bohrer *m* 80
Maurer *m* 188
Mauretanien 317
Mauritius 317
Maus *f* 176, 290
Mautstelle *f* 194
Mazedonien 316
MDF-Platte *f* 79
Mechanik *f* 202
Mechaniker *m* 188, 203
Medaillen *f* 235
Medien *f* 178
Medikament *n* 109
Meditation *f* 54
Medizin *f* 169
Meer *n* 264, 282
Meeresfrüchte *f* 121
Meerrettich *m* 125
Mehl *n* 138
Mehl mit Backpulver *n* 139
Mehl ohne Backpulver *n* 139
mehrjährig 86
Mehrkornbrot *n* 139
Meile *f* 310
Meisterschaft *f* 230
melken 183
Melodie *f* 259
Melone *f* 127
Melonen *f* 127
Memorystick *m* 176
Mensa *f* 168
menschen *f* 12
Menstruation *f* 20
Menüleiste *f* 177
Merkur *m* 280
Merlan *m* 120
Mesosphäre *f* 286
Messbecher *m* 69, 150, 311
messen 310
Messer *n* 65, 66, 80
Messerschärfer *m* 68, 118
Messlöffel *m* 109
Metall *n* 79
Metallbohrer *m* 80
Metalle *f* 289
Metallsäge *f* 81
metamorph 288
Meteor *m* 280
Meter *m* 310
Metermaß *n* 80
Metzger *m* 118, 188
Metzgerei *f* 114
Mexiko 314
Mieder *n* 35
Miesmuschel *f* 121
Miete *f* 58
mieten 58
Mieter *m* 58
Migräne *f* 44
Mikrofon *n* 179, 258
Mikrofongalgen *m* 179
Mikroskop *n* 167
Mikrowelle *f* 66
Milch *f* 136, 156
Milchkaffee *m* 148
Milchprodukte *f* 107, 136
Milchpulver *n* 137
Milchreis *m* 130, 140
Milchschokolade *f* 113
Milchshake *m* 137
Milchtüte *f* 136
Milligramm *n* 310
Milliliter *m* 311
Millimeter *m* 310
Milz *f* 18
Mineralien *f* 289
Mineralwasser *n* 144
Minibar *f* 101
minus 165
minuspol *m* 167
Minute *f* 304
Minutenzeiger *m* 304
Minze *f* 133
mischen 273
Mischpult *n* 179
Mistgabel *f* 88
mit Automatik 200
mit dem Netz fangen 245
mit Eis 151
mit Formbügeln 35
mit Handschaltung 200
mit Kohlensäure 144
mit Kopfdünger düngen 90
mit offenem Oberdeck 260
mit Rasen bedecken 90
mit Schokolade überzogen 140
Mittag *m* 305
Mittagessen *n* 64
Mittagsmenü *n* 152
Mittelfeld *n* 228
Mittelfinger *m* 15
Mittelfußknochen *m* 17
Mittelhand knochen *m* 17
mittelharte Käse *m* 136
Mittelkreis *m* 222, 224, 226
Mittellinie *f* 226
Mittelmeer *n* 313
Mittelpunkt *m* 164
Mittelstreifen *m* 194
Mittelstürmer *m* 222
Mittelwelle *f* 179
Mitternacht *f* 305
mittlere Spur *f* 194
Mittwoch *m* 306
mit Zahnseide reinigen 50
Mixer *m* 66
Mixerschüssel *f* 66
Möbel *f* 105
Möbelgeschäft *n* 115
Mobile *n* 74
Mode *f* 277
Modedesigner *m* 277
Model *n* 169
Modell *n* 190
Modellbau *m* 275
Modellierholz *n* 275
Moderator *m* 178
Mohn *m* 138
Moldawien 316
Monaco 316
Monat *m* 306
monatlich 307
Monats- hygiene *f* 108
Mond *m* 280
Mondbohnen *f* 131
Mondfähre *f* 281
Mondsichel *f* 280
Mondstein *m* 288
Mongolei *f* 318
Monitor *m* 53
Monopoly *n* 272
Monsun *m* 287
Montag *m* 306
Montenegro 316
Monument *n* 261
Mopp *m* 77
morgen 306
Morgen *m* 305
Morgendämmerung *f* 305
Morgenmantel *m* 35
Morgenrock *m* 31
Mörser *m* 68, 167
Mörtel *m* 187
Mosambik 317
Moschee *f* 300
Moskitonetz *n* 267
Motocross *n* 249
Motor *m* 88, 202, 204
Motorbootsport *m* 241
Motorhaube *f* 198
Motorrad *n* 204
Motorradhelm *m* 204
Motorradrennen *n* 249
Motorradständer *m* 205
Mountainbike *n* 206
Mousse *f* 141
Möwe *f* 292
Mozzarella *m* 142
Muffin *m* 140
Muffinform *f* 69
mulchen 91
Mülleimer *f* 266
Mülleimer *m* 67
Müllschlucker *m* 61
multiplizieren 165
Multivitaminmittel *n* 109
Mumps *m* 44
Mund *m* 14
Mundschutz *m* 189, 237
Mundstück *n* 112
Mundwasser *n* 72
Mungbohnen *f* 131
Münze *f* 97
Münzfernsprecher *m* 99
Münzrückgabe *f* 99
Muräne *f* 294
Muschel *f* 265, 295
Museum *n* 261
Musical *n* 255
Musik *f* 162
Musiker *m* 191
Musikgeschäft *n* 115
Musikhochschule *f* 169
Musikinstrumente *f* 256
Musikstile *f* 259
Muskatblüte *f* 132
Muskatnuss *f* 132
Muskeln *f* 16
Mutter *f* 22, 80
Muttermal *n* 14
Mütze *f* 36
Myanmar (Birma) 318

N

Naanbrot *n* 139
Nabe *f* 206
Nabel *m* 12
Nabelschnur *f* 52
Nachbarin *f* 24
Nachmittag *m* 305
Nachrichten *f* 100, 178
Nachrichtensprecherin *f* 179, 191
nachschneiden 39
Nachspeisen *f* 140
nächste Woche 307
Nacht *f* 305
Nachtfalter *m* 295
Nachthemd *n* 31, 35
Nachtisch *m* 153
Nachttisch *m* 70
Nachttischlampe *f* 70
Nachtwäsche *f* 31
Nacken *m* 13
Nacktschnecke *f* 295
Nadel *f* 109, 276

deutsch

Nadelbaum *m* 86
Nadelkissen *n* 276
Nagel *m* 80
Nagelfeile *f* 41
Nagelhaut *f* 15
Nagelknipser *m* 41
Nagelkopf *m* 80
Nagellack *m* 41
Nagellackentferner *m* 41
Nagelschere *f* 41
nähen 277
Nähfuß *m* 276
Nähkorb *m* 276
Nähmaschine *f* 276
Nahrungsegänzungs-mitttel *n* 55
Nahrungsmittel *f* 118
Nahrungsmittel in Flaschen *f* 134
Naht *f* 34, 52
Namensbändchen *n* 53
Namibia 317
Nascherei *f* 113
Nase *f* 14
Nasenbluten *n* 44
Nasenklemme *f* 238
Nasenloch *n* 14
Nasenriemen *m* 242
Nashorn *n* 291
nass 286
Nation *f* 315
Nationalpark *m* 261
Naturfaser *f* 31
Naturheilkunde *f* 55
Naturreis *m* 130
Naturwissenschaft *f* 162, 166
Navi *m* 195
navigieren 240
Nebelfleck *m* 280
Nebengebäude *n* 182
Nebenhöhle *f* 19
Nebenwirkungen *f* 109
Neffe *m* 23
Negativ *n* 271
Nelke *f* 110
Nenner *m* 165
Nennwert *m* 97
Nepal 318
Neptun *m* 280
Nerv *m* 19, 50
Nervensystem *n* 19
nervös 25
Nessel *f* 297
Netz 230
Netz *n* 217, 226, 227, 231
Netzhaut *f* 51
Netzwerk *n* 176
Neubelag *m* 187
neue Kartoffel *f* 124
Neugeborene *n* 53
Neujahr *n* 27
Neumond *m* 280
neun 308
neunhundert 308
neunter 309
neunzehn 308
neunzehnhundert 307
neunzehnhunderteins 307
neunzehnhundertzehn 307
neunzehnter 309
neunzig 308
neunzigster 309
Neurologie *f* 49
Neuseeland 319
neutral 60
neutrale Zone *f* 224
Nicaragua 314
Nichte *f* 23
nicht falten 98
Nickel *n* 289
Niederlande *f* 316
Niere *f* 18, 119
Niesenn 44
Niger 317
Nigeria 317
Nilpferd *n* 291
Nockenriemen *m* 203
Norden *m* 312
Nordkorea 318
nördliche Halbkuge *f* 283
nördliche Polarkreis *m* 283
Nordpol *m* 283
Nordpolarmeer *n* 312
Nordsee *f* 312
Nord- und Mittelamerika 314
normal 39
Norwegen 316
Notation *f* 256
Notaufnahme *f* 48
Notausgang *m* 210
Notbremse *f* 209
Notdienste *f* 94
Note *f* 163, 256
Noten *f* 255, 256
Notfall *m* 46
Notizblock *m* 173
Notizbuch *n* 172
Notizen *f* 191
Notizen machen 163
Notrufsäule *m* 195
November 306
Nudelholz *n* 69
Nudeln *f* 158
Nugat *m* 113
null 230, 308
Nummernschild *n* 198
Nüsse *f* 129, 151
Nylon *n* 277

O

oben 98
Oberarmknochen *m* 17
obere Kuchentei *m* 141
Oberfräse *f* 78
Oberschenkel *m* 12
Oberschenkelknochen *m* 17
Oberschenkel muskeln *f* 16
Objektivlinse *f* 167
Objektträger *m* 167
Oboe *f* 257
Obsidian *m* 288
Obst *n* 107, 126, 128, 157
Obstanbau *m* 183
Obstkorb *m* 126
Obstkuchenform *f* 69
Obstsaft *m* 156
Obsttortelett *n* 140
Obus *m* 196
offene Gedränge *n* 221
ohne Bedienung 152
ohne Eis 151
ohne Kohlensäure 144
Ohr *m* 14
Öhr *n* 244
Ohrring *m* 36
Okra *f* 122
Oktober 306
Okular *n* 167, 269
Öl *n* 142, 199
Oldtimer *m* 199
Öle *f* 134
Ölfarben *f* 274
Oliven *f* 151
Olivenöl *n* 134
Ölmessstab *m* 202
Ölsumpf *m* 204
Öltanker *m* 215
Oman 318
Omelett *n* 158
Onkel *m* 22
Onkologie *f* 49
online 177
Onyx *m* 289
Opal *m* 288
Oper *f* 255
Operation *f* 48
Operationssaal *m* 48
Optiker *m* 189
orange 274
Orange *f* 126
Orangenlimonade *f* 144
Orangenmarmelade *f* 134, 156
Orangensaft *m* 149
Orchester *n* 254, 256
Orchester graben *m* 254
Orchidee *f* 111
Ordner *m* 177
Oregano *m* 133
Origami *n* 275
Orthopädie *f* 49
Öse *f* 37, 276
Osten *m* 312
Osteopathie *f* 54
Osterglocke *f* 111
Ostern *n* 27
Österreich 316
Ostsee *f* 313
Otter *m* 290
Ouvertüre *f* 256
Oval *n* 164
Overall *m* 83
Ozean *m* 282
Ozeandampfer *m* 214
Ozonschicht *f* 286

P

Paar *n* 24
Päckchen *n* 311
Päckchen Zigaretten *n* 112
Paddel *n* 241
Page *m* 100
Paket *n* 99
Pakistan 318
Palette *f* 186, 274
Palme *f* 86, 296
Palmherzen *f* 122
Pak-Choi *m* 123
Panama 314
Pandabär *m* 291
Paniermehl *n* 139
Panne *f* 203
Panzer *m* 293
Papagei *m* 293
Papaya *f* 128
Papierbehälter *m* 172
Papierklammer *f* 173
Papierkorb *m* 172, 177
Papierserviette *f* 154
Papiertaschentuch *n* 108
Papiertaschen tuchschachtel *f* 70
Pappe *f* 275
Pappel *f* 296
pappmaschee *n* 275
Paprika *f* 124
Paprika *m* 132
Papua-Neuguinea 319
Par *n* 233
Paraguay 315
parallel 165
Parallelogramm *n* 164
Paranuss *f* 129
Parfum *n* 41
Parfümerie *f* 105
Park *m* 261, 262
parken 195
Parkett *n* 254
Parkplatz *m* 298
Parkuhr *f* 195
Parmesan *m* 142
Partner *m* 23
Partnerin *f* 23
Pass *m* 213, 226
Passagierhafen *m* 216
Passagier *m* 216
Passah *n* 27
Passionsfrucht *f* 128
Passkontrolle *f* 213
Passwort *n* 99
Pastellstifte *f* 274
Pastete *f* 142, 156, 158
Pasteten *f* 143
pasteurisiert 137
Pastinake *f* 125
Patchwork *n* 277
Pathologie *f* 49
Patientenstuhl *m* 50
Patiententabelle *f* 48
Patientin *f* 45
Patientzimmer *n* 48
Patiogarten *m* 84
Pause *f* 254, 269
Pausen-zeichen *n* 256
Pay-Kanal *m* 269
Pazifische Ozean *m* 312
Pecannuss *f* 129
Pedal *n* 206
Pediküre *f* 41
Peeling machen 41
Pelikan *m* 292
Pendler *m* 208
Penis *m* 21
Peperoni *f* 124, 143
Pepperoniwurst *f* 142
per Luftpost 98
Pergola *f* 84
Periduralanästhesie *f* 52
Periodikum *n* 168
Perlenkette *f* 36
Personal *n* 175
Personalabteilung *f* 175
Personenwaage *f* 45
persönliche Bestleistung *f* 234
Peru 315
Perücke *f* 39
Pessar *n* 21
Pestizid *n* 89, 183
Petersilie *f* 133
Petrischale *f* 166
Pfannengericht *n* 158
Pfannenwender *m* 68
Pfannkuchen *f* 157
Pfau *m* 293
Pfeffer *m* 64, 152
Pfefferkorn *n* 132
Pfefferminz *n* 113
Pfefferminztee *m* 149
Pfeife *f* 112
Pfeil *m* 249
Pfeiler *m* 300
Pferch *m* 185
Pferd *m* 185
Pferd *n* 235, 242
Pferderennen *n* 243
Pferdeschwanz *m* 39
Pferdestall *m* 243
Pfingstrose *f* 111
Pfirsich *m* 126, 128
pflanzen 183
Pflanzen *f* 296
Pflanzenarten *f* 86
Pflanzenöl *n* 135
Pflanzenschildchen *f* 89
Pflanzschaufel *f* 89
Pflaster *n* 47
Pflaume *f* 126
pflücken 91
pflügen 183
pfropfen 91
Pfund *n* 310

Phantombild *n* 181
Philippinen *f* 319
Philosophie *f* 169
Physik *f* 162, 169
Physiotherapie *f* 49
Picknick *n* 263
Picknickbank *f* 266
Pick-nickkorb *m* 263
Pier *m* 217
Pik *n* 273
pikante Wurst *f* 142
Pikkoloflöte *f* 257
Pilates *n* 251
Pille *f* 21
Pilot *m* 190, 211
Pilz *m* 125
Piment *m* 132
PIN-Code *m* 96
Pinguin *m* 292
Piniennuss *f* 129
Pinne *f* 240
Pinnwand *f* 173
Pinsel *m* 274
Pint *n* 311
Pintobohnen *f* 131
Pinzette *f* 40, 47, 167
Pipette *f* 167
Pistazie *f* 129
Pistole *f* 94
Pitabrot *n* 139
Pizza *f* 154, 155
Pizzabelag *m* 155
Pizzeria *f* 154
Plädoyer *n* 180
Plakat *n* 255
Plakatfarbe *f* 274
Planet *m* 280, 282
Planken *f* 85
Planschbecken *n* 263
Plastiktüte *f* 122
plastische Chirurgie *f* 49
Plateau *n* 284
Platin *n* 289
Platte *f* 283
Platten *f* 85
Plattenspieler *m* 268
Platz *m* 299
Platzanweiser *m* 255
Plazenta *f* 52
plus 165
Pluspol *m* 167
Pluto *m* 280
pochieren 67
pochiert 159
Podium *n* 256
Poker *n* 273
Pol *m* 60, 282
Polarlicht *n* 286
Polaroidkamera *f* 270
Polen 316
polieren 77
Politologie *f* 169
Politur *f* 77
Polizei *f* 94
Polizeiauto *n* 94
Polizeiwache *f* 94
Polizeizelle *f* 94
Polizist *m* 94, 189
Poller *m* 214, 298
Polo *n* 243
Polster *n* 224
Polyester *n* 277
Pommes frites *f* 154
Poolbillard *n* 249
Popmusik *f* 259
Popcorn *n* 255
Pore *f* 15
Port *m* 176
Portefeuille *n* 97
Portemonnaie *n* 37
Portion *f* 64
Portionierer *m* 68
Portokosten *f* 98
Portugal 316
Portwein *m* 145
Porzellan *n* 105
Posaune *f* 257
Pose *f* 244
Post *f* 98
Postanweisung *f* 98
Postbeamte *m* 98
Posteingang *m* 177
postgraduiert 169
Postkarte *f* 112
Postleitzahl *f* 98
Postsack *m* 98
Poststempel *m* 98
Posttasche *f* 190
Potpourri *n* 111
Praline *f* 113
Präsentation *f* 174
Preis *m* 152
Preiselbeere *f* 127
Preisliste *f* 154
Premiere *f* 254
Presse *f* 178
Pressluftbohrer *m* 187
Privatbadezimmer *n* 100
private Fitnesstrainerin *f* 250
Privatjet *m* 211
Unterhaltungselektronik *f* 268
Privatzimmer *n* 48
Probleme *f* 271
Produzent *m* 254
Profilsäge *f* 81
Programm *n* 176, 254, 269
Programm-gestaltung *f* 178
Promenade *f* 265
Promotion *f* 169
Propeller *m* 211
Prosciutto *m* 143
Prospekt *m* 254
Prostata *f* 21
Protokoll *n* 174
Protokollführer *m* 180
Provinz *f* 315
Provision *f* 97
Prozentsatz *m* 165
Prozessor *m* 176
Prüfung *f* 163
Psychiatrie *f* 49
Psychotherapie *f* 55
Publikum *n* 254
Puck *m* 224
Puder *m* 109
Puderdose *f* 40
Puderpinsel *m* 40
Puderquaste *f* 40
Puderrouge *n* 40
Puerto Rico 314
Pullover *m* 33
Puls *m* 47
Pult *n* 162
Punk *m* 259
Punkt *m* 273
pünktlich 305
Pupille *f* 51
Puppe *f* 75
Puppenhaus *n* 75
püriert 159
Pute *f* 119
Putter *m* 233
putzen 77
Puzzle *n* 273
Pyramide *f* 164

Q

Qua-dratfuß *m* 310
Quadrat-meter *m* 310
Quadrat *n* 164
Qualle *f* 295
Quart *n* 311
Quarz *m* 289
Quecksilber *n* 289
quer 271
Querflöte *f* 257
Querlatte *f* 222
Querruder *n* 210
Quiche *f* 142
Quitte *f* 128
Quittung *f* 152

R

Rachen *m* 19
Racquetball *n* 231
Rad *n* 198, 207, 235
Radar *m* 214, 281
Rad fahren 207
Radfahren *n* 263
Radicchio *m* 123
Radiergummi *m* 163
Radieschen *n* 124
Radio *n* 179, 268
Radio einstellen *n* 269
Radiologie *f* 49
Radiowecker *m* 70
Radius *m* 164
Radkappe *f* 202
Radmuttern *f* 203
Radschlüssel *m* 203
Rafting *n* 241
Rahmen *m* 206
Rahmkäse *m* 136
Rakete *f* 211
Rallyefahren *n* 249
RAM *n* 176
Ramadan *m* 27
Rap *m* 259
Raps *m* 184
Rapsöl *n* 135
Rasen *m* 85, 90
Rasenmäher *m* 88, 90
Rasensprenger *m* 89
Rasentrimmer *m* 88
Rasieren *n* 73
Rasierklinge *f* 73
Rasierschaum *m* 73
Rasierwasser *n* 73
Rassel *f* 74
Rathaus *n* 299
Ratte *f* 290
Rauch *m* 95
Rauchen *n* 112
Räucherfisch *m* 143
Räucherheringe *f* 157
Rauchmelder *m* 95
Raumanzug *m* 281
Raumfähre *f* 281
Raumforschung *f* 281
Raumstation *m* 281
Raupe *f* 295
Raureif *m* 287
read 162
Reagenzglas *n* 166
Rebound *m* 226
Rechen *m* 88
Rechnung *f* 152
Recht *n* 180
Rechteck *n* 164
rechte Feld *n* 229
rechte Spur *f* 194
rechts 260
rechts abbiegen verboten 195
Rechtsabteilung *f* 175
Rechtsanwalt *m* 180
Rechtsanwältin *f* 190
Rechtsberatung *f* 180
Rechtssteuerung *f* 201
Rechtswissenschaft *f* 169
Reck *n* 235
Recyclingbehälter *m* 61
Redakteurin *f* 191
Reflexzonenmassage *f* 54
Reformhaus *n* 115
Regal *n* 268
Regen *m* 287
Regenbogen *m* 287
Regenbogenforelle *f* 120
Regenhaut *f* 245, 267
Regenmantel *m* 31, 32
Regenschirm *m* 36
Regenwald *m* 285
Reggae *m* 259
Region *f* 315
Regisseur *m* 254
Reibahle *f* 80
Reibe *f* 68
reiben 67
reif 129
Reifen *m* 198, 205, 206
Reifendruck *m* 203
Reifenpanne *f* 203, 207
Reifenprofil *n* 207
Reifenschlüssel *m* 207
Reihe *f* 210, 254
Reihenhaus *n* 58
Reiki *n* 55
Reiniger *m* 41
Reinigung *f* 115
Reinigungsartikel *f* 77
Reinigungsmittel *n* 51, 77
Reinigungstuch *n* 108
Reis *m* 130, 158, 184
Reisebüro *n* 114
Reisebürokauffrau *f* 190
Reisebus *m* 196
Reiseführer *m* 260
Reisekrankheit-stabletten *f* 109
Reisescheck *m* 97
Reisetasche *f* 37
Reiseziel *n* 213
Reismelde *f* 130
Reißverschluss *m* 277
Reißzwecke *f* 173
Reiten *n* 263
Reiter *m* 242
Reitgerte *f* 242
Reitholm *m* 242
Reithose *f* 242
Reitsport *m* 242
Reitstiefel *m* 242
Reitweg *m* 263
Rekord *m* 234
Relieftapete *n* 83
Renaissance 301
Rennbahn *f* 234, 243
Rennboot *n* 214
Rennbügel *m* 207
rennen 229
Rennen *n* 234
Rennfahrer *m* 249
Rennmaschine *f* 205
Rennpferd *n* 243
Rennrad *n* 206
Rennrodeln *n* 247
Rennsport *m* 249
Reparaturkasten *m* 207
Reporterin *f* 179
Reptilien *f* 293
Restaurant *n* 101, 152
Rettungsboot *n* 214, 240
Rettungsdienst *m* 94
Rettungsring *m* 240
Rettungssanitäter *m* 94
Rettungsschwimmer *m* 265
Rettungsturm *m* 265
Return *m* 231
Revers *n* 32
Rezept *n* 45
R-Gespräch *n* 99
Rhabarber *m* 127
Rhombus *m* 164
rhythmische Gymnastik *f* 235

Richter *m* 180
Richtungs-angaben *f* 260
Riemen *m* 207
Riesenslalom *m* 247
Rinde *f* 136, 142, 296
Rindfleisch *n* 118
Ring *m* 36
Ringbefestigungen *f* 89
Ringe *f* 235
Ringen *n* 236
Ringfinger *m* 15
Ringordner *m* 173
Rinnstein *m* 299
Rippchen *f* 155
Rippe *f* 17
Rippenstück *n* 119
Robbe *f* 290
Robe *f* 169
Rochen *m* 120, 294
Rochenflügel *f* 120
Rock *m* 30, 34
Rockbund *m* 35
Rockkonzert *n* 258
Rocky Mountains *f* 312
Rodeo *n* 243
Roggenbrot *n* 138
Roggenmehl *n* 138
roh 124, 129
Rohr *m* 202
Rohrabschneider *m* 81
Rohrzange *f* 81
Rokoko 301
Rolle *f* 244, 245, 311
Rollenheft *n* 254
Roller *m* 83, 205
Rolle Toilettenpapier *f* 72
Rollo *n* 63
Rollstuhl *m* 48
Rollstuhlzugang *m* 197
Rolltreppe *f* 104
Röntgenaufnahme *f* 48, 50
Röntgenbild *n* 50
Röntgenschirm *m* 45
rosa 274
Röschen *n* 122
rosé 145
Rose *f* 110
Rosenkohl *m* 123
Rosine *f* 129
Rosinenbrot *n* 139
Rosmarin *m* 133
rostfreie Stahl *m* 79
Rost *m* 67
rot 39, 145, 274
rotbraun 39
Rote Bete *f* 125
rote Fleisch *n* 118
Rote Meer *n* 313
rote Meerbarbe *f* 120
roten augen *f* 271
roten Bohnen *f* 131
roten Linsen *f* 131
Rotorblatt *n* 211
Rotzunge *f* 120
Rough *n* 232
Route *f* 260
Ruanda 317
Rübe *f* 124
Rubin *m* 288
Rücken *m* 13
Rückenbürste *f* 73
Rückenflosse *f* 294
rückenfrei 35
Rückenlehne *f* 210
Rückenmuskel *m* 16
Rückenschwimmen *n* 239
Rückgabedatum *n* 168
Rückhand *f* 231
Rücklauf *m* 269
Rücklicht *n* 204, 207
Rucksack *m* 31, 37, 267
Rücksitz *m* 200
Rückspiegel *m* 198
Rückstrahler *m* 207
rückwärts fahren 195
Rucola *m* 123
Ruder *n* 241
Ruderboot *n* 214
Ruderer *m* 241
Rudermaschine *f* 250
rudern 241
Rufknopf *m* 48
Rugby *n* 221
Rugbyball *m* 221
Rugbyspieler *m* 221
Rugbytrikot *n* 221
Rührei *n* 157
rühren 67
Rührschüssel *f* 69
Rum *m* 145
Rumänien 316
Rum mit Cola *m* 151
Rumpf *m* 210, 214, 240
Rumpfheben *n* 251
Rumpsteak *n* 119
Runde *f* 237
runde Ausschnitt *m* 33
Rundfunkstation *f* 179
Rundkorn 130
Rüssel *m* 291
Russische Föderation *f* 318
Rutsche *f* 263
rutschen 229

S

Säbel *m* 236
säen 90, 183
Safaripark *m* 262
Safran *m* 132
Saft *m* 109, 127
Säfte und Milchshakes *m* 149
saftig 127
Sägeblatt *n* 78
sägen 79
Sahara *f* 313
Sahne *f* 137, 140, 157
Sahnetorte *f* 141
Saint Kitts und Nevis 314
Saint Lucia 314
Saint Vincent und die Grenadinen 314
saisonal 129
Saite *f* 230, 258
Saiteninstrumente *f* 256
Salamander *m* 294
Salami *f* 142
Salat *m* 123, 149
Salatsoße *f* 158
Salbe *f* 47, 109
Salbei *m* 133
Salomonen *f* 319
Salto *m* 235
Salz *n* 64, 152
salzig 155
Sambia 317
Samen *f* 88
Samen *m* 122, 130
Samenausführungs-gang *m* 21
Samenbläschen *n* 21
Samenleiter *m* 21
Sämling *m* 91
Samstag *m* 306
Sand *m* 85, 264
Sandale *f* 37
Sandalen *f* 31
Sandburg *f* 265
Sandkasten *m* 263
Sandsack *m* 237
Sandstein *m* 288
Sandwich *n* 155
Sandwichtheke *f* 143
Sängerin *f* 191
Sanitärtechnik *f* 61
San Marino 316
São Tomé und Príncipe 317
Saphir *m* 288
Sardine *f* 120
Sardinien 316
Satellit *m* 281
Satellitenschüssel *f* 269
Satsuma *f* 126
satt 64
Sattel *m* 206, 242
Sattelgurt *m* 242
Sattelstütze *f* 206
Saturn *m* 280
Satz *m* 230
saubere Wäsche *f* 76
Saubohnen *f* 131
Saudi-Arabien 318
sauer 127
Sauerteigbrot *n* 139
Sauger *m* 75
Säugetiere *f* 290
Saugglocke *f* 53, 81
Säuglingspflege *f* 74
Saugschlauch *m* 77
Saum *m* 34
Sauna *f* 250
saure Sahne *f* 137
Saxofon *n* 257
Scanner *m* 106, 176
Schablone *f* 83
Schach *n* 272
Schachbrett *n* 272
Schachtel Pralinen *f* 113
Schädel *m* 17
Schaf *n* 185
Schaffarm *f* 183
Schaffner *m* 209
Schafmilch *f* 137
Schal *m* 31, 36
Schale *f* 126, 127, 128, 129
schälen 67
Schäler *m* 68
Schalotte *f* 125
schalten 207
Schalter *m* 60, 96, 98, 100
Schalthebel *m* 201, 207
Schamlippen *f* 20
scharf 124
Schaschlik *m* 158
Schattenpflanze *f* 87
Schauer *m* 286
Schaufel *f* 187, 265
Schaukel *f* 263
Schaum *m* 148
Schaumbad *n* 73
Schaumlöffel *m* 68
Schauspieler *f* 179
Schauspieler *m* 254
Schauspielerin *f* 191, 254
Scheck *m* 96
Scheckheft *n* 96
Scheibe *f* 119, 139
Scheibenbrot *n* 138
Scheibenputzmittel -behälter *m* 202
Scheibenschießen *n* 249
Scheibenwasch anlage *f* 199
Scheibenwischer *m* 198
Scheide *f* 20
Scheidenmuschel *f* 121
Scheidung *f* 26
Schein *m* 97
Scheinwerfer *m* 198, 205, 259
Schellfisch *m* 120
Schenkel *m* 119
Schere *f* 38, 47, 276
Schere *m* 88
Scheune *f* 182
Schiebedach *n* 202
Schiedsrichter *m* 220, 222, 225, 226, 227, 229, 230
Schiefer *m* 288
Schienbein *n* 12, 17
Schienbeinschutz *m* 225
Schiene *f* 47, 208
schießen 223
Schiff *n* 214
Schiffsschraube *f* 214
Schild *n* 104
Schilddrüse *f* 18
Schildkröte *f* 293
Schinken *m* 119, 143, 156
Schlafabteil *n* 209
Schlafanzug *m* 30, 33
Schläfe *f* 14
Schlafen *n* 74
Schlaflosigkeit *f* 71
Schlafmatte *f* 267
Schlafsack *m* 267
Schlaftablette *f* 109
Schlafzimmer *n* 70
Schlag *m* 233
Schlaganfall *m* 44
Schläge *m* 231
schlagen 67, 224, 225, 229
Schläger *m* 224
Schlägerspiele *f* 231
Schlagfehler *m* 228
Schlagholz *n* 225
Schlaginstrumente *f* 257
Schlagmal *n* 228
Schlagmann *m* 225, 228
Schlagsahne *f* 137
Schlagzeug *n* 258
Schlagzeuger *m* 258
Schlange *f* 293
Schlauch *m* 95, 207
Schlauchboot *n* 215
Schlauchwagen *m* 89
Schlegel *m* 275
Schleier *m* 35
Schleierkraut *n* 110
Schleifmaschine *f* 78
Schleppdampfer *m* 215
Schleppe *f* 35
schleudern 76
Schleudertrauma *n* 46
Schließfächer *f* 239
Schlinge *f* 46
Schlittenfahren *n* 247
Schlittschuh *m* 224, 247
Schlittschuh laufen 224
Schloss *n* 59
Schlot *m* 283
Schlucht *f* 284
Schluff *m* 85
Schlüssel *m* 59, 80, 207
Schlüsselbein *n* 17
Schlüsselblume *f* 297
Schmerzmittel *n* 109
Schmerz tabletten *f* 47
Schmetterball *m* 231
Schmetterling *m* 239, 295
schmirgeln 82
Schmirgelpapier *n* 81, 83
Schmortopf *m* 69
Schmuck *m* 36
Schmuckkasten *m* 36
Schmucksteine *f* 288
schmutzige Wäsche *f* 76
Schnabel *m* 293
Schnabeltasse *f* 75
schnarchen 71
Schnauze *f* 293
Schnecke *f* 295

Schnee *m* 287
Schneeanzug *m* 30
Schneebesen *m* 68
Schneemobil *n* 247
Schneeregen *m* 286
Schneibe *f* 121
Schneidebrett *n* 68
schneiden 38, 67, 79, 277
Schneider *m* 191
Schneiderei *f* 115
Schneiderkreide *f* 276
Schneiderpuppe *f* 276
Schneidezahn *m* 50
Schnellimbiss *m* 154
Schnellstraße *f* 195
Schnitt *m* 46
Schnittlauch *m* 133
Schnittmuster *n* 276
Schnitz *m* 126
schnitzen 79
Schnorchel *m* 239
Schnur *f* 244
schnurlose Telefon *n* 99
Schnurrbart *m* 39
Schnurrhaare *f* 290
Schnürschuh *m* 37
Schnürsenkel *m* 37
Schock *m* 47
schockiert 25
Schokoladenaufstrich *m* 135
Schokoladen-milchshake *m* 149
Schokoladen-stückchen *n* 141
Schokoladentorte *f* 140
Schönheit *f* 40
Schönheitsbehand-lungen *f* 41
Schönheitspflege *f* 105
Schöpflöffel *m* 68
Schornstein *m* 58, 214
Schot *f* 241
Schote *f* 122
Schraube *f* 80
Schrauben schlüssel *m* 80
Schrauben zieherein-sätze *f* 80
Schraubenzieher *m* 80
Schraubstock *m* 78
schreiben 162
Schreibtisch *m* 172
Schreibwaren *f* 105
schreien 25
Schreiner *m* 188
Schriftart *f* 177
Schritt *m* 243
schrubben 77
Schubkarre *f* 88
Schublade *f* 66, 70, 172
schüchtern 25
Schuhabteilung *f* 104
Schuhe *f* 34, 37
Schuhgeschäft *n* 114
Schuh mit hohem Absatz *m* 37
Schulbuch *n* 163
Schulbus *m* 196
schuldig 181
Schule *f* 162, 299
Schüler *m* 162
Schuljunge *m* 162
Schulleiter *m* 163
Schulmädchen *n* 162
Schultasche *f* 162
Schulter *f* 13
Schulterblatt *n* 17
Schulter polster *n* 35
Schulterriemen *m* 37
Schuppe *f* 121, 294
Schuppen *f* 39, 293
Schuppen *m* 85
Schürze *f* 30, 69
Schüssel *f* 65
Schutz *m* 88
Schutzanstrich *m* 83
Schutzblech *n* 205
Schutzbrille *f* 81, 167
Schutzhelm *m* 95, 186
Schutzkappe *f* 270
Schutzmaske *f* 228
Schutzpolster *n* 220
Schwager *m* 23
Schwägerin *f* 23
Schwalbe *f* 292
Schwamm *m* 73, 74, 83
Schwan *m* 293
schwanger 52
Schwangerschaft *f* 52
Schwangerschaftstest *m* 52
Schwanz *f* 290
Schwanz *m* 121, 292, 294
Schwänzchen *f* 39
Schwarte *f* 119
schwarz 39, 272, 274
schwarze Gürtel *m* 237
schwarze Johannisbeere *f* 127
schwarze Kaffee *m* 148
schwarze Loch *n* 280
Schwarze Meer *n* 313
schwarze Olive *f* 143
schwarze Tee *m* 149
Schwebebalken *m* 235
Schweden 316
Schwefel *m* 289
Schweif *m* 242, 280
Schwein *n* 185
Schweinefarm *f* 183
Schweinefleisch *n* 118
Schweinestall *m* 185
Schweißband *n* 230
Schweiz *f* 316
Schwerkraft *f* 280
Schwert *n* 241
Schwertfisch *m* 120, 294
Schwester *f* 22
Schwiegermutter *f* 23
Schwiegersohn *m* 22
Schwiegertochter *f* 22
Schwiegervater *m* 23
Schwimmbad *n* 101
Schwimmbecken *n* 238, 250
Schwimmbrille *f* 238
schwimmen 238
Schwimmer *m* 61, 238
Schwimmfloß *n* 238
Schwimmflosse *f* 239
Schwimmflügel *m* 238
Schwimmreifen *m* 265
Schwimmsport *m* 238
Schwimmstile *f* 239
Schwimmweste *f* 240
schwingen 232
Science-Fiction-Film *m* 255
Scotch mit Wasser *m* 151
Scrabble *n* 272
Scrollbalken *m* 177
sechs 308
Sechseck *n* 164
sechshundert 308
sechster 309
sechzehn 308
sechzehnter 309
sechzig 308
sechzigster 309
sedimentär 288
See *m* 285
Seebarsch *m* 120
Seefischerei *f* 245
Seelöwe *m* 290
Seemann *m* 189
Seepferd *n* 294
Seestern *m* 295
Seeteufel *m* 120
Seezunge *f* 120
Segel *n* 241
Segelboot *n* 215
Segelfliegen *n* 248
Segelflugzeug *n* 211, 248
Segeljacht *f* 240
Segelsport *m* 240
Sehenswürdigkeiten *f* 261
Sehkraft *f* 51
Sehne *f* 17
Sehnerv *m* 51
Sehtest *m* 51
Seide *f* 277
Seife *f* 73
Seifenoper *f* 178
Seifenschale *f* 73
Seil *n* 240
Seilspringen *n* 251
sein Testament machen 26
Seite *f* 164
Seitendeck *n* 240
Seiten leitwerk *n* 210
Seitenlinie *f* 220, 221, 226, 230
Seitenruder *n* 210
Seitenspiegel *m* 198
Seitenstraße *f* 299
Seitenstreifen *m* 194
Seitfußstoß *m* 237
Seitpferd *n* 235
Sekretariat *n* 168
Sekunde *f* 304
Sekundenzeiger *m* 304
Selbstbräunungscreme *f* 41
selbstsicher 25
Selbstverteidigung *f* 237
Sellerie *m* 124
senden 177, 178
Sendung *f* 179
Senegal 317
Senf *m* 155
Senfkorn *n* 131
Senkblei *n* 82
senkrecht 165
Sepie *f* 121
September 306
Serbien 316
Server *m* 176
Serviceprovider *m* 177
servieren 64
Servierlöffel *m* 68
Serviette *f* 65
Serviettenring *m* 65
Sesamkorn *n* 131
Sesamöl *n* 134
Sessel *m* 63
Sessellift *m* 246
Set *n* 64, 179
Setzkasten *m* 89
Setzkescher *m* 244
seufzen 25
Shampoo *n* 38
Sherry *m* 145
Shiatsu *n* 54
Shorts *f* 30, 33
Sibirien 313
sich anfreunden 26
sich aufwärmen 251
Sicherheit *f* 75, 240
Sicherheits bohrer *m* 80
Sicherheitsgurt *m* 198, 211
Sicherheitsnadel *f* 47
Sicherheitssperre *f* 246
Sicherheits ventil *n* 61
Sicherheitsvorkehrungen *f* 212
sichern 177
Sicherung *f* 60
Sicherungskasten *m* 60, 203
sich übergeben 44
sich verlieben 26
Sieb *n* 68, 89
sieben 91, 138, 308
siebenhundert 308
siebter 309
siebzehn 308
siebzehnter 309
siebzig 308
siebzigster 309
Siegerpodium *n* 235
Sierra Leone 317
Signal *n* 209
Silber *n* 235, 289
Silo *n* 183
Simbabwe 317
Singapur 319
Sirene *f* 94
Sitz *m* 204, 209, 210, 242
Sitzfläche *f* 64
Sitzplatz *m* 254
Sitzung *f* 174
Sitzungsraum *m* 174
Sizilien 316
Skalpell *n* 81, 167
Skateboard *n* 249
Skateboardfahren *n* 249, 263
Skelett *n* 17
Ski *m* 246
Skibrille *f* 247
Skihang *m* 246
Skijacke *f* 246
Skiläuferin *f* 246
Skipiste *f* 246
Skisport *m* 246
Skisprung *m* 247
Skistiefel *m* 246
Skistock *m* 246
Skizze *f* 275
Skizzenblock *m* 275
Skorpion *m* 295
Slalom *m* 247
Slice *m* 230
Slip *m* 33, 35
Slipeinlage *f* 108
Slipper *m* 37
Slowakei *f* 316
Slowenien 316
Smaragd *m* 288
Smartphone *n* 99, 176
SMS *f* 99
Snackbar *f* 148
Snooker *n* 249
Snowboarding *n* 247
Socken *f* 33
Sodabrot *n* 139
Sodawasser *n* 144
Sofa *n* 62
Sofakissen *n* 62
Software *f* 176
Sohle *f* 37
Sohn *m* 22
Sojabohnen *f* 131
Sojabohnensprosse *f* 122
Soldat *m* 189
Somalia 317
Sommer *m* 31, 307
Sommersprosse *f* 15
Sonate *f* 256
Sonde *f* 50
Sonne *f* 280
Sonnenaufgang *m* 305
sonnenbaden 264
Sonnenbank *f* 41
Sonnenblock *m* 108
Sonnenblocker *m* 265

Sonnenblume *f* 184, 297
Sonnenblumenkern *m* 131
Sonnenblumenöl *n* 134
Sonnenbrand *m* 46
Sonnenbräune *f* 41
Sonnenbrille *f* 51, 265
Sonnenhut *m* 30, 265
Sonnenmilch *f* 265
Sonnenschein *m* 286
Sonnenschirm *m* 148, 264
Sonnenschutzcreme *f* 108
Sonnensystem *f* 280
Sonnenuhr *f* 262
Sonnenuntergang *m* 305
sonnig 286
Sonntag *m* 306
Sorbet *n* 141
Soße *f* 135, 143, 155
Soßen und Kondimente 135
Soufflé *n* 158
Souffléform *f* 69
Soundtrack *m* 255
Soziussitz *m* 204
Spachtel *m* 82
Spachtelmasse *f* 83
spachteln 82
Spalier *n* 84
Spanholz *n* 79
Spanien 316
Spann *m* 15
Spannung *f* 60
Spareinlagen *f* 96
Spargel *m* 124
Sparkonto *n* 96
Sparring *n* 237
spät 305
Spatel *m* 167
Spaten *m* 88
später 304
Spatz *m* 292
Specht *m* 292
Speck *m* 118
Speckscheibe *f* 119
Speerfischen *n* 245
Speerwerfen *n* 234
Speiche *f* 17, 207
Speicher *m* 176
Speisekarte *f* 148, 153, 154
Speiseröhre *f* 19
Speisewagen *m* 209
Spermium *n* 20
Sperrholz *n* 79
Spezialitäten *f* 152
Spiegel *m* 40, 71, 167
Spiegelei *n* 157
Spiegelreflexkamera *f* 270
Spiel *n* 230, 273
Spielanzug *m* 30
Spielbahn *f* 225, 233
Spiele *f* 272
spielen 229, 273
Spielen *n* 75
Spieler *m* 273
Spielerbank *f* 229
Spielergebnis *n* 273
Spieler nummer *f* 226
Spielfeld *n* 220, 221, 226, 227, 228
Spielfeldgrenze *f* 225
Spielfilm *m* 269
Spielhaus *n* 75
Spielkonsole *f* 269
Spielmarke *f* 272
Spielplatz *m* 263
Spielshow *f* 178
Spielstand *m* 220
Spielwaren *f* 105
Spielzeug *n* 75
Spielzeugkorb *m* 75
Spieß *m* 68
Spikes *f* 233
Spin *m* 230
Spinat *m* 123
Spinne *f* 295
Spinnerkasten *m* 244
Spirale *f* 21
Spitze *f* 35, 36, 122, 164, 246
Spitzenklöppelei *f* 277
Spitzhacke *f* 187
Splitter *m* 46
sport *m* 220
Sport *m* 162
Sportangeln *n* 245
Sportartikel *f* 105
Sport-BH *m* 35
Sportjackett *n* 33
Sportler *m* 191
Sportplatz *m* 168, 234
Sportschuh *m* 37
Sportschuhe *f* 31, 251
Sportwagen *m* 75, 199
Sprachen *f* 162
Sprachmitteilung *f* 99
Spray *n* 109
Sprechanlage *f* 59
Sprecherin *f* 174
Sprechzimmer *n* 45
Springbrunnen *m* 85
springen 227, 238
Springer *m* 238, 272
Springreiten *n* 243
Sprinter *m* 234
Spritzbeutel *m* 69
Spritze *f* 48, 109, 167
Spritzflasche *f* 89
Spritzschutz *m* 66
Sprühbehälter *m* 311
Sprühdose *f* 311
sprühen 91
Sprung *m* 235, 237, 239, 243
Sprungball *m* 226
Sprungbrett *n* 235, 238
Sprungrahmen *m* 71
Spuckbecken *n* 50
Spülbecken *n* 66
Spüle *f* 61
Spule *m* 276
spülen 76, 77
Spuler *m* 276
Spülkasten *m* 61
Spülmaschine *f* 66
Squash *n* 231
Sri Lanka 318
Staat *m* 315
Staatsanwaltschaft *f* 180
Stab *m* 225, 235
Stabhochsprung *m* 234
Stachelbeere *f* 127
Stachel *m* 295
Stadien *f* 23
Stadthaus *n* 58
Stadtplan *m* 261
Stadtrundfahrtbus *m* 260
Staffelei *f* 274
Staffellauf *m* 235
Stahlwolle *f* 81
Stake *f* 245
Stall *m* 185
Stallbursche *m* 243
Stamm *m* 296
Stammabschnitt *m* 96
Ständer *m* 88, 268
Stange *f* 90, 207, 250
Stängel *m* 111, 297
Stangen *f* 133
Stangenbohne *f* 122
Stangensellerie *m* 122
Stangenweißbrot *n* 139
Starkbier *n* 145
Start *m* 281
Startblock *m* 234, 238
starten 211
Startlinie *f* 234
Startsprung *m* 239
Start- und Landebahn *f* 212
Stativ *n* 270, 281
Staubgefäß *n* 297
Staubsauger *m* 77, 188
Staubtuch *n* 77
Staub wischen 77
Staudamm *m* 300
Staudenrabatte *f* 85
stechen 90
Stechbeitel *m* 81, 275
Stechmücke *f* 295
Stechpalme *f* 296
Steckdose *f* 60
Stecker *m* 60
Stecknadel *f* 276
Steckschlüsseleinsatz *m* 80
Steckschlüssel *m* 80
Steg *m* 258
Steigbügel *m* 242
Stein *m* 272, 275
Steingarten *m* 84
Steinobst *n* 126
Steißbein *n* 17
Steißgeburt *f* 52
Stempel *m* 173
Stempelkissen *n* 173
Steppdecke *f* 71
sterben 26
stereo 269
steril 20, 47
Stern *m* 280
Sternanis *m* 133
Sternbild *n* 281
Sternfrucht *f* 128
Sternhyazinthen *f* 297
Steuer f 96
Steuerrakete *f* 281
Steuerung *f* 204
Stich *m* 46, 277
Stichplatte *f* 276
Stichsäge *f* 78
Stichwahltaste *f* 276
Stickerei *f* 277
Stiefel *m* 37, 220
Stiefmutter *f* 23
Stiefsohn *m* 23
Stieftochter *f* 23
Stiefvater *m* 23
Stiel *m* 187, 297
Stier *m* 185
Stifthalter *m* 172
Stillbüstenhalter *m* 53
stillen 53
Stillen *n* 53
Stimmbänder *f* 19
Stipendium *n* 169
Stirn *f* 14
Stirnmuskel *m* 16
Stirnriemen *m* 242
Stirnrunzeln *n* 25
stößel *m* 167
Stock *m* 91
Stockwerk *n* 58
Stoff *m* 276, 277
Stoffwindel *f* 30
stolz 25
Stop *m* 269
stopfen 277
Stoppball *m* 230
Stoppuhr *f* 234
Stöpsel *m* 72, 166
Storch *m* 292
Stoß *m* 237, 239
Stößel *m* 68
Stoßstange *f* 198
Stoßzahn *m* 291
Stoßzeit *f* 209
Strafmaß *n* 181
Strafraum *m* 223
Strafregister *n* 181
Straftäter *m* 181
Strähnen *f* 39
Strampelanzug *m* 30
Strand *m* 264
Strandhäuschen *n* 264
Strandsandale *f* 37
Strandtasche *f* 264
Strandtuch *n* 265
Strang *m* 277
Straße *f* 298
Straßen *f* 194
Straßenarbeiten *f* 187
Straßenbahn *f* 196, 208
Straßenbaustelle *f* 195
Straßencafé *n* 148
Straßenecke *f* 298
Straßenlaterne *f* 298
Straßen-markierungen *f* 194
Straßenrad *n* 206
Straßenschild *n* 298
Stratosphäre *f* 286
Strauß *m* 111, 292
Streaming *n* 269
Strebepfeiler *m* 301
Strecken *n* 251
Streichbürste *f* 83
Stress *m* 55
Stretchlimousine *f* 199
Strichcode *m* 106
Stricken *n* 277
Strickjacke *f* 32
Stricknadel *f* 277
Strohhalm *m* 144, 154
Strom *m* 60
Stromnetz *n* 60
Stromanschluss *m* 266
Stromausfall *m* 60
stromführende Schiene *f* 209
Stromkabel *n* 176
Strom schnellen *f* 284
Stromzähler *m* 60
Strumpf *m* 35
Strumpfband *n* 35
Strumpfhalter *m* 35
Strumpfhose *f* 35
Strunk *m* 122
Stuck *m* 63
Stück *n* 311
Studenten-wohnheim *n* 168
Student *m* 169
Studioeinrichtung *f* 178
Stufenbarren *m* 235
Stuhl *m* 64
Stunde *f* 163, 304
Stundenzeiger *m* 304
Sturm *m* 286
Sturz *m* 186
Stütze *f* 187
stützen 91
stutzen 90
Stützräder *f* 207
subtrahieren 165
suchen 177
Südafrika 317
Südamerika 315
Sudan *m* 317
Süden *m* 312
Südfrüchte *f* 129
Südkorea 318
südliche Halbkuge *f* 283
Südpolarmeer *n* 313
Südsudan 317
Sultanine *f* 129
Sumo *n* 237
Sumpf *m* 285
Supermarkt *m* 106
Suppe *f* 153, 158
Suppenlöffel *m* 65

Suppenteller *m* 65
Surfbrett *n* 241
Surfer *m* 241
Suriname 315
süß 124, 127, 155
süße Aufstrich *m* 134
Süßkartoffel *f* 125
Süßwaren *f* 107, 113
Süßwarengeschäft *n* 113
Süßwarenhändler *m* 113
Süßwasserangeln *n* 245
Swasiland 317
Sweatshirt *n* 33
Symbol *n* 177
Symphonie *f* 256
Synagoge *f* 300
Synchronschwimmen *n* 239
synthetisch 31
Syrien 318
System *n* 176

T

Tabak *m* 112, 184
Tablet *n* 176
Tablett *n* 152, 154
Tablette *f* 109
Tachometer *m* 201, 204
Tadschikistan 318
Taekwondo *n* 236
Tafel Schokolade *f* 113
Tag *m* 305, 306
Tagesdecke *f* 70
Tagesordnung *f* 174
Taille *f* 12
Takelung *f* 215, 240
Taktstock *m* 256
Taktstrich *m* 256
Tal *n* 284
Tamarillo *f* 128
Tamburin *n* 257
Tampon *m* 108
Tandem *n* 206
Tangelo *f* 126
Tankstelle *f* 199
Tankstellenplatz *m* 199
Tansania 317
Tante *f* 22
Tanzakademie *f* 169
Tänzerin *f* 191
Tanzmusik *f* 259
Tapete *f* 82
Tapetenkleister *m* 82
Tapezierbürste *f* 82
tapezieren 82
Tapezieren *n* 82
Tapezierer *m* 82
Tapeziermesser *n* 82
Tapezierschere *f* 82
Tapeziertisch *m* 82
Tapisserie *f* 277
Tarowurzel *f* 124
Tasche *f* 32
Taschen *f* 37
Taschenlampe *f* 267
Taschenrechner *m* 165
Taschentuch *n* 36
Tasmanien 319
Tastatur *f* 176
Taste *f* 176
Tastenfeld *n* 97, 99
Tätigkeiten *f* 77, 183
Tätowierung *f* 41
Taube *f* 292
Tauchen *n* 239
Taucheranzug *m* 239
Tauchermaske *f* 239
Taufe *f* 26
tausend 309
Tausendfüßer *m* 295
Taxifahrer *m* 190
Taxistand *m* 213
Team *n* 229
Techniken *f* 79, 237
Teddy *m* 75
Tee *m* 144, 149, 156, 184
Tee *n* 233
Teebeutel *m* 144
Teeblätter *f* 144
Teekanne *f* 65
Teelöffel *m* 65
Tee mit Milch *m* 149
Tee mit Zitrone *m* 149
Teetasse *f* 65
Teich *m* 85
Teig *m* 138, 140
Teigschaber *m* 68
Teilchen *n* 140
Teiler *m* 173
teilnehmen 174
Teint *m* 41
Telefon *n* 99
Telefonzelle *f* 99
Telegramm *n* 98
Teleprompter *m* 179
Teleskop *n* 281
Teller *m* 65
Tempel *m* 300
Temperatur *f* 286
Temperaturanzeige *f* 201
Tennis *n* 230
Tennisball *m* 230
Tennisplatz *m* 230
Tennis-schläger *m* 230
Tennisschuhe *f* 231
Tennisspieler *m* 231
Teppich *m* 63, 71
Tequila *m* 145
Termin *m* 45, 175
Terminal *m* 212
Terminkalender *m* 173, 175
Termite *f* 295
Terpentin *n* 83
Terrassencafé *n* 148
Territorium *n* 315
Tesafilm *m* 173
Tesafilmhalter *m* 173
Text *m* 259
Thai-Chi *n* 237
Thailand 318
Theater *n* 254, 299
Theaterkostüm *n* 255
Theaterstück *n* 254
Theke *f* 142, 150
Therapeutin *f* 55
Thermometer *n* 45, 167
Thermos flasche *f* 267
Thermosphäre *f* 286
Thermostat *m* 61
Thermowäsche *f* 267
Thriller *m* 255
Thymian *m* 133
Tiebreak *m* 230
Tiefe *f* 165
tiefe Ende *n* 239
tiefgefroren 121, 124
Tiefkühlkost *f* 107
Tiegel *m* 166
Tierärztin *f* 189
Tiere *f* 290, 292, 294
Tierfutter *n* 107
Tierhandlung *f* 115
Tiger *m* 291
Timor-Leste 319
Tintenfisch *m* 121, 295
Tisch *m* 64, 148, 167
Tischdecke *f* 64
Tischtennis *n* 231
Tischten-nisschläger *m* 231
Titel *m* 168
Toast *m* 157
Toaster *m* 66
Tochter *f* 22
Toffee *n* 113
Togo 317
Toilette *f* 61, 72
Toiletten *f* 104, 266
Toilettenartikel *f* 41, 107
Toilettenbürste *f* 72
Toilettensitz *m* 61, 72
Tomate *f* 125, 157
Tomatenketchup *m* 154
Tomatensaft *m* 144, 149
Ton *m* 275
Tonabnehmer *m* 258
Tonhöhe *f* 256
Tonicwater *n* 144
Tonleiter *f* 256
Tonmeister *m* 179
Tonne *f* 310
Tonstudio *n* 179
Topas *m* 288
Töpfchen *n* 74
Töpferei *f* 275
Töpferscheibe *f* 275
Topfhandschuh *m* 69
Topfpflanze *f* 87, 110
Topinambur *m* 125
Tor *n* 85, 182, 221, 222, 223, 224, 247
Torlinie *f* 220, 223, 224
Tornado *m* 287
Tornetz *n* 222
Torpfosten *m* 220, 222
Torraum *m* 221, 223
Torwart *m* 222, 224, 225
Touchdown *m* 220
Tourenfahrrad *n* 206
Tourer *m* 205
Tourist *m* 260
Touristenattraktion *f* 260
Touristenbus *m* 197
Touristeninformation *f* 261
Trab *m* 243
Trabrennen *n* 243
Tragbahre *f* 94
Tragebettchen *n* 75
Träger *m* 35, 186
trägerlos 34
Tragfläche *f* 210
Tragflügelboot *n* 215
trainieren 251
Trainingsanzug *m* 31, 32
Trainingsrad *n* 250
Traktor *m* 182
Tranchiergabel *f* 68
Träne *f* 51
Transformator *m* 60
Transmission *f* 202
Trapez *n* 164
Traubenkernöl *n* 134
Traubensaft *m* 144
traurig 25
Trennlinie *f* 194
Treppe *f* 59
Treppenabsatz *m* 59
Treppen-geländer *n* 59
Treppengitter *n* 75
treten 207
Trethebel *m* 61
Tretmaschine *f* 250
Triangel *m* 257
Trichter *m* 166
Triebwerk *n* 210
Trifle *n* 141
Trimester *n* 52
Trinidad und Tobago 314
Trinkgeld *n* 152
Trittleiter *f* 82
Trizeps *m* 16
trocken 39, 41, 130, 145, 286
Trockenblumen *f* 111
Trockendock *n* 217
trocknen 76
Trockner *m* 76
Trog *m* 183
Trolley *m* 233
Trolleybus *m* 196
Trommel *f* 258
Trompete *f* 257
Tropen *f* 283
Tropf *m* 53
Tropfen *f* 109
Tropfer *m* 109, 167
Troposphäre *f* 286
Trüffel *f* 125
Trüffel *m* 113
Truthahn *m* 185, 293
Tschad 317
Tschechisch Republik *f* 316
T-Shirt *n* 30, 33
Tuba *f* 257
Tube *f* 311
Tulpe *f* 111
Tunesien 317
Tunfisch *m* 120
Tür *f* 196, 209
Turbolader *m* 203
Türgriff *m* 200
Türkei *f* 318
Türkette *f* 59
Türkis *m* 289
Türklingel *f* 59
Türklopfer *m* 59
Turkmenistan 318
Turm *m* 272, 300
Turmalin *m* 288
Turmspitze *f* 300
Turmsprung *m* 239
Turnen *n* 235
Turnerin *f* 235
Turnierplatz *m* 243
Türriegel *m* 59
Türverriegelung *f* 200
Tüte *f* 311
Typen *f* 205

U

U-Bahn *f* 208
U-Bahnplan *m* 209
Übelkeit *f* 44
überbelichtet 271
Überdach *n* 266
Überführung *f* 194
Übergepäck *n* 212
überholen 195
Überholspur *f* 194
Überlauf *m* 61
übermorgen 307
Übernachtung mit Frühstück *f* 101
über Par 233
überrascht 25
Überschwemmung *f* 287
Überweisung *f* 49, 96
U-Boot *n* 215
Ubungen *f* 251
Übungsschwung *m* 233
Ufer *n* 284
Uganda 317
Uhr *f* 304
Uhrzeit *f* 304
Ukraine *f* 316
Ulme *f* 296
Ultraleichtflugzeug *n* 211
Ultraschall *m* 52
Ultraschallaufnahme *f* 52

deutsch

Ultraviolettstrahlen *f* 286
Umfang *m* 164
Umhängetasche *f* 37
Umlaufbahn *f* 280
Umleitung *f* 195
umpflanzen 91
Umschlag *m* 98
umsteigen 209
Umwelt *f* 280
Umzug *m* 27
Unfall *m* 46
Ungarn 316
ungesalzen 137
ungültige Schlag *m* 228
Uniform *f* 94, 189
Universität *f* 299
Universum *n* 280
Unkraut *n* 86
Unkrautvernichter *m* 91
unpasteurisiert 137
unscharf 271
unschuldig 181
unsichere Fangen des Balls *n* 220
Unterarm *m* 12
unterbelichtet 271
unterbrochen 99
untere Kuchenteil *m* 141
Unterführung *f* 194
Untergrund *m* 91
Unterhemd *n* 33
Unterkiefer *m* 14
Unterlegscheibe *f* 80
unter Par 233
Unterrock *m* 35
Unterschrift *f* 96, 98
Untersetzer *m* 150
Untersuchung *f* 45, 49
Unterwäsche *f* 32, 35
Unze *f* 310
Uranus *m* 280
Urlaub *m* 212
Urlaubsprospekt *m* 212
Urologie *f* 49
Urteil *n* 181
Uruguay 315
Usbekistan 318

V

Vanille *f* 132
Vanillepudding *m* 140
Vanuatu 319
Vase *f* 62
Vater *m* 22
Vatikanstadt *f* 316
V-Ausschnitt *m* 33
vegetarische Hamburger *m* 155
Vene *f* 19
Venezuela 315
Ventil *n* 207
Ventilator *m* 60, 202
Venus *f* 280
Venusmuschel *f* 121
Verankerung *f* 217
Veranstaltungen *f* 243
verarbeiteten Getreidearten *f* 130
verärgert 25
Verband *m* 47
verbinden 177
verbleit 199
Verbrechen *n* 94
Verdächtige *m* 94, 181
Verdauungssystem *n* 19
Verdeck *n* 75
Verdünner *m* 83
Vereinigte Arabische Emirate 318
Vereinigte Königreich *n* 316
Vereinigten Staaten *f* 314
Verfallsdatum *n* 109
Verfügung *f* 180
Vergiftung *f* 46
Vergnügungspark *m* 262
vergrößern 172
Vergrößerung *f* 271
Verkäufer *m* 104
Verkäuferin *f* 188
Verkaufsabteilung *f* 175
Verkehr *m* 194
Verkehrs-ampel *f* 194
Verkehrsflugzeug *n* 210, 212
Verkehrspolizist *m* 195
Verkehrsschilder *f* 195
Verkehrsstau *m* 195
verkleinern 172
Verkühlung *f* 44
verlängern 168
Verlängerungskabel *n* 78
verlegen 25
Verletzung *f* 46
verlieren 273
Verlierer *m* 273
Verlobte *f* 24
Verlobte *m* 24
Verlobten *f* 24
vermehren 91
Vermieter *m* 58
Vermittlung *f* 99
Verordnung *f* 109
verputzen 82
verrühren 67, 138
Verschluss *m* 36, 37
Versicherung *f* 203
Versiegelungsmittel *n* 83
Versorgungsfahrzeug *n* 212
Verspätung *f* 209
Verstärker *m* 268
Verstauchung *f* 46
verstellbare Schraubenschlüssel *m* 80
Versuch *m* 166, 221
Verteidiger *m* 223
Verteidigung *f* 181, 220
Verteidigungszone *f* 224
Verteiler *m* 203
Verwandten 23
verwirrt 25
Vibrafon *n* 257
Videospiel *n* 269
Vieh *n* 182, 185
vier 308
vierhundert 308
vierter 309
viertürig 200
vierzehn 308
vierzehn Tage 307
vierzehnter 309
vierzig 308
vierzig Minuten 304
vierzigster 309
Vietnam 318
Violinschlüssel *m* 256
Virus *m* 44
Visier *n* 205
Visum *n* 213
Vitamintabletten *f* 108
Vögel *f* 292
Vogelbeobachtung *f* 263
Vogelscheuche *f* 184
Volant *m* 71
voll 266
Volley *m* 231
Volleyball *m* 227
Vollkorn 130
Vollkornbrot *n* 139
Vollkornmehl *n* 138
Vollmilch *f* 136
Vollmond *m* 280
Vollpension *f* 101
Volumen *n* 165, 311
vom Abschlag spielen 233
von Bord gehen 217
vorbestellen 168
Vordach *n* 58
vordere Backenzahn *m* 50
Vorderrad *n* 196
Vorderzwiesel *m* 242
Vorfeld *n* 212
vorgeburtlich 52
vorgestern 307
Vorhand *f* 231
Vorhang *m* 63, 254
Vorhaut *f* 21
vorher aufgezeichnet 178
Vorladung *f* 180
Vorlauf *m* 269
Vorschlaghammer *m* 187
Vorspeise *f* 153
Vorstadt *f* 299
Vorteil *m* 230
vorzeitig 52
Vulkan *m* 283

W

Waage *f* 98, 118, 310
Waagschale *f* 310
Wabenhonig *m* 134
Wachtel *f* 119
Wachtelei *n* 137
Wächter *m* 189
Wade *f* 13
Wadenbein *n* 17
Wadenmuskel *m* 16
Waffeln *f* 157
Wagen *m* 208
Wagenheber *m* 203
Wagentypen *f* 199
wählen 99
Wal *m* 290
Wald *m* 285
Walnuss *f* 129
Walnussöl *n* 134
Walross *n* 290
Walze *f* 187
Wandern *n* 263
Wanderreiten *n* 243
Wanderschuh *m* 37
Wanderschuhe *f* 267
Wandlampe *f* 62
Wange *f* 14
Wanne *f* 83
Warenlager *n* 216
Warenregal *n* 106
warm 286
Wärmflasche *f* 70
Warnlichter *f* 201
Wartehäuschen *n* 197
Wartezimmer *n* 45
Waschbär *m* 290
Waschbecken *n* 38, 72
Wäsche *f* 76
Wäschedienst *m* 101
Wäsche klammer *f* 76
Wäschekorb *m* 76
Wäscheleine *f* 76
waschen 38
Wäscheschleuder *f* 76
Waschmaschine *f* 76
Waschmittel *n* 77
Waschpulver *n* 77
Waschsalon *m* 115
Waschtrockner *m* 76
Wasser *n* 144, 238
Wasserball *m* 239, 265
Wasserbe handlung *f* 55
Wasserfall *m* 285
Wasserflasche *f* 206, 267
Wasserflugzeug *n* 211
Wassergarten *m* 84
Wasserglas *n* 65
Wasserhahn *m* 66
Wasserhindernis *n* 232
Wasserkastanie *f* 124
Wasserkocher *m* 66
Wassermelone *f* 127
Wasserpflanze *f* 86
Wasser raum *m* 61
Wasserschildkröte *f* 293
Wasserskifahrer *m* 241
Wasserski *m* 241
Wasserski *n* 241
Wassersport *m* 241
Wasserstrahl *m* 95
Wasser treten 239
Wasserwaage *f* 80, 187
Watstiefel *f* 244
Wattebällchen *f* 41
Wattieren *n* 277
Weberei *f* 277
Webseite *f* 177
Webstuhl *m* 277
Wechselkurs *m* 97
Wechselobjektiv *n* 270
Wechselstrom *m* 60
Wechselstube *f* 97
Wecker *m* 70
Wedge *n* 233
Weg *m* 58, 85
Wegwerf- 109
Wegwerfwindel *f* 30
Wehe *f* 52
weiblich 20
weich 129
weiche Brötchen *n* 139
Weichholz *n* 79
Weichkäse *m* 136
Weichspüler *m* 76
Weide *f* 182, 296
Weihnachten *n* 27
Wein *m* 145, 151
Weinberg *m* 183
Weinbrand *m* 145
weinen 25
Weinessig *m* 135
Weinglas *n* 65
Weinhandlung *f* 115
Weinkarte *f* 152
Weinstock *m* 183
Weintrauben *f* 127
weiß 39, 145, 272, 274

Weißbrot *n* 139
weiße Fleisch *n* 118
weiße Haut *f* 126
weiße Johannisbeere *f* 127
weißen Bohnen *f* 131
weiße Reis *m* 130
weiße Schokolade *f* 113
Weißrussland 316
Weißwandtafel *f* 162
Weise *f* 285
Weitsichtigkeit *f* 51
Weitsprung *m* 235
Weizen *m* 130, 184
Weizenmehl *n* 138
Weizenschrot *m* 130
Welle *f* 241, 264
Wellenlänge *f* 179
Wellenreiten *n* 241
Welpe *m* 290
Weltkarte *f* 312
Weltraum *m* 280
Wende *f* 238
Wendekreis des Krebses *m* 283
Wendekreis des Steinbocks *m* 283
Werbung *f* 269
werfen 221, 225, 227, 229
Werfer *m* 225, 229
Werferplatte *f* 228
Werft *f* 217
Werkbank *f* 78
Werkstatt *f* 199
Werktag *m* 306
Werkzeuge *f* 187
Werkzeuggestell *n* 78
Werkzeuggürtel *m* 186
Werkzeugkasten *m* 80
Werkzeugleiste *f* 177
Wertpapiere *f* 97
Wespe *f* 295
Weste *f* 33
Westen *m* 312
Western *m* 255
Westsahara 317
Wette *f* 273
Wetter *n* 286
Wetzstahl *m* 81
Whisky *m* 145
Wickelmatte *f* 74
Wickelraum *m* 104
Widerhaken *m* 244
Wiederbelebung *f* 47
wiegen 310
Wiese label *f* 285
Wild *n* 118
Wildbret *n* 119
Wildreis *m* 130
Wildwasser *n* 241
Wimper *f* 14, 51
Wimperntusche *f* 40
Wind *m* 241, 286
Windel *f* 75
windig 286
Windpocken *f* 44
Windschutz *m* 265
Windschutzscheibe *f* 198, 205
Windsurfer *m* 241
Windsurfing *n* 241
Winkel *m* 164
Winkelmesser *m* 165
Winter *m* 31, 307
Wintersport *m* 247
Wippe *f* 263
Wirbel *m* 258
Wirbellosen *f* 295
Wirbelsäule *f* 17
Wirtschaftsprüfer *m* 190
Wirtschaftswissenschaft *f* 169
wischen 77
Wissenschaftlerin *f* 190
WLAN 269
Woche *f* 306
Wochenende *n* 306
wöchentlich 307
Wodka *m* 145
Wodka mit Orangensaft *m* 151
Wohnblock *m* 59, 298
Wohnmobil *n* 266
Wohnung *f* 59
Wohnwagen *m* 266
Wohnzimmer *n* 62
Wok *m* 69
Wolf *m* 290
Wolke *f* 287
Wolkenkratzer *m* 299, 300
Wolle *f* 277
Wörterbuch *n* 163
Wrap *m* 155
Wunde *f* 46
Wundsalbe *f* 74
Wurf *m* 237
Würfel *m* 164, 272
Wurflinie *f* 225
Wurm *m* 295
Wurst *f* 155
Würstchen *f* 118
Würstchen *n* 157
Wurzel *f* 124, 296
Wurzeln *f* 39
Wüste *f* 285

Y

Yard *n* 310
Yoga *n* 54
Yoga-Haltung *f* 54

Z

zählen 165
Zahlen *f* 308
Zähler *m* 165
Zahlung *f* 96
Zahn *m* 50
Zahnarzt *m* 50
Zahnärztin *f* 189
Zahnbelag *m* 50
Zahnbürste *f* 72
Zahnfleisch *n* 50
Zahnfüllung *f* 50
Zahnpasta *f* 72
Zahnpflege *f* 72, 108
Zahnprothese *f* 50
Zahnrad *n* 206
Zahn schmelz *m* 50
Zahnschmerzen *f* 50
Zahnseide *f* 50, 72
Zahnspange *f* 50
Zahnwurzel *f* 50
Zange *f* 167
Zäpfchen *n* 109
Zapfhahn *m* 150
Zapfsäule *f* 199
Zartbitterschokolade *f* 113
Zaumzeug *n* 242
Zaun *m* 85, 182
Zebra *n* 291
Zeder *f* 296
Zeh *m* 15
Zehe *f* 125
Zehennagel *m* 15
zehn 308
zehntausend 309
zehnter 309
Zeichendreieck *n* 165
Zeichentrickfilm *m* 178, 255
zeichnen 162
Zeichnen *n* 275
Zeigefinger *m* 15
Zeit *f* 234
Zeiten *f* 261
Zeitmesser *m* 166
Zeitschrift *f* 112, 168
Zeitschriften *f* 107
Zeitung *f* 112
Zeitungshändler *m* 112
Zelt *n* 267
Zeltboden *m* 267
zelten 266
Zeltplatz *m* 266
Zeltplätze frei 266
Zeltspannleine *f* 266
Zeltstange *f* 266
Zement *m* 186
Zentimeter *m* 310
Zentimetermaß *n* 276
Zentralafrikanische Republik 317
Zentrale *f* 175
zerbrechlich 98
zerstoßen 132
Zeuge *m* 180
Zicklein *n* 185
Ziege *f* 185
Ziegelstein *m* 187
Ziegenkäse *m* 142
Ziegenmilch *f* 136
Zielen 227
Ziellinie *f* 234
Zielscheibe *f* 249
Zierpflanze *f* 87
Zierstrauch *m* 87
Zigaretten *f* 112
Zigarre *f* 112
Zimmer *f* 100
Zimmer *n* 58
Zimmernummer *f* 100
Zimmerreinigung *f* 101
Zimmerschlüssel *m* 100
Zimmerservice *m* 101
Zimt *m* 133
Zink *n* 289
Zinn *n* 289
Zinssatz *m* 96
Zirkel *m* 165
Zirkeltraining *n* 251
Zitrone *f* 126
Zitronenaufstrich *m* 134
Zitronengras *n* 133
Zitrusfrüchte *f* 126
Zoll *m* 212, 310
Zollamt *n* 216
Zone *f* 315
Zoo *m* 262
Zoologie *f* 169
Zopf *m* 39
Zubereitung *f* 159
Zubringer *m* 197
Zucchini *f* 125
züchten 91
Zuckerguss *m* 141
Zucker krankheit *f* 44
Zuckerrohr *n* 184
Zufahrtsstraße *f* 194, 216
Zug *m* 208, 239, 273
Zugabe *f* 255
Zügel *f* 242
Zugfenster *n* 209
Zugtypen *f* 208
Zuleitung *f* 61
zum Mitnehmen 154
Zündkerze *f* 203
Zündung 200
Zunge *f* 19, 37, 118
zur Schule kommen 26
Zuschauer *f* 233
Zustellung *f* 98
zwanzig 308
zwanzig Minuten 304
zwanzigster 309
zwanzigtausend 309
zwei 308
Zweibettzimmer *n* 100
Zweig *m* 296
Zweigstelle *f* 175
zweihundert 308
zweijährig 86
Zweispännerrennen *n* 243
zweitausend 307
zweitausendeins 307
zweite Etage *f* 104
zweiter 309
zweite Rang *m* 254
zweitürig 200
zweiundzwanzig 308
zweiundzwanzigster 309
Zwerchfell *n* 19
Zwiebel *f* 86, 124
Zwillinge *m* 23
Zwinge *f* 78
Zwirn *m* 89
Zwischenrippenmuskel *m* 16
zwölf 308
Zwölffingerdarm *m* 18
zwölfter 309
Zylinder *m* 164
Zylinderkopf *m* 202
Zypern 318

Englisches register • **English index**

english

A

à la carte 152
abdomen 12
abdominals 16
above 320
abseiling 248
acacia 110
accelerator 200
access road 216
accessories 36, 38
accident 46
account number 96
accountant 97, 190
accounts department 175
accused 180
ace 230, 273
Achilles tendon 16
acorn squash 125
acquaintance 24
acquitted 181
across 320
acrylic paints 274
actions 237, 229, 227, 233, 183
activities 263, 245, 162, 77
actor 254, 191
actors 179
actress 254
acupressure 55
acupuncture 55
Adam's apple 19
add v 165
address 98
adhesive tape 47
adjustable spanner 80
admissions 168
admitted 48
adult 23
advantage 230
adventure film 255
advertisement 269
adzuki beans 131
aerate v 91
Afghanistan 318
Africa 317
after 320
afternoon 305
aftershave 73
aftersun 108
agate 289
agenda 174
aikido 236
aileron 210
air bag 201
air conditioning 200
air cylinder 239
air filter 202, 204
air letter 98
air mattress 267
air stewardess 190
air vent 210
aircraft 210
aircraft carrier 215
airliner 210, 212
airport 212
aisle 106, 168, 210, 254
alarm clock 70
Alaska 314
Albania 316
alcoholic drinks 145
alfalfa 184
Algeria 317
Allen key 80
allergy 44
alley 298
alligator 293
allspice 132
almond 129
almond oil 134
almonds 151
along 320
alpine 87
alpine skiing 247
alternating current 60
alternative therapy 54
alternator 203
altitude 211
aluminium 289
Amazonia 312
ambulance 94
American football 220
amethyst 288
amniocentesis 52
amniotic fluid 52
amount 96
amp 60
amphibians 294
amplifier 268
anaesthetist 48
analogue 179
anchor 214, 240
Andes 312
Andorra 316
angle 164
angler 244
Angola 317
angry 25
animals 292, 294
animated film 255
ankle 13, 15
ankle length 34
anniversary 26
annual 86, 307
anorak 31, 33
answer 163
answer *v* 99, 163
answering machine 99
ant 295
antenatal 52
antenna 295
antifreeze 199, 203
Antigua and Barbuda 314
anti-inflammatory 109
antique shop 114
antiseptic 47
antiseptic wipe 47
antiwrinkle 41
antler 291
apartment block 298
apéritif 153
aperture dial 270
apex 165
app 99
appeal 181
appearance 30
appendix 18
applaud v 255
apple 126
apple corer 68
apple juice 149
appliances 66
application 176
appointment 45, 175
apricot 126
April 306
apron 30, 50, 69, 212
aquamarine 288
Arabian Sea 313
arable farm 183
arc 164
arch 15, 85, 301
archery 249
architect 190
architecture 300
architrave 301
Arctic Circle 283
Arctic Ocean 312
area 165, 310
areas 299
arena 243
Argentina 315
arithmetic 165
arm 13
armband 238
armchair 63
Armenia 318
armpit 13
armrest 200, 210
aromatherapy 55
around 320
arrangements 111
arrest 94
arrivals 213
arrow 249
art 162
art college 169
Art Deco 301
art gallery 261
Art Nouveau 301
art shop 115
artery 19
artichoke 124
artist 274
arts and crafts 274, 276
ash 283
ashtray 150
Asia 318
asparagus 124
assault 94
assistant 24
assisted delivery 53
asteroid 280
asthma 44
astigmatism 51
astronaut 281
astronomy 281
asymmetric bars 235
at 320
athlete 234
athletics 234
Atlantic Ocean 312
ATM 97
atmosphere 282, 286
atrium 104
attachment 177
attack 220
attack zone 224
attend v 174
attic 58
attractions 261
aubergine 125
auburn 39
audience 254
August 306
aunt 22
aurora 286
Australasia 319
Australia 319
Austria 316
autocue 179
automatic 200
automatic door 196
autumn 31, 307
avalanche 247
avenue 299
avocado 128
awning 148
axe 95
axle 205
ayurveda 55
Azerbaijan 318

B

baby 23, 30
baby bath 74
baby care 74
baby changing facilities 104
baby monitor 75
baby products 107
baby sling 75
babygro 30
back 13
back brush 73
back seat 200
backboard 226
backdrop 254
backgammon 272
backhand 231
backpack 31, 37, 267
backstroke 239
backswing 233
bacon 118, 157
bad 321
badge 94
badminton 231
bag 311
bagel 139
baggage reclaim 213
baggage trailer 212
bags 37
baguette 138
Bahamas 314
bail 181
bait 244
bait v 245
bake v 67, 138
baked 159
baker 114, 139
bakery 107, 138
baking 69
baking tray 69
balance wheel 276
balcony 59, 254
bald 39
bale 184
Balearic Islands 316
ball 15, 75, 221, 224, 226, 228, 230
ball boy 231
ballet 255
balsamic vinegar 135
Baltic Sea 313
bamboo 86,122
banana 128
bandage 47
Bangladesh 318
banister 59
bank 96, 284
bank charge 96
bank manager 96

bank transfer 96
bap 139
bar 150, 152, 250, 256, 311
bar code 106
bar counter 150
bar mitzvah 26
bar snacks 151
bar stool 150
barb 244
Barbados 314
barbecue 267
barber 39, 188
bark 296
barley 130, 184
barn 182
Baroque 301
bars 74
bartender 150, 191
basalt 288
base 164, 229
base station 99
baseball 228
baseline 230
baseman 228
basement 58
basil 133
basin 50
basket 106, 207, 226
basket of fruit 126
basketball 226
basketball player 226
basque 35
bass clarinet 257
bass clef 256
bass guitar 258
bassoon 257
bat 225, 228, 231, 290
bat v 225, 229
bath mat 72
bath towel 73
bathrobe 73
bathroom 72
bathtub 72
baton 235, 256
batsman 225
batter 228
batteries 260
battery 167, 202
battery pack 78
battleship 215
bay leaf 133
be born v 26
beach 264
beach bag 264
beach ball 265
beach hut 264
beach towel 265
beach umbrella 264
beaker 167
beam 186, 235
bean sprout 122
beans 131, 144
bear 291
beard 39
beat 259
beauty 40, 105
beauty treatments 41
bed 70
bed and breakfast 101
bed linen 71
bedding 74
bedroom 70
bedside lamp 70
bedside table 70
bedspread 70
bedspring 71
bee 295
beech 296
beef 118
beer 145,151
beer tap 150
beetle 295
beetroot 125
before 320
beginning 321
behind 320
Belarus 316
Belgium 316
Belize 314
bell 197
below 320
belt 32, 36, 236
bench 250, 262
Benin 317
berry 296
beside 320
bet 273
between 320
beyond 320
Bhutan 318
biathlon 247
bib 30
bicep curl 251
biceps 16
bicycle 206
bidet 72
biennial 86
bifocal 51
big toe 15
bike rack 207
bikini 264
bill 152, 293
binoculars 281
biology 162
biplane 211
birch 296
bird-watching 263
birds 292
birth 52
birth weight 53
birth certificate 26
birthday 27
birthday cake 141
birthday candles 141
birthday party 27
biscuit 113
biscuits 141
bishop 272
bit 242
bit brace 78
bite 46
bite v 245
bitter 124, 145
black 39, 272, 274
black belt 237
black coffee 148
black-eyed beans 131
black hole 280
black olive 143
black pudding 157
Black Sea 313
black tea 149
blackberry 127
blackcurrant 127
bladder 20
blade 60, 66, 78, 89
blanket 71, 74
blazer 33
bleach 77
blender 66
blister 46
block 237
block v 227
block of flats 59
blonde 39
blood pressure 44
blood test 48
blouse 34
blow dry v 38
blow out v 141
blowhole 290
blue 274
blue cheese 136
bluebells 297
blueberry 127
blues 259
blusher 40
board 241
board v 217
board games 272
boarding pass 213
bob 39
bobbin 276
bobsleigh 247
body 12
body lotion 73
body systems 19
bodywork 202
boil v 67
boiled egg 137, 157
boiled sweets 113
boiler 61
Bolivia 315
bollard 214, 298
bolt 59
bomber 211
bone 17, 119, 121
bone meal 88
boned 121
bongos 257
bonnet 198
book 168
book a flight v 212
book shop 115
bookshelf 63, 168
boom 95, 240
booster 281
boot 37
booties 30
bored 25
borrow v 168
Bosnia and Herzegovina 316
Botswana 317
bottle 61, 75, 135, 311
bottle opener 68, 150
bottled foods 134
bottled water 144
bottom tier 141
bounce v 227
boundary line 225
bouquet 35, 111
bouquet garni 132
bout 237
boutique 115
bow 240, 249
bow tie 36
bowl 61, 65, 112
bowl v 225
bowler 225
bowling 249
bowling ball 249
box 254
box file 173
box of chocolates 113
box of tissues 70
box office 255
boxer shorts 33
boxercise 251
boxing 236
boxing gloves 237
boxing ring 237
boy 23
boyfriend 24
bra 35
bracelet 36
braces 50
brain 19
brake 200, 204, 206
brake v 207
brake block 207
brake fluid reservoir 202
brake lever 207
brake pedal 205
bran 130
branch 175, 296
brandy 145
brass 256
Brazil 315
brazil nut 129
bread 157
bread knife 68
bread roll 143
breadcrumbs 139
breadfruit 124
breads 138
break a record v 234
break waters v 52
breakdown 203
breakfast 64, 156
breakfast buffet 156
breakfast cereals 107
breakfast table 156
breakfast tray 101
breast 12, 119
breast pump 53
breastbone 17
breastfeed v 53
breaststroke 239
breathing 47
breech birth 52
breeze block 187
brick 187
bridge 15, 214, 258, 273, 300
bridle 242
bridle path 263
Brie 142
briefcase 37
briefs 33, 35
brioche 157
broad bean 122, 131
broadcast 179
broadcast v 178
broccoli 123
brochure 175
brogue 37
bronze 235
brooch 36
broom 77
broth 158
brother 22
brother-in-law 23
browband 242
brown 274
brown bread 139, 149
brown flour 138
brown lentils 131
brown rice 130
browse v 177
browser 177
bruise 46
Brunei 319
brunette 39
brush 38, 40, 77, 83, 274
brush v 38, 50
Brussels sprout 122
bubble bath 73
bucket 77, 82, 265
buckle 36
bud 111, 297
buffet 152
buggy 232
build v 186
builder 186, 188
building site 186
buildings 299
built-in wardrobe 71
bulb 86
Bulgaria 316

english

bull 185
bull-nose pliers 80
bulldog clip 173
bullet train 209
bullseye 2 73
bumper 74, 198
bun 39, 140, 155
bunch 111
bungalow 58
bungee jumping 248
bunker 232
bunsen burner 166
buoy 217
bureau de change 97
burger 154
burger bar 154
burger meal 154
burglar alarm 58
burglary 94
Burkina Faso 317
burn 46
burner 67
Burundi 317
bus 196
bus driver 190
bus shelter 197
bus station 197
bus stop 197, 299
bus ticket 197
buses 196
business 175
business class 211
business deal 175
business lunch 175
business partner 24
business suit 32
business trip 175
businessman 175
businesswoman 175
butcher 118, 188
butcher's 114
butter 137, 156
butter beans 131
buttercup 297
butterfly 239, 295
buttermilk 137
butternut squash 125
buttock 13, 16
button 32
buttonhole 32
buttress 301
by 320
by airmail 98
bytes 176

C

cab 95
cabbage 123
cabin 210, 214
Cabinda 317
cabinet 66
cable 79, 207
cable car 246
cable television 269
cactus 87
caddy 233
caesarean section 52
café 148, 262
cafetière 65
cake shop 114
cake tin 69
cakes 140
calcite 289
calcium 109
calculator 165
calendar 306
calf 13, 16, 185
call button 48
calyx 297
cam belt 203
Cambodia 318
camcorder 260, 269
camel 291
Camembert 142
camera 178, 260, 270
camera case 271
camera crane 178
camera shop 115
cameraman 178
cameraphone 270
Cameroon 317
camisole 35
camomile tea 149
camp v 266
camp bed 266
Campari 145
camper van 266
campfire 266
camping 266
camping stove 267
campsite 266
campus 168
can 145, 311
can opener 68
Canada 314
canary 292
candied fruit 129
cane 89, 91
canine 50
canned drink 154
canoe 214
canter 243
canvas 274
cap 21, 36, 238
capacity 311
cape gooseberry 128
capers 143
capital 315
capoeira 237
cappuccino 148
capsize v 241
capsule 109
captain 214
car 198, 200
car accident 203
car hire 213
car park 298
car stereo 201
car wash 198
caramel 113
caravan 266
caraway 131
card 27
card slot 97
cardamom 132
cardboard 275
cardigan 32
cardiology 49
cardiovascular 19
cards 273
cargo 216
Caribbean Sea 312
carnation 110
carnival 27
carousel 212
carpenter 188
carpentry bits 80
carpet 71
carriage 208
carriage race 243
carrier 204
carrot 124
carrycot 75
cartilage 17
carton 311
cartoon 178
cartwheel 235
carve v 79
carving fork 68
case 51
cash v 97
cashew nut 129, 151
cashier 96, 106
casino 261
Caspian Sea 313
cassava 124
casserole dish 69
cassette player 269
cassette tape 269
cast 254
cast v 245
castle 300
casual wear 33, 34
cat 290
catamaran 215
cataract 51
catch v 220, 227, 229, 245
catcher 229
caterpillar 295
cathedral 300
catheter 53
cauliflower 124
cave 284
CD player 268
cedar 296
ceiling 62
celebration 140
celebration cakes 141
celebrations 27
celeriac 124
celery 122
cell 181
cello 256
cement 186
cement mixer 186
centimetre 310
centipede 295
Central African Republic 317
central reservation 194
centre 164
centre circle 222, 224, 226
centre field 228
centre line 226
centreboard 241
century 307
ceramic hob 66
cereal 130, 156
cervical vertebrae 17
cervix 20, 52
Chad 317
chain 36, 206
chair 64
chair v 174
chairlift 246
chalk 85, 288
chamber 283
champagne 145
championship 230
change v 209
change a wheel v 203
change channel v 269
change gear v 207
changing bag 75
changing mat 74
changing room 104
channel 178
charcoal 266, 275
charge 94, 180
chart 48
chassis 203
check-in v 212
check-in desk 213
checkout 106
checkup 50
cheddar 142
cheek 14
cheerleader 220
cheese 136, 156
chef 152, 190
chef's hat 190
chemist 108
chemistry 162
cheque 96
chequebook 96
cherry 126
cherry tomato 124
chess 272
chessboard 272
chest 12
chest of drawers 70
chest press 251
chestnut 129
chewing gum 113
chick 185
chickpeas 131
chicken 119, 185
chicken burger 155
chicken coop 185
chicken nuggets 155
chicken pox 44
chicory 122
child 23, 31
child lock 75
child seat 198, 207
childbirth 53
children 23
children's clothing 30
children's department 104
children's ward 48
child's meal 153
Chile 315
chill 44
chilli 124, 132, 143
chimney 58
chin 14
China 318
china 105
Chinese leaves 122
chip v 233
chipboard 79
chiropractic 54
chisel 81, 275
chives 133
chocolate 113
chocolate bar 113
chocolate cake 140
chocolate chip 141
chocolate coated 140
chocolate milkshake 149
chocolate spread 135
choir 301
choke v 47
chop 119, 237
chopping board 68
chorizo 143
choux pastry 140
christening 26
Christmas 27
chrysanthemum 110
chuck 78
church 298, 300
chutney 134
cider 145
cider vinegar 135
cigar 112
cigarettes 112
cinema 255, 299
cinema hall 255
cinnamon 133
circle 165, 254
circuit training 251
circular saw 78
circumference 164
cistern 61
citrus fruit 126
city 298, 299
clam 121
clamp 78, 166
clapper board 179

english

clarinet 257
clasp 36
classical music 255, 259
classroom 162
claw 291
clay 85, 275
clean v 77
clean clothes 76
cleaned 121
cleaner 188
cleaning equipment 77
cleaning fluid 51
cleanser 41
clear honey 134
cleat 240
cleaver 68
clementine 126
client 38, 175, 180
cliff 285
climber 87
climbing frame 263
clinic 48
clipboard 173
clitoris 20
clock radio 70
closed 260, 321
clothes line 76
clothes peg 76
clothing 205
cloud 287
cloudy 286
clove 125
clover 297
cloves 133
club 273
club sandwich 155
clubhouse 232
clutch 200, 204
coach 196
coal 288
coast 285
coaster 150
coastguard 217
coat 32
coat hanger 70
cockatoo 293
cockerel 185
cockle 121
cockpit 210
cockroach 295
cocktail 151
cocktail shaker 150
cocoa powder 148
coconut 129
cocoon 295
cod 120
coffee 144, 148, 153, 156, 184
coffee cup 65
coffee machine 148, 150
coffee milkshake 149
coffee table 62
cog 206
coin 97
coin return 99
cola 144
colander 68
cold 44, 286, 321
cold-pressed oil 135
cold tap 72
collage 275
collar 32
collarbone 17
colleague 24
collection 98
college 168
Colombia 315
colony 315
colouring pencil 163
colours 39, 274
comb 38
comb v 38
combat sports 236
combine harvester 182
comedy 255
comet 280
comic 112
commis chef 152
commission 97
communications 98
commuter 208
Comoros 317
compact 40
compact disc 269
company 175
compartment 209
compass 165, 312, 240
complaint 94
complexion 41
compliments slip 173
compost 88
compost heap 85
computer 176
concealer 40
conceive v 20
conception 52
concert 255, 258
concertina file 173
concourse 209
concussion 46
condensed milk 136
conditioner 38
condom 21
conductor 256
cone 164, 187
confectioner 113
confectionery 107, 113
confident 25
confused 25
conglomerate 288
Congo 317
conifer 86
connect v 177
connection 212
conning tower 215
console 269
constellation 281
construction 186
consultant 49
consultation 45
contact lenses 51
container 216, 311
container port 216
container ship 215
continent 282, 315
contraception 21, 52
contraction 52
control tower 212
controller 269
controls 201, 204
convector heater 60
convenience food 107
convertible 199
conveyer belt 106
cooked meat 118, 143
cooking 67
coolant reservoir 202
cooling rack 69
co-pilot 211
copper 289
copy v 172
cor anglais 257
coral reef 285
cordless drill 78
cordless phone 99
core 127
coriander 133
cork 134
corkscrew 150
corn 130, 184
corn bread 139
corn oil 135
cornea 51
corner 223
corner flag 223
cornice 300
corset 35
Corsica 316
Costa Rica 314
costume 255
cot 74
cottage cheese 136
cottage garden 84
cotton 184, 277
cotton balls 41
cough 44
cough medicine 108
counsellor 55
count v 165
counter 96, 98, 100, 142, 272
country 259, 315
couple 24
courgette 125
courier 99
courses 153
court 226
court case 180
court date 180
court officer 180
court official 180
courtroom 180
courtyard 58, 84
couscous 130
cousin 22
cow 185
cow's milk 136
crab 121, 295
cracked wheat 130
cradle 95
craft knife 80, 82
crafts 275
cramp 239
cramps 44
cranberry 127
crane 187, 216, 292
crash barrier 195
crater 283
crayfish 121
cream 109, 137, 140, 157
cream cheese 136
cream pie 141
crease 225
credit card 96
creel 245
creeper 87
crème caramel 141
crème pâtissière 140
crepe 155
crescent moon 280
crew 241
crew hatch 281
cricket 225, 295
cricket ball 225
cricketer 225
crime 94
criminal 181
criminal record 181
crisp 127
crispbread 139, 156
crisper 67
crisps 113, 151
Croatia 316
crochet 277
crochet hook 277
crockery 64
crockery and cutlery 65
crocodile 293
crocodile clip 167
croissant 156
crop 39, 183
crops 184
cross-country skiing 247
cross trainer 250
crossbar 207, 222, 235
crow 292
crown 50
crucible 166
crushed 132
crust 139, 282
cry v 25
crystal healing 55
Cuba 314
cube 164
cucumber 125
cuff 32, 45
cuff links 36
cultivate v 91
cultivator 182
cumin 132
curb 298
cured 118, 159, 143
curling 247
curling tongs 38
curly 39
currant 129
current account 96
curry 158
curry powder 132
curtain 63, 254
curved 165
cushion 62
custard 140
customer 96, 104, 106, 152
customer service department 175
customer services 104
customs 212
customs house 216
cut 46
cut v 38, 79, 277
cuticle 15
cutlery 64, 65
cuts 119
cutting 91
cuttlefish 121
cycle v 207
cycle lane 206
cycling 263
cylinder 164
cylinder head 202
cymbals 257
Cyprus 318
Czech Republic 316

D

daffodil 111
dairy 107
dairy farm 183
dairy produce 136
daisy 110, 297
dam 300
dance 259
dance academy 169
dancer 191
dandelion 123, 297
dandruff 39
dark 41, 321
darkroom 271
darn v 277
dartboard 273
darts 273
dashboard 201
date 129, 306
daughter 22
daughter-in-law 22

english

dawn 305
day 305, 306
dead ball line 221
deadhead v 91
deal v 273
debit card 96
decade 307
decay 50
December 306
deciduous 86
decimal 165
deck 214
deck chair 265
decking 85
decorating 82
decoration 141
decorator 82
deep end 239
deep-fried 159
deep sea fishing 245
deer 291
defence 181, 220
defendant 181
defender 223
defending zone 224
defrost v 67
degree 169
delay 209
deli 107
delicatessen 142
delivery 52, 98
deltoid 16
Democratic Republic of the Congo 317
Denmark 316
denomination 97
denominator 165
dental care 108
dental floss 50, 72
dental hygiene 72
dental x-ray 50
dentist 50, 189
dentist's chair 50
dentures 50
deodorant 73, 108
department 169
department store 105
departments 49
departure lounge 213
departures 213
depth 165
dermatology 49
descaled 121
desert 285
desiccated 129
designer 191, 277
desk 162, 172
desktop 177
desktop organizer 172
dessert 140, 153
destination 213
detached 58
detective 94
detergent 77
deuce 230
develop v 271
diabetes 44
diagonal 164
dial v 99
diameter 164
diamond 273, 288
diaphragm 19, 21
diarrhoea 44, 109
diary 175
dice 272
dictionary 163
die v 26
diesel 199
diesel train 208
difficult 321
dig v 90, 227
digestive 19
digital 179, 269
digital box 269
digital camera 270
digital projector 163
digital radio 268
dilation 52
dill 133
dimensions 165
dimple 15
dining car 209
dining room 64
dinner 64, 158
dinner plate 65
diopter 51
diploma 169
dipstick 202
direct current 60
direct debit 96
directions 260
director 254
directory enquiries 99
dirt bike 205
dirty washing 76
disabled parking 195
discharged 48
disconnected 99
discus 234
discuss v 163
disembark v 217
dishwasher 66
disinfectant solution 51
dispensary 108
disposable 109
disposable camera 270
disposable nappy 30
disposable razor 73
dissertation 169
distance 310
distributor 203
district 315
dive 239
dive v 238
diver 238
diversion 195
divide v 165
divided by 165
dividends 97
divider 173, 194
divorce 26
Diwali 27
DJ 179
Djibouti 317
do not bend v 98
dock 214, 216
dock v 217
doctor 45, 189
doctorate 169
documentary 178
dog 290
dog sledding 247
doll 75
doll's house 75
dolphin 290
dome 300
domestic flight 212
Dominica 314
Dominican Republic 314
dominoes 273
donkey 185
door 196, 198, 209
door chain 59
door knob 59
door knocker 59
door lock 200
doorbell 59
doormat 59
dormer 58
dorsal fin 294
dosage 109
double 151
double bass 256
double bassoon 257
double bed 71
double cream 137
double-decker bus 196
double room 100
doubles 230
dough 138
Dover sole 120
down 320
downhill skiing 247
download v 177
dragonfly 295
drain 61, 72, 299
drain cock 61
drainage 91
draining board 67
draughts 272
draw 223
draw v 162
drawer 66, 70, 172
drawing 275
drawing pin 173
dress 31, 34
dressage 243
dressed 159
dressed chicken 119
dressing 47, 158
dressing gown 31, 32, 35
dressing table 71
dribble v 223
dried flowers 111
dried fruit 156
drill 50
drill v 79
drill bit 78, 80
drinking cup 75
drinking fountain 262
drinks 107, 144, 156
drip 53
drive v 195, 233
driver 196
driver's cab 208
driver's seat 196
driveshaft 202
drop anchor v 217
dropper 109, 167
drops 109
dropshot 230
drown v 239
drum 258
drum kit 258
drummer 258
dry 39, 41, 130, 145, 286, 321
dry v 76
dry cleaners 115
dry dock 217
dual carriageway 195
duck 119, 185
duck egg 137
duckling 185
duffel coat 31
dugout 229
dumbbell 251
dumper truck 187
dungarees 30
dunk v 227
duodenum 18
dusk 305
dust v 77
dust pan 77
duster 77
dustsheet 83
duty-free shop 213
duvet 71
DVD 269
DVD player 268
dyed 39
dynamo 207

E

eagle 292
ear 14
early 305, 320
earrings 36
Earth 280, 282
earthenware dish 69
earthing 60
earthquake 283
easel 174, 274
east 312
East Timor 319
Easter 27
easy 321
easy cook 130
eat v 64
eat-in 154
eating 75
eau de toilette 41
eaves 58
éclair 140
eclipse 280
economics 169
economy class 211
Ecuador 315
eczema 44
Edam 142
edge 246
editor 191
eel 294
egg 20
egg cup 65, 137
egg white 137
eggs 137
Egypt 317
eight 308
eight hundred 308
eighteen 308
eighteenth 309
eighth 309
eightieth 309
eighty 308
ejaculatory duct 21
El Salvador 314
elbow 13
electric blanket 71
electric blood pressure monitor 45
electric car 199
electric drill 78
electric guitar 258
electric razor 73
electric shock 46
electric train 208
electrical goods 105, 107
electrician 188
electricity 60
electricity meter 60
elephant 291
eleven 308
eleventh 309
elm 296
email 98, 177
email account 177
email address 177
embarrassed 25
embossed paper 83
embroidery 277
embryo 52
emerald 288
emergency 46
emergency exit 210
emergency lever 209
emergency phone 195
emergency room 48
emergency services 94
emigrate v 26

emotions 25
employee 24
employer 24
empty 321
emulsion 83
enamel 50
encore 255
encyclopedia 163
end 321
end zone 220
endive 123
endline 226
endocrine 19
endocrinology 49
energy-saving bulb 60
engaged/busy 99
engaged couple 24
engine 202, 204, 208, 210
engine room 214
engineering 169
English breakfast 157
English mustard 135
engraving 275
enlarge v 172
enlargement 271
enquiries 168
ENT 49
entrance 59
entrance fee 260
envelope 98, 173
environment 280
epidural 52
epiglottis 19
epilepsy 44
episiotomy 52
equals 165
equation 165
equator 283
equipment 165, 233, 238
Equitorial Guinea 317
equity 97
Eritrea 317
erupt v 283
escalator 104
espresso 148
essay 163
essential oils 55
estate 199
estate agent 115, 189
Estonia 316
estuary 285
Ethiopia 317
eucalyptus 296
Europe 316
evening 305
evening dress 34
evening menu 152
events 243, 247
evergreen 86
evidence 181
examination 163
excess baggage 212
exchange rate 97
excited 25
excuse me 322
executive 174
exercise bike 250
exercises 251
exfoliate v 41
exhaust pipe 203, 204
exhibit v 261
exhibition 261
exit 210
exit ramp 194
exosphere 286
expectant 52
experiment 166
expiry date 109
exposure 271
extend v 251
extension 58
extension lead 78
exterior 198
external hard drive 176
extra time 223
extraction 50
extractor 66
eye 14, 51, 244, 276
eye shadow 40
eye test 51
eyebrow 14, 51
eyebrow brush 40
eyebrow pencil 40
eyecup 269
eyelash 14, 51
eyelet 37
eyelid 51
eyeliner 40
eyepiece 167

F

fabric 277
fabric conditioner 76
face 14
face cream 73
face mask 225
face-off circle 224
face pack 41
face powder 40
facial 41
factory 299
faint v 25, 44
fair 41
fairground 262
fairway 232
falcon 292
Falkland Islands 315
fall 237
fall in love v 26
Fallopian tube 20
family 22
famous ruin 261
fan 60, 202
fan belt 203
fans 258
far 320
fare 197, 209
farm 182, 183, 184
farmhouse 182
farmland 182
farmyard 182
farmer 182, 189
fashion 277
fast 321
fast food 154
fast forward 269
fastening 37
fat 119, 321
fat free 137
father 22
father-in-law 23
fault 230
feather 293
feature film 269
February 306
feed v 183
feijoa 128
female 12, 20
feminine hygiene 108
femur 17
fence 85, 182, 243
fencing 249
feng shui 55
fennel 122, 133
fennel seeds 133
fenugreek 132
fern 86
ferry 215, 216
ferry terminal 216
fertilization 20
fertilize v 91
fertilizer 91
festivals 27
fever 44
fiancé 24
fiancée 24
fibre 127
fibula 17
field 182, 222, 228, 234
field v 225, 229
field hockey 224
fifteen 308
fifteenth 309
fifth 309
fiftieth 309
fifty 308
fifty five thousand, five hundred 309
fifty thousand 309
fig 129
fighter plane 211
figure skating 247
Fiji 319
file 81, 177
filing cabinet 172
fill v 82
filler 83
fillet 119, 121
filleted 121
filling 50, 140, 155
film 260, 271
film set 179
film spool 271
filo pastry 140
filter 270
filter coffee 148
filter paper 167
fin 210, 239
finance 97
financial advisor 97
fingerprint 94
finial 300
finishing line 234
Finland 316
fire 95
fire alarm 95
fire brigade 95
fire engine 95
fire escape 95
fire extinguisher 95
fire station 95
firefighters 95
firelighter 266
fireman 189
fireplace 63
firm 124
first 309
first aid 47
first-aid box 47
first floor 104
first night 254
fish 107, 120, 294
fish and chips 155
fish farm 183
fish slice 68
fisherman 189
fishhook 244
fishing 244, 245
fishing boat 217
fishing permit 245
fishing port 217
fishing rod 244
fishmonger 188
fishmonger's 114, 120
fist 15, 237
fitness 250
five 308
five hundred 308
flag 221, 232
flageolet beans 131
flakes 132
flamingo 292
flan 142
flan dish 69
flare 240
flash 270
flash gun 270
flask 166
flat 59, 256
flat race 243
flat wood bit 80
flatbread 139
flatscreen TV 269
flavoured oil 134
flax 184
fleece 74
flesh 124, 127, 129
flex v 251
flight attendant 210
flight number 213
flint 288
flip chart 174
flip-flop 37
flipper 290
float 238, 244
float ball 61
flock 183
flood 287
floor 58, 62, 71
floor exercises 235
floor plan 261
Florentine 141
floret 122
florist 110, 188
floss v 50
flours 138
flower 297
flowerbed 85, 90
flowering plant 297
flowering shrub 87
flowers 110
flu 44
flute 139, 257
fly 244, 295
fly v 211
fly fishing 245
flyover 194
flysheet 266
foal 185
focus v 271
focusing knob 167
foetus 52
fog 287
foil 249
folder 177
foliage 110
folk music 259
follicle 20
font 177
food 118, 130, 149
food hall 105
food processor 66
foot 12, 15, 310
foot pedal 257
football 220, 222
football field 220
football player 220
football strip 31, 222
footballer 222
footboard 71
footpath 262
footstrap 241
for 320
forceps 53, 167
forearm 12
forecourt 199
forehand 231
forehead 14
foreign currency 97
foreskin 21
forest 285

fork 65, 88, 207
fork-lift truck 186, 216
formal 34
formal garden 84, 262
fortieth 309
fortnight 307
forty 308
forty minutes 304
forward 222
foul 222, 226
foul ball 228
foul line 229
foundation 40
fountain 85
four 308
four-door 200
four hundred 308
four-wheel drive 199
fourteen 308
fourteenth 309
fourth 309
fox 290
foxglove 297
fraction 165
fracture 46
fragile 98
fragranced 130
frame 51, 62, 206, 267
frame counter 270
France 316
freckle 15
free 321
free kick 222
free range 118
free-throw line 226
free weights 250
freesia 110
freeze 287
freeze v 67
freezer 67
freight train 208
freighter 215
French bean 122
French fries 154
French Guiana 315
French horn 257
French mustard 135
French pleat 39
French toast 157
frequency 179
fresh 121, 127, 130
fresh cheese 136
fresh fruit 157
freshwater fishing 245
fret 258
fretsaw 81
Friday 306
fridge-freezer 67
fried 159
fried chicken 155
fried egg 157
friend 24
frieze 301
frog 294
from 320
front crawl 239
front door 58
front wheel 196
frontal 16
frost 287
froth 148
frown 25
frozen 121, 124
frozen food 107
frozen yoghurt 137
fruit 107, 126, 128
fruit bread 139
fruit cake 140
fruit farm 183
fruit gum 113
fruit juice 127, 156
fruit tart 140
fruit yoghurt 157
fry v 67
frying pan 69
fuel gauge 201
fuel tank 204
full 64, 266, 321
full board 101
full moon 280
fumble 220
funeral 26
funnel 166, 214
furniture shop 115
furrow 183
fuse 60
fuse box 60, 203
fuselage 210
futon 71

G

gable 300
Gabon 317
Galápagos Islands 315
galaxy 280
gale 286
galley 214
gallon 311
gallop 243
galvanised 79
Gambia 317
game 119, 230, 273
game show 178
games 272
gangway 214
garage 58, 199
garden 84, 261
garden centre 115
garden features 84
garden pea 122
garden plants 86
garden styles 84
garden tools 88
gardener 188
gardening 90
gardening gloves 89
garland 111
garlic 125, 132
garlic press 68
garnet 288
garter 35
gas burner 61
gasket 61
gate 85, 182, 247
gate number 213
gauze 47, 167
gear lever 207
gearbox 202, 204
gears 206
gearstick 201
gel 38, 109
gems 288
generation 23
generator 60
genitals 12
geography 162
geometry 165
Georgia 318
gerbera 110
Germany 316
get a job v 26
get married v 26
get up v 71
geyser 285
Ghana 317
giant slalom 247
gifts shop 114
gill 294
gin 145
gin and tonic 151
ginger 39, 125, 133
giraffe 291
girder 186
girl 23
girlfriend 24
girth 242
glacier 284
gladiolus 110
gland 19
glass 69, 152
glass bottle 166
glass rod 167
glasses 51, 150
glassware 64
glaze v 139
glider 211, 248
gliding 248
gloss 83, 271
glove 36, 224, 233, 236, 246
glue 275
glue gun 78
gneiss 288
go to bed v 71
go to sleep v 71
goal 221, 223, 224
goal area 223
goal line 220, 223, 224
goalkeeper 222, 224
goalpost 220, 222
goat 185
goat's cheese 142
goat's milk 136
goggles 238, 247
going out 75
gold 235, 289
goldfish 294
golf 232
golf bag 233
golf ball 233
golf clubs 233
golf course 232
golf shoe 233
golf trolley 233
golfer 232
gong 257
good 321
good afternoon 322
good evening 322
good morning 322
good night 322
goodbye 322
goose 119, 293
goose egg 137
gooseberry 127
gorge 284
gorilla 291
Gothic 301
grade 163
graduate 169
graduate v 26
graduation ceremony 169
graft v 91
grains 130
gram 310
granary bread 139
grandchildren 23
granddaughter 22
grandfather 22
grandmother 22
grandparents 23
grandson 22
granite 288
grape juice 144
grapefruit 126
grapeseed oil 134
graphite 289
grass 86, 262
grass bag 88
grasshopper 295
grassland 285
grate v 67
grated cheese 136
grater 68
gratin dish 69
gravel 88
gravity 280
graze 46
greasy 39
Greece 316
green 129, 232, 274
green olive 143
green peas 131
green salad 158
green tea 149
greengrocer 188
greengrocer's 114
greenhouse 85
Greenland 314
Grenada 314
grey 39, 274
grill v 67
grill pan 69
grilled 159
groceries 106
grocer's 114
groin 12
groom 243
ground 132
ground coffee 144
ground cover 87
ground floor 104
ground sheet 267
groundnut oil 135
group therapy 55
grout 83
guard 236
Guatemala 314
guava 128
guest 64, 100
guidebook 260
guided tour 260
guilty 181
Guinea 317
Guinea-Bissau 317
guitarist 258
gull 292
gum 50
gun 94
gutter 58, 299
guy rope 266
Guyana 315
gym 101, 250
gym machine 250
gymnast 235
gymnastics 235
gynaecologist 52
gynaecology 49
gypsophila 110

H

haberdashery 105
hacksaw 81
haddock 120
haemorrhage 46
hail 286
hair 14, 38
hair dye 40
hair straightener 38
hairband 38
hairdresser 38, 188
hairdresser's 115
hairdryer 38
hairpin 38
hairspray 38
hairtie 39
Haiti 314
half an hour 304

english

half board 101
half-litre 311
half time 223
hall of residence 168
hallibut fillets 120
Halloween 27
hallway 59
halter 243
halter neck 35
ham 119, 143, 156
hammer 80
hammer v 79
hammock 266
hamper 263
hamster 290
hamstring 16
hand 13, 15
hand drill 81
hand fork 89
hand luggage 211, 213
hand rail 59
hand towel 73
handbag 37
handbrake 203
handcuffs 94
handicap 233
handkerchief 36
handle 36, 88, 106, 187, 200, 230
handlebar 207
handrail 196
handsaw 81, 89
handset 99
hang v 82
hang-glider 248
hang-gliding 248
hanging basket 84
hanging file 173
happy 25
harbour 217
harbour master 217
hard 129, 321
hard cheese 136
hard hat 186
hard shoulder 194
hardboard 79
hardware 176
hardware shop 114
hardwood 79
haricot beans 131
harness race 243
harp 256
harvest v 91, 183
hat 36
hatchback 199
have a baby v 26
Hawaii 314
hay 184
hay fever 44
hazard 195
hazard lights 201
hazelnut 129
hazelnut oil 134
head 12, 19, 81, 230
head v 222
head injury 46
head office 175
head teacher 163
headache 44
headboard 70
headlight 198, 205
headphones 268
headrest 200
headsail 240
health 44
health centre 168
health food shop 115
heart 18, 119, 122, 273
heart attack 44
heater 60
heater controls 201
heather 297
heating element 61
heavy 321
heavy metal 259
hedge 85, 90, 182
hedgehog 290
heel 13, 15, 37
height 165
helicopter 211
hello 322
helmet 95, 204, 206, 220, 224, 228
hem 34
hematite 289
hen's egg 137
herb 55, 86
herb garden 84
herbaceous border 85
herbal remedies 108
herbal tea 149
herbalism 55
herbicide 183
herbs 133, 134
herbs and spices 132
herd 183
hexagon 164
hi-fi system 268
high 321
high chair 75
high-definition 269
high dive 239
high-heeled shoe 37
high jump 235
high speed train 208
highlights 39
hiking 263
hill 284
Himalayas 313
hip 12
hippopotamus 291
historic building 261
history 162
history of art 169
hit v 224
hob 67
hockey 224
hockey stick 224
hoe 88
hold 215, 237
holdall 37
hole 232
hole in one 233
hole punch 173
holiday 212
holiday brochure 212
holly 296
home 58
home delivery 154
home entertainment 268
home furnishings 105
home plate 228
homeopathy 55
homework 163
homogenized 137
Honduras 314
honeycomb 135
honeymoon 26
honeysuckle 297
hood 31, 75
hoof 242, 291
hook 187, 276
hoop 226, 277
horizontal bar 235
hormone 20
horn 201, 204, 291
horror film 255
horse 185, 235, 242
horse race 243
horse riding 242, 263
horseradish 125
horseshoe 242
hose 95
hose reel 89
hosepipe 89
hospital 48
host 64
hostess 64
hot 124, 286, 321
hot-air balloon 211
hot chocolate 144, 156
hot dog 155
hot drinks 144
hot tap 72
hot-water bottle 70
hotel 100, 264
hour 304
hour hand 304
house 58
household products 107
hovercraft 215
hub 206
hubcap 202
hull 214, 240
human resources department 175
humerus 17
humid 286
hummingbird 292
hump 291
hundred 308
hundred and ten 308
hundred thousand 308
hundredth 309
Hungary 316
hungry 64
hurdles 235
hurricane 287
husband 22
husk 130
hydrant 95
hydrofoil 215
hydrotherapy 55
hypnotherapy 55
hypoallergenic 41
hypotenuse 164

I

ice 120, 287
ice and lemon 151
ice bucket 150
ice climbing 247
ice cream 137, 149
ice cube 151
ice hockey 224
ice hockey player 224
ice hockey rink 224
ice maker 67
ice skate 224
ice-skating 247
iced coffee 148
iced tea 149
Iceland 316
icicle 287
icing 141
icon 177
identity badge 189
identity tag 53
igneous 288
ignition 200
iguana 293
illness 44
immigration 212
impotent 20
in 320
in brine 143
in front of 320
in-goal area 221
in oil 143
in sauce 159
in syrup 159
in-tray 172
inbox 177
inch 310
incisor 50
incubator 53
index finger 15
India 318
Indian Ocean 312
indicator 198, 204
indigo 274
Indonesia 319
induce labour v 53
industrial estate 299
infection 44
infertile 20
infield 228
inflatable dinghy 215
information 261
information screen 213
inhaler 44, 109
injection 48
injury 46
ink 275
ink pad 173
inlet 61
inline skating 249
inner core 282
inner tube 207
inning 228
innocent 181
inoculation 45
insect repellent 108, 267
inside 320
inside lane 194
insomnia 71
inspector 94
install v 177
instep 15
instructions 109
instruments 256, 258
insulating tape 81
insulation 61
insulin 109
insurance 203
intensive care unit 48
inter-city train 209
intercom 59
intercostal 16
intercourse 20
interest rate 96
interior 200
internal systems 60
international flight 212
internet 177
intersection 298
interval 254
interviewer 179
into 320
invertebrates 295
investigation 94
investment 97
ionosphere 286
Iran 318
Iraq 318
Ireland 316
iris 51, 110
iron 70, 109, 233, 289
iron v 76
ironing board 76
island 282

english

Israel 318
Italy 316
itinerary 260
IUD 21
Ivory Coast 317

J

jack 203, 273
jacket 32, 34
jade 288
jam 134, 156
Jamaica 314
January 306
Japan 318
jar 134, 311
javelin 234
jaw 14, 17
jazz 259
jeans 31, 33
jelly bean 113
jellyfish 295
Jerusalem artichoke 125
jet 288
jet skiing 241
jetty 217
jetway 212
jeweller 114, 188
jewellery 36
jewellery box 36
jewellery making 275
jigsaw 78
jigsaw puzzle 273
jodhpurs 242
jog on the spot 251
jogging 251, 263
joint 17, 119
joker 273
Jordan 318
journal 168
journalist 190
judge 180
judo 236
jug 65
juices and milkshakes 149
juicy 127
July 306
jump 237, 243
jump v 227
jump ball 226
junction 194
June 306
Jupiter 280
jury 180
jury box 180

K

kale 123
Kaliningrad 316
kangaroo 291
karate 236
kayak 241
kayaking 241
Kazakhstan 318
kebab 155, 158
keel 214
keep net 244
kendo 236
Kenya 317
kernel 122, 129, 130
ketchup 135
kettle 66
kettledrum 257
key 59, 176, 207
keyboard 176, 258
keypad 97, 99
kick 237, 239
kick v 221, 223
kickboxing 236
kickstand 207
kid 185
kidney 18, 119
kilogram 310
kilometre 310
kimono 35
king 272, 273
king prawn 121
kippers 157
kitchen 66, 152
kitchen knife 68
kitchenware 68, 105
kitten 290
kiruit 128
knead v 138
knee 12
knee length 34
knee pad 205
knee support 227
kneecap 17
knickers 35
knife 65
knife sharpener 68, 118
knight 272
knitting 277
knitting needle 277
knock out 237
knuckle 15
koala 291
kohlrabi 123
koi carp 294
kumquat 126
kung fu 236
Kuwait 318
Kyrgyzstan 318

L

labels 89
labia 20
laboratory 166
lace 35, 37
lace bobbin 277
lace making 277
lace-up 37
lacrosse 249
lactose 137
ladder 95, 186
ladle 68
ladybird 295
lake 285
lamb 118, 185
lamp 62, 207, 217
land 282
land v 211
landing 59
landing gear 210
landing net 244
landlord 58
landscape 271, 284
landscape v 91
lane 234, 238
languages 162
Laos 318
lapel 32
laptop 172, 176
larch 296
large 321
large intestine 18
larynx 19
last week 307
late 16, 305
later 304
latitude 283
Latvia 316
laugh v 25
launch 281
launch pad 281
launderette 115
laundry 76
laundry basket 76
laundry service 101
lava 283
law 169, 180
lawn 85, 90
lawn rake 88
lawnmower 88, 90
lawyer 180, 190
lawyer's office 180
laxative 109
lead singer 258
leaded 199
leaf 122, 296
leaflets 96
league 223
lean meat 118
learn v 163
leather shoes 32
leathers 205
Lebanon 318
lecture theatre 169
lecturer 169
leek 125
left 260
left field 228
left-hand drive 201
leg 12, 119
leg pad 225
leg press 251
legal advice 180
legal department 175
leggings 31
leisure 258, 254, 264
lemon 126
lemon curd 134
lemon grass 133
lemon sole 120
lemonade 144
length 165, 310
lens (camera) 270
lens (eye) 51
lens (glasses) 51
lens cap 270
lens case 51
Lesotho 317
lesson 163
let! 231
letter 98
letterbox 58, 99
letterhead 173
lettuce 123
lever 61, 150
lever arch file 173
Liberia 317
librarian 168, 190
library 168, 299
library card 168
Libya 317
licence plate 198
liquorice 113
lid 61, 66
Liechtenstein 316
life events 26
life jacket 240
life raft 240
lifeboat 214
lifebuoy 240
lifeguard 239, 265
lifeguard tower 265
lift 59, 100, 104
ligament 17
light 178, 321
light a fire v 266
light aircraft 211
lighter 112
lighthouse 217
lighting 105
lightmeter 270
lightning 287
lights 94
lights switch 201
lily 110
lime 126, 296
limestone 288
limousine 199
line 165, 244
line of play 233
linen 105, 277
linen basket 76
linesman 223, 230
lingerie 35, 105
lining 32
lining paper 83
link 36
lintel 186
lion 291
lip 14
lip brush 40
lip gloss 40
lip liner 40
lipstick 40
liqueur 145
liquid 77
liquid dispenser 311
liquid measure 311
literature 162, 169
Lithuania 316
litre 311
little finger 15
little toe 15
live 60, 178
live rail 209
liver 18, 118
livestock 183, 185
living room 62
lizard 293
load v 76
loaf 139
loan 96, 168
loans desk 168
lob 230
lobby 100, 255
lobster 121, 295
lock 59, 207
lockers 239
log on v 177
loganberry 127
logo 31
loin 121
lollipop 113
long 32
long-grain 130
long-handled shears 88
long jump 235
long sight 51
long wave 179
longitude 283
loom 277
loose leaf tea 144
lorry 194
lorry driver 190
lose v 273
loser 273
love 230
low 321
luge 247
luggage 100, 198, 213
luggage department 104
luggage hold 196
luggage rack 209
lumbar vertebrae 17

english

lunar module 281
lunch 64
lunch menu 152
lung 18
lunge 251
lupins 297
lure 244
Luxembourg
316
lychee 128
lymphatic 19
lyrics 259

M

macadamia 129
mace 132
Macedonia 316
machine gun 189
machinery 187
mackerel 120
macramé 277
Madagascar 317
magazine 107, 112
magma 283
magnesium 109
magnet 167
maid service 101
mailbag 98, 190
main course 153
mains supply 60
mainsail 240
make a will v 26
make friends v 26
make the bed v 71
make-up 40
making bread 138
malachite 288
Malawi 317
Malaysia 318
Maldives 318
male 12, 21
Mali 317
mallet 78, 275
Malta 316
malt vinegar 135
malted drink 144
mammals 290
man 23
manager 24, 174
managing director 175
Manchego 142
mane 242, 291
mango 128
manhole 299
manicure 41
mantle 282
manual 200
map 261
maple 296
maple syrup 134
maracas 257
marathon 234
marble 288
March 306
margarine 137
marina 217
marinated 143, 159
marine fishing 245
marjoram 133
mark v 227
market 115
marketing department
175
marmalade 134, 156
marrow 124
Mars 280
marshmallow 113
martial arts 237
martini 151
marzipan 141
mascara 40
mashed 159
masher 68
mask 189, 228, 236,
239, 249
masking tape 83
masonry bit 80
massage 54
mast 240
master's 169
mat 54, 83, 235, 271
match 230
material 79, 187, 276
maternity 49
maternity ward 48
maths 162, 164
matte 82
mattress 70, 74
Mauritiana 317
Mauritius 317
May 306
maybe 322
mayonnaise 135
MDF 79
meadow 285
meal 64
measles 44
measure 150, 151
measure v 310
measurements 165
measuring jug 69, 311
measuring spoon 109
meat 119
meat and poultry 106
meat tenderizer 68
meatballs 158
meathook 118
mechanic 188, 203
mechanical digger 187
mechanics 202
medals 235
media 178
medical examination 45
medication 109
medicine 109, 169
medicine cabinet 72
meditation 54
Mediterranean Sea 313
medium wave 179
meeting 174
meeting room 174
melody 259
melon 127
memory 176
memory stick 176
men's clothing 32
menstruation 20
menswear 105
menu 148, 153, 154
menubar 177
mercury 289
Mercury 280
meringue 140
mesophere 286
messages 100
metacarpal 17
metal 79, 289
metal bit 80
metamorphic 288
metatarsal 17
meteor 280
metre 310
Mexico 314
mica 289
microlight 211
microphone 179, 258
microscope 167
microwave oven 66
midday 305
middle finger 15
middle lane 194
midnight 305
midwife 53
migraine 44
mile 310
milk 136, 156
milk v 183
milk carton 136
milk chocolate 113
milkshake 137
millennium 307
millet 130
milligram 310
millilitre 311
millimetre 310
mince 119
mineral 144,
289
minibar 101
minibus 197
mint 113, 133
mint tea 149
minus 165
minute 304
minute hand 304
minutes 174
mirror 40, 71, 167
miscarriage 52
Miss/Ms 23
missile 211
mist 287
mitre block 81
mitt 228
mittens 30
mix v 67, 138
mixed salad 158
mixing bowl 66, 69
mixing desk 179
moat 300
mobile 74
mobile phone 99
model 169, 190
model making 275
modelling tool 275
moisturizer 41
molar 50
Moldova 316
mole 14
Monaco 316
Monday 306
money 97
Mongolia 318
monitor 53, 172
monkey 291
monkfish 120
Monopoly 272
monorail 208
monsoon 287
month 306
monthly 307
monument 261
Moon 280
moonstone 288
moor v 217
mooring 217
mop 77
morning 305
Morocco 317
mortar 68, 167, 187
mortgage 96
Moses basket 74
mosque 300
mosquito 295
mosquito net 267
moth 295
mother 22
mother-in-law 23
motor 88
motor racing 249
motorbike 204
motorbike racing 249
motorcross 249
motorway 194
moulding 63
mountain 284
mountain bike 206
mountain range 282
mouse 176, 290
mousse 141
mouth 14
mouth guard 237
mouthwash 72
move 273
mow v 90
Mozambique 317
mozzarella 142
Mr 23
Mrs 23
mudguard 205
muffin 140
muffin tray 69
mug 65
mulch v 91
multiply v 165
multivitamin tablets
109
mumps 44
mung beans 131
muscles 16
museum 261
mushroom 125
music 162
music school 169
musical 255
musical score 255
musical styles 259
musician 191
mussel 121, 295
mustache 39
mustard 155
mustard seed 131
Myanmar (Burma)
318

N

naan bread 139
nail 15, 80
nail clippers 41
nail file 41
nail scissors 41
nail varnish 41
nail varnish remover
41
Namibia 317
nape 13
napkin 65
napkin ring 65
nappy 75
nappy rash cream 74
narrow 321
nation 315
national park 261
natural 256
natural fibre 31
naturopathy 55
nausea 44
navel 12
navigate v 240
near 320
nebula 280
neck 12, 258
neck brace 46
necklace 36
nectarine 126
needle 109, 276
needle-nose
pliers 80
needle plate 276
needlepoint 277
negative 271
negative electrode 167
neighbour 24
Neoclassical 301

english

Nepal 318
nephew 23
Neptune 280
nerve 19, 50
nervous 19, 25
net 217, 222, 226, 227, 231
net v 245
net curtain 63
Netherlands 316
nettle 297
network 176
neurology 49
neutral 60
neutral zone 224
new 321
new moon 280
new potato 124
New Year 27
New Zealand 319
newborn baby 53
news 178
newsagent 112
newspaper 112
newsreader 179, 191
next week 306
nib 163
Nicaragua 314
nickel 289
niece 23
Niger 317
Nigeria 317
night 305
nightdress 35
nightie 31
nightwear 31
nine 308
nine hundred 308
nineteen 308
nineteen hundred 307
nineteen hundred and one 307
nineteen ten 307
nineteenth 309
ninetieth 309
ninety 308
ninth 309
nipple 12
no 322
no entry 195
no right turn 195
no stopping 195
non-stick 69
noodles 158
normal 39
north 312
North and Central America 314
North Korea 318
North Pole 283
North Sea 312
Northern Hemisphere 283
Norway 316
nose 14, 210
nose clip 238
noseband 242
nosebleed 44
nosewheel 210
nostril 14
notation 256
note 97, 256
note pad 173
notebook 163, 172
notes 191
notice board 173
nougat 113
November 306
now 304
nozzle 89
number 226, 308
numerator 165
nurse 45, 48, 189
nursery 74
nursing 53
nursing bra 53
nut 80
nutmeg 132
nuts 151
nuts and dried fruit 129
nylon 277

O

oak 296
oar 241
oats 130
objective lens 167
oboe 257
obsidian 288
obstetrician 52
occupations 188, 190
occupied 321
ocean 282
ocean liner 215
octagon 164
October 306
octopus 121, 295
odometer 201
oesophagus 19
off licence 115
off-piste 247
offal 118
offers 106
office 24, 172, 174
office block 298
office equipment 172
office supplies 173
offside 223
oil 142, 199
oil paints 274
oil tank 204
oil tanker 215
oils 134
oily 41
ointment 47, 109
okra 122
old 321
olive oil 134
olives 151
Oman 318
omelette 158
on time 305
on top of 320
oncology 49
one 308
one billion 309
one million 309
one thousand 309
one-way street 194
one-way system 298
onion 124
online 177
onto 320
onyx 289
opal 288
open 260, 321
open sandwich 155
open-top 260
opera 255
operating theatre 48
operation 48
operator 99
ophthalmology 49
opponent 236
opposite 320
optic 150
optic nerve 51
optician 51, 189
orange 126, 274
orange juice 148
orangeade 144
orbit 280
orchestra 254, 256
orchestra pit 254
orchid 111
order v 153
oregano 133
organic 91, 118, 122
organic waste 61
origami 275
ornamental 87
orthopedics 49
osteopathy 54
ostrich 292
otter 290
ounce 310
out 225, 228, 320
out of bounds 226
out of focus 271
outboard motor 215
outbuilding 182
outdoor activities 262
outer core 282
outfield 229
outlet 61
outpatient 48
outside 320
outside lane 194
out-tray 172
oval 164
ovary 20
oven 66
oven glove 69
ovenproof 69
over 320
over par 233
overalls 82
overdraft 96
overexposed 271
overflow pipe 61
overhead locker 210
overtake v 195
overture 256
ovulation 20, 52
owl 292
oyster 121
ozone layer 286

P

Pacific Ocean 312
pack 311
pack of cards 273
packet 311
packet of cigarettes 112
pad 53, 220, 224
paddle 241
paddling pool 263
paddock 242
paediatrics 49
painkiller 47, 109
paint 83
paint v 83
paint tin 83
paint tray 83
painter 191
painting 62, 261, 274
paints 274
pak-choi 123
Pakistan 318
palate 19
palette 274
pallet 186
palm 15, 86, 296
palm hearts 122
pan 310
pan-fried 159
Panama 314
pancakes 157
pancreas 18
panda 291
panty liner 108
papaya 128
paper clip 173
paper napkin 154
paper tray 172
papier-maché 275
paprika 132
Papua New Guinea 319
par 233
parachute 248
parachuting 248
paragliding 248
Paraguay 315
parallel 165
parallel bars 235
parallelogram 164
paramedic 94
parcel 99
parents 23
park 262
park v 195
parking meter 195
Parmesan 142
parole 181
parrot 293
parsley 133
parsnip 125
partner 23
pass 226
pass v 220, 223
passcode 99
passenger 216
passenger port 216
passion fruit 128
Passover 27
passport 213
passport control 213
pasta 158
pastels 274
pasteurized 137
pasting brush 82
pasting table 82
pastry 140, 149
pastry brush 69
pasture 182
patch 207
patchwork 277
pâté 142, 156
path 58, 85
pathology 49
patient 45
patio garden 85
pattern 276
pause 269
pavement 298
pavement café 148
paving 85
pawn 272
pay v 153
pay in v 96
pay per view channel 269
paying-in slips 96
payment 96
payphone 99
payroll 175
peach 126, 128
peacock 293
peanut 129, 151
peanut butter 135
pear 127
peas 131
pecan 129
pectoral 16

pectoral fin 294
pedal 61, 206
pedal v 207
pedestrian crossing 195
pedestrian zone 299
pedicure 41
pediment 301
peel v 67
peeled prawns 120
peeler 68
pelican 292
pelvis 17
pen 163, 185
penalty 222
penalty area 223
pencil 163, 275
pencil case 163
pencil sharpener 163
pendant 36
penfriend 24
penguin 292
peninsula 282
penis 21
pentagon 164
peony 111
people 12, 16
people carrier 199
pepper 64, 124, 152
peppercorn 132
pepperoni 142
percentage 165
percussion 257
perennial 86
perfume 41
perfumery 105
pergola 84
periodical 168
perm 39
perpendicular 165
persimmon 128
personal best 234
personal organizer 173, 175
personal trainer 250
Peru 315
pesticide 89, 183
pestle 68, 167
pet food 107
pet shop 115
petal 297
petri dish 166
petrol 199
petrol pump 199
petrol station 199
petrol tank 203
pharmacist 108, 189
pharynx 19
pheasant 119, 293
phillips screwdriver 81
philosophy 169
Philippines 319
photo album 271
photo finish 234
photo frame 271
photofit 181
photograph 271
photograph v 271
photographer 191
photography 270
physical education 162
physics 162, 169
physiotherapy 49
piano 256
piccolo 257
pick v 91
pick and mix 113
pickaxe 187
pickled 159
pickup 258
picnic 263
picnic bench 266
pie 158
pie tin 69
piece 272
pier 217
pies 143
pig 185
pig farm 183
pigeon 292
pigeonhole 100
piglet 185
pigsty 185
pigtails 39
Pilates 251
pill 21, 109
pillar 300
pillion 204
pillow 70
pillowcase 71
pilot 190, 211
pin 60, 237, 249, 276
PIN 96
pincushion 276
pine 296
pine nut 129
pineapple 128
pineapple juice 149
pink 274
pint 311
pinto beans 131
pip 128
pipe 112, 202
pipe cutter 81
pipette 167
piping bag 69
pistachio 129
pitch 225, 256, 266
pitch v 229
pitch a tent v 266
pitcher 151, 229
pitcher's mound 228
pitches available 266
pith 126
pitta bread 139
pizza 154
pizza parlour 154
place mat 64
place setting 65
placenta 52
plain 285
plain chocolate 113
plain flour 139
plait 39
plane 81
plane v 79
planet 280, 282
plant v 183
plant pot 89
plants 86, 296
plaque 50
plaster 47, 83
plaster v 82
plastic bag 122
plastic pants 30
plastic surgery 49
plate 65, 283
plateau 284
platform 208
platform number 208
platinum 289
play 254, 269
play v 229, 273
player 221, 231, 273
playground 263
playhouse 75
playing 75
playpen 75
plea 180
please 322
Plimsoll line 214
plough v 183
plug 60, 72
plum 126
plumb line 82
plumber 188
plumbing 61
plunger 81
plus 165
Pluto 280
plywood 79
pneumatic drill 187
poach v 67
poached 159
pocket 32
pod 122
podium 235, 256
point 273
poisoning 46
poker 273
Poland 316
polar bear 291
Polaroid camera 270
pole 245, 282
pole vault 234
police 94
police car 94
police cell 94
police officer 94
police station 94
policeman 189
polish 77
polish v 77
politics 169
polo 243
polyester 277
pomegranate 128
pommel 242
pommel horse 235
pond 85
ponytail 39
pool 249
pop 259
popcorn 255
poplar 296
popper 30
poppy 297
poppy seeds 138
porch 58
porch light 58
pore 15
pork 118
porridge 156
port 145, 176, 214, 216
porter 100
portfolio 97
porthole 214
portion 64
portrait 271
Portugal 316
positive electrode 167
post office 98
postage 98
postal order 98
postal worker 98
postbox 99
postcard 112
postcode 98
postgraduate 169
poster 255
poster paint 274
postman 98, 190
postmark 98
pot plant 110
pot up v 91
potato 124
potpourri 111
potted plant 87
potter's wheel 275
pottery 275
potty 74
pouch 291
poultry 119
poultry farm 183
pound 310
pour v 67
powder 77, 109
powder puff 40
powdered milk 137
power 60
power cable 176
power cut 60
practice swing 233
pram 75
praying mantis 295
pregnancy 52
pregnancy test 52
pregnant 52
premature 52
premolar 50
prerecorded 178
prescription 45
present 27
presentation 174
presenter 178
preservative 83
preserved fruit 134
preserving jar 135
press 178
press-up 251
presser foot 276
pressure valve 61
price 152, 199
price list 154
prickly pear 128
primer 83
primrose 297
principality 315
print 271
print v 172
printer 172, 176
printing 275
prison 181
prison guard 181
private bathroom 100
private jet 211
private room 48
probe 50
problems 271
processed grains 130
procession 27
processor 176
producer 254
program 176
programme 254, 269
programming 178
promenade 265
propagate v 91
propeller 211, 214
proposal 174
prosciutto 143
prosecution 180
prostate 21
protractor 165
proud 25
prove v 139
province 315
prow 215
prune 129
prune v 91
psychiatry 49
psychotherapy 55
public address system 209
puck 224
pudding rice 130
Puerto Rico 314

english

puff pastry 140
pull up v 251
pulp 127
pulse 47
pulses 130
pumice 288
pumice stone 73
pump 37, 207
pumpkin 125
pumpkin seed 131
punch 237
punchbag 237
puncture 203, 207
pup 290
pupil 51, 162
puppy 290
purple 274
purse 37
pushchair 75
putt v 233
putter 233
pyjamas 33
pyramid 164

Q
Qatar 318
quadriceps 16
quail 119
quail egg 137
quart 311
quarter of an hour 304
quarterdeck 214
quartz 289
quay 216
queen 272, 273
question 163
question v 163
quilt 71
quilting 277
quince 128
quinoa 130
quiver 249

R
rabbit 118, 290
raccoon 290
race 234
racecourse 243
racehorse 243
racing bike 205, 206
racing dive 239
racing driver 249
rack 166
racquet 230
racquet games 231
racquetball 231
radar 214, 281
radiator 60, 202
radicchio 123
radio 179, 268
radio antenna 214
radio station 179
radiology 49
radish 124
radius 17, 164
rafter 186
rafting 241
rail 208
rail network 209
rain 287
rainbow 287
rainbow trout 120
raincoat 31, 32
rainforest 285
raisin 129
rake 88
rake v 90
rally 230
rally driving 249
RAM 176
Ramadan 26
ramekin 69
rap 259
rapeseed 184
rapeseed oil 135
rapids 240, 284
rash 44
rasher 119
raspberry 127
raspberry jam 134
rat 290
rattle 74
raw 124, 129
ray 294
razor blade 73
razor-shell 121
read v 162
reading light 210
reading list 168
reading room 168
reamer 80
rear light 207
rear-view mirror 198
rear wheel 197
receipt 152
receive v 177
receiver 99
reception 100
receptionist 100, 190
record 234, 269
record player 268
record shop 115
recording studio 179
rectangle 164
rectum 21
recycling bin 61
red 145, 274
red card 223
red eye 271
red kidney beans 131
red lentils 131
red meat 118
red mullet 120
Red Sea 313
reduce v 172
reel 244
reel in v 245
refectory 168
referee 220, 222, 226
referral 49
reflector 50, 204, 207
reflector strap 205
reflexology 54
refrigerator 67
reggae 259
region 315
register 100
registered post 98
regulator 239
reheat v 154
reiki 55
reins 242
relationships 24
relatives 23
relaxation 55
relay race 235
release v 245
remote control 269
Renaissance 301
renew v 168
rent 58
rent v 58
repair kit 207
report 174
reporter 179
reproduction 20
reproductive 19
reproductive organs 20
reptiles 293
research 169
reserve v 168
respiratory 19
rest 256
restaurant 101, 152
result 49
resurfacing 187
resuscitation 47
retina 51
retire v 26
return 231
return address 98
return date 168
rev counter 201
reverse v 195
reverse charge call 99
rewind 269
rhinoceros 291
rhombus 164
rhubarb 127
rhythmic gymnastics 235
rib 17, 119
rib cage 17
ribbon 27, 39, 111, 141, 235
ribs 155
rice 130, 158, 184
rice pudding 140
rider 242
riding boot 242
riding crop 242
riding hat 242
rigging 215, 240
right 260
right field 229
right-hand drive 201
rim 206
rind 119, 127, 136, 142
ring 36
ring finger 15
ring ties 89
rings 235
rinse v 38, 76
ripe 129
rise v 139
river 284
road bike 206
road markings 194
road signs 195
roadroller 187
roads 194
roadworks 187, 195
roast 158
roast v 67
roasted 129
robe 38, 169
rock climbing 248
rock concert 258
rock garden 84
rocket 123
rocks 284, 288
Rocky Mountains 312
Rococo 301
rodeo 243
roll 139, 311
roll v 67
roller 83
roller blind 63
roller coaster 262
rollerblading 263
rolling pin 69
romance 255
Romania 316
romper suit 30
roof 58, 203
roof garden 84
roof tile 187
roof rack 198
rook 272
room 58
room key 100
room number 100
room service 101
rooms 100
root 39, 50, 124, 296
rope 248
rose 89, 110, 145
rosé 145
rosemary 133
rotor blade 211
rotten 127
rough 232
round 237
round neck 33
roundabout 195
route number 196
router 78
row 210, 254
row v 241
rower 241
rowing boat 214
rowing machine 250
rubber 163
rubber band 173
rubber boots 89
rubber ring 265
rubber stamp 173
rubbish bin 61, 67
ruby 288
ruck 221
rudder 210, 241
rug 63
rugby 221
rugby pitch 221
rugby strip 221
ruler 163, 165
rum 145
rum and cola 151
rump steak 119
run 228
run v 228
runner bean 122
runway 212
rush 86
Russian Federation 318
Rwanda 317
rye bread 138

S
sad 25
saddle 206, 242
safari park 262
safe 228
safety 75, 240
safety barrier 246
safety goggles 81, 167
safety pin 47
saffron 132
sage 133
Sahara Desert 313
sail 241
sailing 240
sailing boat 215
sailor 189
salad 149
salamander 294
salami 142
salary 175
sales assistant 104
sales department 175
salmon 120
saloon 199
salt 64, 152

english

salted 121, 129, 137, 143
San Marino 316
sand 85, 264
sand v 82
sandal 31, 37
sandcastle 265
sander 78
sandpaper 81, 83
sandpit 263
sandstone 288
sandwich 155
sandwich counter 143
sanitary towel 108
São Tomé and Principe 317
sapphire 288
sardine 120
Sardinia 316
sashimi 121
satellite 281
satellite dish 269
satellite navigation (satnav) 195, 201
satsuma 126
Saturday 306
Saturn 280
sauce 134, 143, 155
sauces and condiments 134
saucepan 69
Saudi Arabia 318
sauna 250
sausage 118, 155, 157
sauté v 67
save v 177, 223
savings 96
savings account 97
savoury 155
saw v 79
saxophone 257
scaffolding 186
scale 121, 256, 294
scales 45, 69, 98, 118, 166, 212, 293, 310
scallop 121
scalp 39
scalpel 81, 167
scan 48, 52
scanner 106, 176
scarecrow 184
scared 25
scarf 31, 36
schist 288
scholarship 169
school 162, 169, 299
school bag 162
school bus 196
schoolboy 162
schoolgirl 162
science 162, 166
science fiction film 255
scientist 190
scissors 38, 47, 82, 276
scoop 68, 149
scooter 205
score 220, 256, 273
score a goal v 223
scoreboard 225
scorpion 295
scotch and water 151
Scrabble 272
scrambled eggs 157
scrape v 77
scraper 82
screen 97, 176, 255, 269
screen wash 199
screen wash reservoir 202
screw 80
screwdriver 80
screwdriver bits 80
script 254
scrollbar 177
scrotum 21
scrub v 77
scrum 221
scuba diving 239
sculpting 275
sculptor 191
sea 264, 282
sea bass 120
sea bream 120
sea horse 294
sea lion 290
sea plane 211
seafood 121
seal 290
sealant 83
seam 34
seamstress 191
search v 177
seasonal 129
seasons 306
seat 61, 204, 209, 210, 242, 254
seat back 210
seat belt 198, 211
seat post 206
seating 254
secateurs 89
second 304, 309
second floor 104
second hand 304
second-hand shop 115
section 282
security 212
security bit 80
security guard 189
sedative 109
sedimentary 288
seed 122, 127, 130
seed tray 89
seeded bread 139
seedless 127
seedling 91
seeds 88, 131
seesaw 263
segment 126
self-defence 237
self-raising flour 139
self-tanning cream 41
semi-hard cheese 136
semi-skimmed milk 136
semi-soft cheese 136
semidetached 58
seminal vesicle 21
semolina 130
send v 177
send off 223
Senegal 317
sensitive 41
sentence 181
September 306
serve 231
serve v 64, 231
server 176
service included 152
service line 230
service not included 152
service provider 177
service vehicle 212
serving spoon 68
sesame seed 131
sesame seed oil 134
set 178, 230, 254
set v 38
set honey 134
set sail v 217
set square 165
set the alarm v 71
seven 308
seven hundred 308
seventeen 308
seventeenth 309
seventh 309
seventieth 309
seventy 308
sew v 277
sewing basket 276
sewing machine 276
sexually transmitted disease 20
shade 41
shade plant 87
shallot 125
shallow end 239
shampoo 38
shapes 164
share price 97
shares 97
shark 294
sharp 256
sharpening stone 81
shaving 73
shaving foam 73
shears 89
shed 84
sheep 185
sheep farm 183
sheep's milk 137
sheet 71, 74, 241
shelf 67, 106
shell 129, 137, 265, 293
shelled 129
shelves 66
sherry 145
shiatsu 54
shield 88
shin 12
ship 214
shipyard 217
shirt 33
shock 47
shocked 25
shoe department 104
shoe shop 114
shoes 34, 37
shoot v 223, 227
shop 114, 298
shop assistant 188
shopping 104
shopping bag 106
shopping centre 104
short 32, 321
short-grain 130
short sight 51
short wave 179
shorts 30, 33
shot 151
shotput 234
shoulder 13
shoulder bag 37
shoulder blade 17
shoulder pad 35
shoulder strap 37
shout v 25
shovel 187
shower 72, 286
shower block 266
shower curtain 72
shower door 72
shower gel 73
shower head 72
showjumping 243
shredder 172
shuffle v 273
shutoff valve 61
shutter 58
shutter release 270
shuttle bus 197
shuttlecock 231
shy 25
Siberia 313
Sicily 316
side 164
side effects 109
side order 153
side plate 65
side saddle 242
side street 299
sidedeck 240
sideline 220, 226, 230
Sierra Leone 317
sieve 68, 89
sieve v 91
sift v 138
sigh v 25
sightseeing 260
sign 104
signal 209
signature 96, 98
silencer 203, 204
silk 277
silo 183
silt 85
silver 235, 289
simmer v 67
Singapore 319
singer 191
single 151
single bed 71
single cream 137
single room 100
singles 230
sink 38, 61, 66
sinus 19
siren 94
sirloin steak 119
sister 22
sister-in-law 23
sit-up 251
site manager's office 266
six 308
six hundred 308
sixteen 308
sixteenth 309
sixth 309
sixtieth 309
sixty 308
skate 120, 247, 294
skate v 224
skate wings 120
skateboard 249
skateboarding 249, 263
skein 277
skeleton 17
sketch 275
sketch pad 275
skewer 68
ski 241, 246
ski boot 246
ski jacket 246
ski jump 247
ski pole 246
ski run 246
ski slope 246
skier 246
skiing 246
skimmed milk 136
skin 14, 119, 128
skin care 108
skinned 121

english

skipping 251
skirt 30, 34
skull 17
skydiving 248
skyscraper 299, 300
slalom 247
slate 288
sledding 247
sledgehammer 187
sleeping 74
sleeping bag 267
sleeping compartment 209
sleeping mat 267
sleeping pill 109
sleepsuit 30
sleet 286
sleeve 34
sleeveless 34
slice 119, 139, 140, 230
slice v 67
sliced bread 138
slicer 139
slide 167, 263
slide v 229
sling 46
slip 35
slip-on 37
slip road 194
slippers 31
slope 284
slotted spoon 68
Slovakia 316
Slovenia 316
slow 321
slug 295
small 321
small intestine 18
small of back 13
smartphone 99, 176
smash 231
smile 25
smoke 95
smoke alarm 95
smoked 118, 121, 143, 159
smoked fish 143
smoking 112
snack bar 113, 148
snail 295
snake 293
snare drum 257
sneeze 44
snooker 249
snore v 71
snorkel 239
snout 293
snow 287
snowboarding 247
snowmobile 247
snowsuit 30
soak v 130
soap 73, 178
soap dish 73
soccer 222
socket 60, 80
socket wrench 80
socks 33
soda bread 139
soda water 144
sofa 62
sofa bed 63
soft 129, 321
soft cheese 136
soft drink 144, 154
soft toy 75
software 176
softwood 79
soil 85
solar system 280
solder 79, 80
solder v 79
soldering iron 81
soldier 189
sole 15, 37
solids 164
Soloman Islands 319
soluble 109
solvent 83
Somalia 317
somersault 235
son 22
son-in-law 22
sonata 256
song 259
sorbet 141
sorrel 123
sorting unit 61
soufflé 158
soufflé dish 69
sound boom 179
sound technician 179
soundtrack 255
soup 153, 158
soup bowl 65
soup spoon 65
sour 127
sour cream 137
sourdough bread 139
south 312
South Africa 317
South Korea 318
South Sudan 317
Southern Hemisphere 283
Southern Ocean 313
souvenirs 260
sow v 90, 183
soya beans 131
space 280
space exploration 281
space shuttle 281
space station 281
space suit 281
spade 88, 265, 273
Spain 316
spanner 80
spare tyre 203
spark plug 203
sparkling 144
sparring 237
sparrow 292
spatula 68, 167
speaker 174, 176, 258, 268
speaker stand 268
spearfishing 245
specials 152
spectators 233
speed boating 241
speed limit 195
speed skating 247
speedboat 214
speedometer 201, 204
spell v 162
sperm 20
sphere 164
spices 132
spicy sausage 142
spider 295
spike v 90
spikes 233
spin 230
spin v 76
spin dryer 76
spinach 123
spine 17
spire 300
spirit level 80, 187
splashback 66
spleen 18
splint 47
splinter 46
split ends 39
split peas 131
spoke 207
sponge 73, 74, 83
sponge cake 140
sponge fingers 141
spool 245
spoon 65
sport fishing 245
sports 105, 220, 236, 248
sports car 198
sports field 168
sports jacket 33
sportsman 191
spotlight 259
sprain 46
spray 109
spray v 91
spray can 311
spray gun 89
spring 307
spring balance 166
spring greens 123
spring onion 125
springboard 235, 238
sprinkler 89
sprinter 234
sprocket 207
square 164, 272, 299
square foot 310
square metre 310
squash 231
squat 251
squid 121, 295
squirrel 290
Sri Lanka 318
St Kitts and Nevis 314
St Lucia 314
St Vincent and the Grenadines 314
stabilisers 207
stable 185, 243
stadium 223
staff 175, 256
stage 167, 254
stages 23
stainless steel 79
stair gate 75
staircase 59
stake 90
stake v 91
stalk 122, 297
stalls 254
stamen 297
stamp 98
stamp collecting 273
stamps 112
stance 232
stand 88, 205, 268
stapler 173
staples 173
star 280
star anise 133
starfish 295
starfruit 128
start school v 26
starter 153
starting block 234, 238
starting line 234
state 315
statement 180
stationery 105
statuette 260
steak 121
steam v 67
steam train 208
steamed 159
steeplechase 243
steering wheel 201
stem 111, 112, 297
stencil 83
stenographer 181
step machine 250
stepdaughter 23
stepfather 23
stepladder 82
stepmother 23
stepson 23
stereo 269
sterile 47
stern 240
stew 158
stick 224, 249
sticks 133
sticky tape 173
still 144
sting 46, 295
stir v 67
stir-fry 158
stirrer 150
stirrup 242
stitch 277
stitch selector 276
stitches 52
stock broker 97
stock exchange 97
stocking 35
stocks 97, 110
stomach 18
stomach ache 44
stone 36, 275
stone fruit 126
stop 269
stop button 197
stopper 166
stopwatch 234
store directory 104
stork 292
storm 287
stout 145
straight 39, 165
straight on 260
straighten v 39
strap 35
strapless 34
stratosphere 286
straw 144, 154
strawberry 127
strawberry milkshake 149
stream 285
streaming 260
street 298
street corner 298
street sign 298
street stall 154
streetlight 298
stress 55
stretch 251
stretcher 94
strike 228, 237
string 230, 256, 258
string of pearls 36
strip v 82
stroke 44, 231, 233, 239
strong 321
strong flour 139
stub 96
study 63, 162
stuffed 159
stuffed olive 143
stump 225
styles 39, 239, 301
submarine 215
subsoil 91
substitute 223
substitution 223
subtract v 165

english

suburb 299
succulent 87
suction hose 77
Sudan 317
sugarcane 184
suit 273
sulphur 289
sultana 129
summer 31, 307
summons 180
sumo wrestling 237
Sun 280
sunbathe v 264
sunbed 41
sunblock 108, 265
sunburn 46
Sunday 306
sunflower 184, 297
sunflower oil 134
sunflower seed 131
sunglasses 51, 265
sunhat 30, 265
sunny 286
sunrise 305
sunroof 202
sunscreen 108
sunset 305
sunshine 286
suntan lotion 265
supermarket 106
supplement 55
supply pipe 61
support 187
suppository 109
surf 241
surfboard 241
surfcasting 245
surfer 241
surfing 241
surgeon 48
surgery 45, 48
Suriname 315
surprised 25
sushi 121
suspect 94, 181
suspenders 35
suspension 203, 205
swallow 292
swamp 285
swan 293
Swaziland 317
sweater 33
sweatshirt 33
swede 125
Sweden 316
sweep v 77
sweet 124, 127, 155
sweet potato 125
sweet shop 113
sweet spreads 134
sweet trolley 152
sweetcorn 122, 124
sweets 113
swim v 238
swimmer 238
swimming 238
swimming pool 101, 238, 250
swimsuit 238, 265
swing 263
swing v 232
swiss chard 123
switch 60
Switzerland 316
swivel chair 172
sword 236
swordfish 120, 294
symphony 256
synagogue 300
synchronized swimming 239
synthetic 31
Syria 318
syringe 109, 167
syrup 109
system 176

T

T-shirt 30, 33
tab 173
table 64, 148
table tennis 231
tablecloth 64
tablet 176
tack v 241, 277
tackle 245
tackle v 220, 223
tackle box 244
tadpole 294
tae-kwon-do 236
tag v 229
Tai Chi 236
tail 121, 210, 242, 280, 290, 294
tail light 204
tailbone 17
tailgate 198
tailplane 210
tailor 191
tailor's 115
tailor's chalk 276
tailor's dummy 276
tailored 35
Tajikstan 318
take a bath v 72
take a shower v 72
take-away 154
take notes v 163
take off v 211
talcum powder 73
tall 321
tamarillo 128
tambourine 257
tampon 108
tan 41
tandem 206
tangerine 126
tank 61
Tanzania 317
tap 61, 66
tap water 144
tape dispenser 173
tape measure 80, 276
target 249
target shooting 249
tarmac 187
taro root 124
tarragon 133
Tasmania 319
tattoo 41
tax 96
taxi driver 190
taxi rank 213
tea 144, 149, 184
tea with lemon 149
tea with milk 149
teabag 144
teacup 65
teacher 162, 190
team 220, 229
teapot 65
tear 51
teaspoon 65
teat 75
techniques 79, 159
teddy bear 75
tee 233
tee-off v 233
teeing ground 232
teenager 23
telegram 98
telephone 99
telephone box 99
telescope 281
television series 178
television studio 178
temperature 286
temperature gauge 201
temple 14, 300
ten 308
ten thousand 309
tenant 58
tend v 91
tendon 17
tennis 230
tennis court 230
tennis shoes 231
tenon saw 81
tent 267
tent peg 266
tent pole 266
tenth 309
tequila 145
terminal 212
termite 295
terrace café 148
terraced 58
territory 315
terry nappy 30
test 49
test tube 166
testicle 21
text (SMS) 99
textbook 163
Thailand 318
thank you 322
Thanksgiving 27
the day after tomorrow 307
the day before yesterday 307
theatre 254, 299
theme park 262
therapist 55
thermals 267
thermometer 45, 167
thermosphere 286
thermostat 61
thesis 169
thick 321
thigh 12, 119
thimble 276
thin 321
third 309
thirteen 308
thirteenth 309
thirtieth 309
thirty 308
this way up 98
this week 307
thistle 297
thoracic vertebrae 17
thread 276
thread v 277
thread guide 276
thread reel 276
three 308
three-door 200
three hundred 308
three-point line 226
thriller 255
throat 19
throat lozenge 109
throttle 204
through 320
throw 237
throw v 221, 227, 229
throw-in 223, 226
thruster 281
thumb 15
thunder 286
Thursday 306
thyme 133
thyroid gland 18
tibia 17
ticket 209, 213
ticket barrier 209
ticket inspector 209
ticket office 209, 216
tie 32
tie-pin 36
tiebreak 230
tiger 291
tights 35, 251
tile 58, 272
tile v 82
till 106, 150
tiller 240
timber 187
time 234, 304
time out 220
timer 166
times 165, 261
timetable 197, 209, 261
timing 203
tin 289, 311
tinned food 107
tip 36, 122, 246
tissue 108
title 23, 168
to 320
toad 294
toast 157
toasted sandwich 149
toaster 66
tobacco 112, 184
today 306
toddler 30
toe 15
toe clip 207
toe strap 207
toenail 15
toffee 113
toggle 31
Togo 317
toilet 61, 72, 104, 266
toilet brush 72
toilet roll 72
toilet seat 72
toiletries 41, 107
toll booth 194
tomato 125, 157
tomato juice 144, 149
tomato sauce 154
tomorrow 306
toner 41
tongs 150, 167
tongue 19, 37, 118
tonic water 144
tonne 310
tool rack 78
toolbar 177
toolbelt 186
toolbox 80
tools 187
tooth 50
toothache 50
toothbrush 72
toothpaste 72
top coat 83
top dress v 90
top tier 141
topaz 288
topiary 87
topping 155
topsoil 85
torch 267
tornado 287

tortoise 293
touch line 221
touchdown 221
tour 260
tour bus 260
tourer 205
touring bike 206
tourist 260
tourist attraction 260
tourist bus 197
tourist information 261
tourmaline 288
tournament 233
tow away v 195
tow truck 203
towards 320
towel rail 72
towels 73
tower 300
town hall 299
townhouse 58
toy 75
toy basket 75
toys 105
track 208, 234
tracksuit 31, 32
tractor 182
traffic 194
traffic jam 195
traffic light 194
traffic policeman 195
trailer 266
train 35, 208
train v 91, 251
train station 208
trainer 37
trainers 31, 251
tram 196, 208
transfer 223
transformer 60
transmission 202
transplant v 91
transport 194
trapezium 164
trapezius 16
trash 177
travel agent 190
travel agent's 114
travel-sickness pills 109
traveller's cheque 97
tray 152, 154
tray-table 210
tread 207
tread water v 239
treadmill 250
treble clef 256
tree 86, 296
trekking 243
trellis 84
tremor 283
triangle 164, 257
triceps 16
trifle 141
trim v 39, 90
trimester 52
trimmer 88
Trinidad and Tobago 314
tripod 166, 270, 281
trolley 48, 100, 106, 208, 213
trolley bus 196
trombone 257
Tropic of Cancer 283
Tropic of Capricorn 283
tropical fruit 128
tropics 283
troposphere 286
trot 243
trough 183
trousers 32, 34
trout 120
trowel 89, 187
truffle 113, 125
trug 88
trumpet 257
truncheon 94
trunk 291, 296
trunks 238
try 221
tub 311
tuba 257
tube 311
Tuesday 306
tug boat 215
tulip 111
tumble dryer 76
tumbler 65
tuna 120
tune v 179
tune the radio v 269
tuning peg 258
Tunisia 317
turbocharger 203
turf v 90
Turkey 318
turkey 119, 185, 293
Turkmenistan 318
turmeric 132
turn 238
turn v 79
turn the television off v 269
turn the television on v 269
turnip 124
turpentine 83
turquoise 289
turret 300
turtle 293
tusk 291
tutu 191
tweezers 40, 47, 167
twelfth 309
twelve 308
twentieth 309
twenty 308
twenty-first 309
twenty minutes 304
twenty-one 308
twenty-second 309
twenty-third 309
twenty thousand 309
twenty-two 308
twig 296
twin room 100
twine 89
twins 23
twist ties 89
two 308
two-door 200
two hundred 308
two o'clock 304
two thousand 307
two thousand and one 307
tyre 198, 205, 206
tyre lever 207
tyre pressure 203

U

Uganda 317
ugli 126
Ukraine 316
ulna 17
ultrasound 52
ultraviolet rays 286
umbilical cord 52
umbrella 36
umpire 225, 229, 230
uncle 22
unconscious 47
uncooked meat 142
under 320
under par 233
undercoat 83
underexposed 271
undergraduate 169
underground map 209
underground train 209
underpass 194
underwear 32, 35
underwired 35
uniform 94, 189
United Arab Emirates 318
United Kingdom 316
United States of America 314
universe 280
university 299
unleaded 199
unpasteurised 137
unpick v 277
unsalted 137
until 320
up 320
upper circle 254
upset 25
Uranus 280
ureter 21
urethra 20
urinary 19
urology 49
Uruguay 315
usher 255
uterus 20, 52
utility room 76
Uzbekistan 318

V

V-neck 33
vacuum cleaner 77, 188
vacuum flask 267
vagina 20
valance 71
valley 284
valve 207
vanilla 132
Vanuatu 319
varnish 79, 83
vas deferens 21
vase 63, 111
Vatican City 316
vault 235, 300
veal 118
vegetable garden 85
vegetable oil 135
vegetable plot 182
vegetables 107, 122, 124
veggie burger 155
veil 35
vein 19
Venetian blind 63
Venezuela 315
venison 118
vent 283
ventouse cup 53
Venus 280
verdict 181
vest 33, 35
vet 189
vibraphone 257
vice 78
video game 269
video phone 99
video tape 269
Vietnam 318
viewfinder 271
village 299
vine 183
vinegar 135, 142
vineyard 183
vintage 199
viola 256
violin 256
virus 44
visa 213
vision 51
visiting hours 48
visor 205
vitamins 108
vocal cords 19
vodka 145
vodka and orange 151
voice message 99
volcano 283
volley 231
volleyball 227
voltage 60
volume 165, 179, 269, 311
vomit v 44

W

waders 244
waffles 157
waist 12
waistband 35
waistcoat 33
waiter 148, 152
waiting room 45
waitress 191
wake up v 71
walk 243
walking boot 37
walking boots 267
wall 58, 186, 222
wall light 62
wallet 37
wallpaper 82, 177
wallpaper v 82
wallpaper brush 82
wallpaper paste 82
walnut 129
walnut oil 134
walrus 290
ward 48
wardrobe 70
warehouse 216
warm 286
warm up v 251
warrant 180
wash v 38, 77
washbasin 72
washer 80
washer-dryer 76
washing machine 76
wasp 295
waste disposal 61, 266
waste disposal unit 61
waste pipe 61
wastebasket 172
watch 36
watch television v 269
water 144, 238
water v 90, 183
water bottle 206, 267
water chamber 61
water chestnut 124
water garden 84
water hazard 232
water jet 95

water plant 86
water polo 239
watercolour paints 274
watercress 123
waterfall 285
watering 89
watering can 89
watermelon 127
waterproofs 245, 267
waterskier 241
waterskiing 241
watersports 241
wave 241, 264
wavelength 179
wax 41
weak 321
weather 286
weaving 277
website 177
wedding 26, 35
wedding cake 141
wedding dress 35
wedding reception 26
wedge 37, 233
Wednesday 306
weed v 91
weed killer 91
weeds 86
week 306
weekend 306
weekly 307
weigh v 310
weight 166, 244
weight bar 251
weight belt 239
weight training 251
wellington boots 31
west 312
western 255
Western sahara 317
wet 286, 321
wet wipe 75, 108
wetsuit 239
whale 290
wheat 130, 184
wheel 198, 207
wheel nuts 203
wheelbarrow 88
wheelchair 48
wheelchair access 197
whiplash 46
whipped cream 137
whisk 68
whisk v 67
whiskers 290
whisky 145
white 39, 145, 272, 274
white bread 139
white chocolate 113
white coffee 148
white currant 127
white flour 138
white meat 118
white rice 130
white spirit 83
whiteboard 162
whiting 120
whole 129, 132
whole milk 136
wholegrain 131
wholegrain mustard 135
wholemeal bread 139
wholemeal flour 138
Wi-Fi 269
wicket 225
wicket-keeper 225
wide 321
width 165
wife 22
wig 39
wild rice 130
willow 296
win v 273
wind 241, 286
windbreak 265
windlass 214
window 58, 96, 98, 177, 186, 197, 209, 210
windpipe 18
windscreen 198
windscreen wiper 198
windshield 205
windsurfer 241
windsurfing 241
windy 286
wine 145, 151
wine glass 65
wine list 152
wine vinegar 135
wing 119, 210, 293
wing mirror 198
wings 254
winner 273
winter 31, 307
winter sports 247
wipe v 77
wire 79
wire cutter 80
wire strippers 81
wire wool 81
wires 60
with 320
withdrawal slip 96
without 320
witness 180
wok 69
wolf 290
woman 23
womb 52
women's clothing 34
womenswear 105
wood 79, 233, 275, 285
wood glue 78
wood shavings 78
wood stain 79
wooden spoon 68
woodpecker 292
woodwind 257
woodworking 275
wool 277
work 172
workbench 78
workday 306
workshop 78
worktop 66
world map 312
worm 295
worried 25
wound 46
wrap 155
wrapping 111
wreath 111
wrench 81, 203
wrestling 236
wrinkle 15
wrist 13, 15
wristband 230
writ 180
write v 162

X

x-ray 48
x-ray film 50
x-ray machine 212
x-ray viewer 45

Y

yacht 215, 240
yam 125
yard 310
yawn v 25
year 163, 306
yeast 138
yellow 274
yellow card 223
Yemen 318
yes 322
yesterday 306
yoga 54
yoga pose 54
yoghurt 137
yolk 137, 157
you're welcome 322

Z

Zambia 317
zebra 291
zero 308
zest 126
Zimbabwe 317
zinc 289
zip 277
zone 283, 315
zoo 262
zoology 169
zoom lens 270

Dank • acknowledgments

DORLING KINDERSLEY would like to thank Sanjay Chauhan, Jomin Johny, Christine Lacey, Mahua Mandal, Tracey Miles, and Sonakshi Singh for design assistance, Georgina Garner for editorial and administrative help, Polly Boyd, Sonia Gavira, Nandini Gupta, Tina Jindal, Nishtha Kapil, Smita Mathur, Antara Moitra, Cathy Meeus, Isha Sharma, Nisha Shaw, and Janashree Singha for editorial help, Claire Bowers for compiling the DK picture credits, Nishwan Rasool for picture research, and Suruchi Bhatia, Maasoom Dhillon, and William Jones for app development and creation.

The publisher would like to thank the following for their kind permission to reproduce their photographs:
Abbreviations key: a-above; b-below/bottom; c-center; f-far; l-left; r-right; t-top)

123RF.com: Andriy Popov 34tl; Brad Wynnyk 172bc; Daniel Ernst 179tc; Hongqi Zhang 24cla; 175cr; Ingvar Bjork 60c; Kidsada Manchinda 270br; Kobby Dagan 259c; leonardo255 269c; Liubov Vadimovna (Luba) Nel 39cla; Ljupco Smokovski 75crb; Oleksandr Marynchenko 60bl; Olga Popova 33c; oneblink 49bc; Robert Churchill 94c; Roman Gorielov 33bc; Ruslan Kudrin 35bc, 35br; Subbotina 39cra; Sutichak Yachaingkham 39tc; Tarzhanova 37tc; Vitaly Valua 39tl; Wavebreak Media Ltd 188bl; Wilawan Khasawong 75cb; **Action Plus:** 224bc; **Alamy Images:** 154t; A.T. Willett 287bcl; Alex Segre 105ca, 195cl; Ambrophoto 24cra; Blend Images 168cr; Cultura RM 33r; Doug Houghton 107fbr; Hugh Threlfall 35tl; 176tr; Ian Allenden 48br; Ian Dagnall 270t; Ievgen Chepil 250bc; imagebroker 199tl, 249c; keith morris 178c; Martyn Evans 210b; MBI 175tl; Michael Burrell 213cra; Michael Foyle 184bl; Oleksiy Maksymenko 105tc; Paul Weston 168br; Prisma Bildagentur AG 246b; Radharc Images 197tr; RBtravel 112tl; Ruslan Kudrin 176tl; Sasa Huzjak 258t; Sergey Kravchenko 37ca; Sergio Azenha 270bc; Stanca Sanda (iPad is a trademark of Apple Inc., registered in the U.S. and other countries) 176bc; Stock Connection 287bcr; tarczas 35cr; vitaly suprun 176cl; Wavebreak Media ltd 39cl, 174b, 175tr; **Allsport/Getty Images:** 238cl; **Alvey and Towers:** 209 acr, 215bcl, 215bcr, 241cr; **Peter Anderson:** 188cbr, 271br. **Anthony Blake Photo Library:** Charlie Stebbings 114cl; John Sims 114tcl; **Andyalte:** 98tl; **Arcaid:** John Edward Linden 301bl; Martine Hamilton Knight, Architects: Chapman Taylor Partners, 213cl; Richard Bryant 301br; **Argos:** 41tcl, 66cbl, 66cl, 66br, 66bcl, 69cl, 70bcl, 71t, 77tl, 269tc, 270tl; **Axiom:** Eitan Simanor 105bcr; Ian Cumming 104; Vicki Couchman 148cr; **Beken Of Cowes Ltd:** 215cbc; **Bosch:** 76tcr, 76tc, 76tcl; **Camera Press:** 38tr, 256t, 257cr; Barry J. Holmes 148tr; Jane Hanger 159cr; Mary Germanou 259bc; **Corbis:** 78b; Anna Clopet 247tr; Ariel Skelley / Blend Images 52l; Bettmann 181tl, 181tr; Blue Jean Images 48bl; Bo Zauders 156t; Bob Rowan 152bl; Bob Winsett 247cbl; Brian Bailey 247br; Chris Rainer 247ctl; Craig Aurness 215bl; David H.Wells 249cbr; Dennis Marsico 274bl; Dimitri Lundt 236bc; Duomo 211tl; Gail Mooney 277ctcr; George Lepp 248c; Gerald Nowak 239b; Gunter Marx 248cr; Jack Hollingsworth 231bl; Jacqui Hurst 277cbr; James L. Amos 247bl, 191ctr, 220bcr; Jan Butchofsky 277cbc; Johnathan Blair 243cr; Jose F. Poblete 191br; Jose Luis Pelaez.Inc 153tc; Karl Weatherly 220bl, 247tcr; Kelly Mooney Photography 259tl; Kevin Fleming 249bc; Kevin R. Morris 105tr, 243tl, 243tc; Kim Sayer 249tcr; Lynn Goldsmith 258t; Macduff Everton 231bcl; Mark Gibson 249bl; Mark L. Stephenson 249tcl; Michael Pole 115tr; Michael S. Yamashita 247ctcl; Mike King 247cbl; Neil Rabinowitz 214br; Pablo Corral 115bc; Paul A. Sounders 169br, 249ctcl; Paul J. Sutton 224c, 224br; Phil Schermeister 227b, 248tr; R. W Jones 309; Richard Morrell 189bc; Rick Doyle 241ctr; Robert Holmes 97br, 277ctc; Roger Ressmeyer 169tr; Russ Schleipman 229; The Purcell Team 211ctr; Vince Streano 194t; Wally McNamee 220br, 220bcl, 224bl; Wavebreak Media LTD 191bc; Yann Arhus-Bertrand 249tl; **Demetrio Carrasco / Dorling Kindersley (c) Herge / Les Editions Casterman:** 112ccl; **Dorling Kindersley:** Banbury Museum 35c; Five Napkin Burger 152t; **Dixons:** 270cl, 270cr, 270bl, 270bcl, 270bcr, 270ccr; **Dreamstime.com:** Alexander Podshivalov 179tr, 191cr; Alexxl66 268tl; Andersastphoto 176tc; Andrey Popov 191bl; Arne9001 190tl; Chaoss 26c; Designsstock 269cl; Monkey Business Images 26clb; Paul Michael Hughes 162tr; Serghei Starus 190bc; Isselee 292fcrb; Zerbor 296tr; **Education Photos:** John Walmsley 26tl; **Empics Ltd:** Adam Day 236br; Andy Heading 243c; Steve White 249cbc; **Getty Images:** 48bcl, 100t, 114bcr, 154bl, 287tr; 94tr; David Leahy 162tl; Don Farrall / Digital Vision 176c; Ethan Miller 270bl; Inti St Clair 179bl; Liam Norris 188br; Sean Justice / Digital Vision 24br; **Dennis Gilbert:** 106tc; **Hulsta:** 70t; **Ideal Standard Ltd:** 72r; **The Image Bank/Getty Images:** 58; **Impact Photos:** Eliza Armstrong 115cr; Philip Achache 246t; **The Interior Archive:** Henry Wilson, Alfie's Market 114bl; Luke White, Architect: David Mikhail, 59tl; Simon Upton, Architect: Phillippe Starck, St Martins Lane Hotel 100bcr, 100br; **iStockphoto.com:** asterix0597 163tl; EdStock 190br; RichLegg 26bc; SorinVidis 27cr; **Jason Hawkes Aerial Photography:** 216t; **Dan Johnson:** 35r; **Kos Pictures Source:** 215cbl, 240tc, 240tr; David Williams 216b; **Lebrecht Collection:** Kate Mount 169bc; **MP Visual.com:** Mark Swallow 202t; **NASA:** 280cr, 280ccl, 281tl; **P&O Princess Cruises:** 214bl; **P A Photos:** 181br; **The Photographers' Library:** 186bl, 186bc, 186t; **Plain and Simple Kitchens:** 66t; **Powerstock Photolibrary:** 169tl, 256t, 287tc; **PunchStock:** Image Source 195tr; **Rail Images:** 208c, 208 cbl, 209br; **Red Consultancy:** Odeon cinemas 257br; **Redferns:** 259br; Nigel Crane 259c; **Rex Features:** 106br, 259tc, 259tr, 259bl, 280b; Charles Ommaney 114tcr; J.F.F Whitehead 243cl; Patrick Barth 101tl; Patrick Frilet 189cbl; Scott Wiseman 287bl; **Royalty Free Images:** Getty Images/Eyewire 154bl; **Science & Society Picture Library:** Science Museum 202b; **Science Photo Library:** IBM Research 190cla; NASA 281cr; **SuperStock:** Ingram Publishing 62; Juanma Aparicio / age fotostock 172t; Nordic Photos 269tl; **Skyscan:** 168t, 182c, 298; Quick UK Ltd 212; **Sony:** 268bc; **Robert Streeter:** 154br; **Neil Sutherland:** 82tr, 83tl, 90t, 118, 188ctr, 196tl, 196tr, 299cl, 299bl; **The Travel Library:** Stuart Black 264t; **Travelex:** 97cl; **Vauxhall:** Technik 198t, 199tl, 199tr, 199cl, 199cr, 199ctcl, 199ctcr, 199tcl, 199tcr, 200; **View Pictures:** Dennis Gilbert, Architects: ACDP Consulting, 106t; Dennis Gilbert, Chris Wilkinson Architects, 209tr; Peter Cook, Architects: Nicholas Crimshaw and partners, 208t; **Betty Walton:** 185br; **Colin Walton:** 2, 4, 7, 9, 10, 28, 42, 56, 92, 95c, 99tl, 99tcl, 102, 116, 120t, 138t, 146, 150t, 160, 170, 191ctcl, 192, 218, 252, 260br, 260l, 261tr, 261c, 261cr, 271cbl, 271cbr, 271ctl, 278, 287br, 302, 401.

DK PICTURE LIBRARY:
Akhil Bahkshi; Patrick Baldwin; Geoff Brightling; British Museum; John Bulmer; Andrew Butler; Joe Cornish; Brian Cosgrove; Andy Crawford and Kit Hougton; Philip Dowell; Alistair Duncan; Gables; Bob Gathany; Norman Hollands; Kew Gardens; Peter James Kindersley; Vladimir Kozlik; Sam Lloyd; London Northern Bus Company Ltd; Tracy Morgan; David Murray and Jules Selmes; Musée Vivant du Cheval, France; Museum of Broadcast Communications; Museum of Natural History; NASA; National History Museum; Norfolk Rural Life Museum; Stephen Oliver; RNLI; Royal Ballet School; Guy Ryecart; Science Museum; Neil Setchfield; Ross Simms and the Winchcombe Folk Police Museum; Singapore Symphony Orchestra; Smart Museum of Art; Tony Souter; Erik Svensson and Jeppe Wikstrom; Sam Tree of Keygrove Marketing Ltd; Barrie Watts; Alan Williams; Jerry Young.

Additional photography by Colin Walton.

Colin Walton would like to thank:
A&A News, Uckfield; Abbey Music, Tunbridge Wells; Arena Mens Clothing, Tunbridge Wells; Burrells of Tunbridge Wells; Gary at Di Marco's; Jeremy's Home Store, Tunbridge Wells; Noakes of Tunbridge Wells; Ottakar's, Tunbridge Wells; Selby's of Uckfield; Sevenoaks Sound and Vision; Westfield, Royal Victoria Place, Tunbridge Wells.